Manfred P. Tieger

Nordirland

Geschichte und Gegenwart

Birkhäuser Verlag
Basel · Boston · Stuttgart

CIP-Kurztitelaufnahme der Deutschen Bibliothek

Tieger, Manfred P.:
Nordirland : Geschichte u. Gegenwart / Manfred P.
Tieger. – Basel ; Boston ; Stuttgart : Birkhäuser,
1985.
ISBN 3-7643-1717-5

© 1985 Birkhäuser Verlag, Basel
Umschlagfoto: Gabriele Maute
Umschlaggestaltung: Konrad Bruckmann, Basel
Buchgestaltung und Layout: Justin Messmer
Printed in Germany
ISBN 3-7643-1717-5

Inhalt

«Das Lehrreiche für uns dabei ist», sagte
Goethe, *«daß bei dieser Gelegenheit Dinge
an den Tag kommen, woran niemand gedacht
hat . . .
Recht klar über den irlaendischen Zustand
werden wir aber doch nicht, denn die Sache ist
zu verwickelt.»*
Eckermanns Gespräche mit Goethe
7. April 1829

Gottes Insel

Irlands Geschichte ist eine Folge von Unterdrückung und Widerstand, Kriegen und Rebellionen, Hungersnot und Haß und es ist ein Kampf ohne Ende.

Kein anderes europäisches Land ist noch heute so tief religiös, wird gar als Wiege und Hort des Christentums bezeichnet, doch aus scheinbar unbegreiflichen Gründen bekämpfen sich, noch gegen Ende des zwanzigsten Jahrhunderts, Katholiken und Protestanten, als seien die Uhren in Ulster stehengeblieben: Christen verletzen, quälen und ermorden – Christen.
Ein Religionskrieg?

Iren kämpfen aber auch gegen die Präsenz der Britischen Armee, erschießen Soldaten und verüben Anschläge auf Armee-Einrichtungen. Und nirgendwo im Vereinigten Königreich schießen die Sicherheitskräfte so schnell wie in Nordirland.
Ein Kolonialkrieg?

Jedes Jahr gibt es an den Gedenktagen der einen oder anderen Seite provokative Umzüge und Kundgebungen, an denen Tausende teilnehmen. Loyalisten marschieren drohend in paramilitärischen Uniformen durch Belfast, nicht anders als ihre republikanischen Gegner bereit, jederzeit loszuschlagen.
Ein Bürgerkrieg?

In Europa werden Anschläge auf englische Diplomaten und Offiziere, in England auf die Regierung Ihrer Majestät verübt. Die I.R.A. soll angeblich, wie andere Terror-Organisationen, Waffen und Geld aus Libyen erhalten haben.
Ein Guerillakrieg?

Keine der Kategorisierungen allein trifft auf den Dauerkonflikt in Nordirland zu: Die «troubles», wie die Engländer verharmlosen, sind gewiß nicht das letzte Kapitel anglo-irischer Geschichte. Und es ist nicht allein ein anglo-irisches Problem, vielmehr ein irisch-nordirisches und ein irisch-irisches gleichermaßen. Alle Lösungsversuche und -vorschläge sind bisher stets am Widerstand mindestens eines der Beteiligten gescheitert:

Die *Republik Irland*, die bisher immer eine uneingeschränkte Vereinigung mit Nordirland forderte.

Das Vereinigte Königreich von *Großbritannien* und Nordirland, das den Status von Nordirland aus politischen und strategischen Gründen nicht ändern will.

Die *Protestanten* Nordirlands, die jegliche Verbindung mit der fast ausschließlich katholischen Republik ablehnen und ihren Majoritätsanspruch in Nordirland aufrechterhalten möchten.

Die *Katholiken* Nordirlands, die als Minderheit im Norden eher eine Vereinigung Irlands wünschen, zumindest aber eine Beteiligung an der Regierung Nordirlands.

Die *I.R.A.* als die bewegende Kraft in Nordirland, die in 15 Terror-Jahren nicht besiegt worden ist, nicht militärisch und nicht politisch und eine vereinigte sozialistische Republik anstrebt.

Entsprechend der in diesem Konflikt beteiligten Gruppen ist dieses Buch gegliedert. Es berücksichtigt darüber hinaus das strategische Interesse der *Nato*-Länder an einem vereinten Irland. Das Geschichtskapitel beschränkt sich auf die wesentlichen Ereignisse und Entwicklungen, die zum Verständnis des Konflikts wichtig sind. Den vielen gescheiterten Lösungsvorschlägen will dieses Buch keinen weiteren hinzufügen. Vielmehr ist es Absicht des Autors, den «verwickelten irlaendischen Zustand» für den Leser verständlich zu machen.

Wer versteht, warum Iren auf beiden Seiten sich in diesem Konflikt heute noch auf Jahrhunderte zurückliegende Ereignisse berufen, als seien sie gestern geschehen, der erkennt einige der Ursachen für den Terror in Ulster. Eine Analyse des Nordirland-Problems allein führt noch lange nicht zu einer Lösung: Vernunft, Logik und Mitleid haben die Politik in Nordirland in der Vergangenheit selten bestimmt.

God's own Country – wann wird Gott Erbarmen haben mit den Menschen auf seiner Insel.

Viele Namen für ein geteiltes Land

Wortreich wie die Iren sind, hat es ihnen in ihrer Geschichte nie an Namen gefehlt, mit denen sie ihren Staat und die Insel bezeichnen:

Ireland
Bezeichnung für die gesamte Insel und Name des Staates der Republik Irland.

Eire
das ist die irische, also gälische Bezeichnung des Staates und der Insel.

Republik Irland
englisch: Republic of Ireland, gälisch: Poblacht na h'Eireann. Das ist der souveräne, unabhängige irische Staat, der die 26 Grafschaften (Counties) umfaßt. Die Republik beansprucht als Namen des Staates «Eire» oder «Ireland».

Freistaat Irland
Irish Freestate oder gälisch Saorstat Eirean – so wurde die Republik seit der Selbständigkeit bezeichnet bis sie die heutige Republik Irland wurde.

Irische Republik
oder Irish Republic: nicht korrekte Bezeichnung der Republik Irland, bevorzugt von denen, die die Republik nicht akzeptieren wollen – bringt irische Politiker in Rage, vor allem, wenn diese Bezeichnung von einem Engländer gebraucht wird.

Nordirland
englisch: Northern Ireland. Dies bezeichnet die 6 Grafschaften, die im Nordosten der Insel liegen und auch bezeichnet werden als:

Ulster
das ist die Provinz, die diesem Gebiet Nordirlands seinen Namen gegeben hat. Nordirland gehört zum «Vereinigten Königreich von Großbritannien und Nordirland».

Nordirland umfaßt etwa 14 000 qkm, 16% der Fläche von ganz Irland. Es leben etwa 1,5 Millionen Menschen in diesem Teil Irlands, der zu Großbritannien gehört, weniger als 3% der Bevölkerung des Vereinigten Königreichs. Hauptstadt ist Belfast mit etwa 360 000 Einwohnern.

In der Republik Irland leben auf etwa 70 000 qkm über 3,4 Millionen Menschen – auf der ganzen Insel also etwa 5 Millionen, gerade soviel wie in Schottland.

Während in der Republik fast alle Iren der römisch-katholischen Kirche angehören, sind in Nordirland über 60% Protestanten und fast 40% Katholiken. Ulster-Protestanten sind britische «Unionisten» oder «Loyalisten», weil sie die Union mit Großbritannien erhalten möchten und loyal zum Vereinigten Königreich stehen. Ulster-Katholiken sind dagegen zum großen Teil irische Nationalisten oder Republikaner, weil sie eine vereinte irische Nation, den Anschluß an die Republik anstreben.

I
Irlands Weg in den Widerstand

Die «Britischen Inseln»

Irlands Geschichte ist durch die geografische Nähe zu England geprägt: Für die Engländer war Irland jahrhundertelang ein selbstverständlicher Teil der «Britischen Inseln» und es gehörte zum Vereinigten Königreich wie Schottland oder Wales.

Englands Sicherheitsinteresse verlangte geradezu nach Dominanz über die ihr im Westen vorgelagerte Insel und dies war vielleicht das stärkste Motiv, die Insel vor ihrer «Haustür» unter ihren Einfluß zu bringen.

Für Irland bedeutete die Abhängigkeit von England auch eine Isolation vom Kontinent, zu dem es wenig politische Verbindungen hatte. Die Eroberer Irlands kamen alle über Britannien und es scheint, nur die Römer fanden den Sprung von England nach Irland nicht wert.

Umgekehrt wollten irische Unabhängigkeitskämpfer die geografische Lage ihrer Insel zu ihrem Vorteil nutzen. Sie sahen in einer möglichen Bedrohung Englands von irischem Boden aus, eine Chance zur Unabhängigkeit. Tatsächlich haben Spanier und Franzosen die strategisch günstige Lage Irlands und die Unzufriedenheit irischer Pächter mit den Verhältnissen unter englischer Herrschaft zu nutzen versucht. Selbst die Kriegsplaner im Dritten Reich hatten einen Invasionsplan («Fall Grün») entwickelt.

Wie sehr Irland von der Nachbarschaft zu Großbritannien bestimmt ist, zeigt ein Blick auf die Landkarte: Die Metropole und bedeutende Städte finden sich an der England zugewandten Ostküste Irlands, wo auch der kulturelle Einfluß der Engländer am deutlichsten zu spüren ist. Und wer von Fair Head in Nordirland Ausschau hält, sieht bei gutem Wetter in nur 20 km Entfernung die schottische Küste, als ob er von einer Seite einer Bucht zur anderen blicken würde.

Diese Nähe zur großen britischen Hauptinsel hat während Jahrhunderten anglo-irischer Geschichte zu einem ständigen Völkerfluß geführt. Die beiden Inseln sind sich hier so nahe, daß selbst zu Zeiten, als die Seefahrt noch kaum entwickelt war, das Wagnis, das Meer zu überqueren, gering war. Einwanderer und Invasoren kamen von Schottland nach Nordirland und wer Irland den Rücken kehrte, wanderte über Schottland aus und ließ sich vielleicht auch dort nieder. Es war ein Völkeraustausch, der viele Jahrhunderte zwischen den «Britischen Inseln», zu denen geografisch auch Irland zählt, stattfand.

So hat die geografische Nähe zur großen «Mutterinsel», wie sich England selbst gern gesehen hat, auch eine psychologische Bindung geschaffen: Noch heute sind die Iren für die meisten Engländer, wenn auch nicht mehr die Kinder, so doch zumindest entfernt Verwandte. Distanz schaffen mehr die irischen «Unarten», die ganz aus der Familie schlagen, als etwa die Erkenntnis, daß Irland eine völlig separate Nation sei. «Somehow – they are British, aren't they?» zuckte der englische Zöllner mit den Achseln und ließ eine Gruppe Iren passieren, die keine Ausweise bei Ihrer Einreise nach England vorweisen konnten. Tatsächlich haben Republik-Iren noch heute das Privileg, nach Großbritannien reisen zu können, als seien sie Bürger dieses Staates.

Trotz starker Ablehnung alles Englischen, sind die Engländer immer noch in vielem Vorbild für die Iren. In schlechten Zeiten und wenn die Söhne und Töchter Erins keine Arbeit finden, ist ihre Hoffnung und der nächste Schritt das Schiff nach England, wo die Chancen allemal besser sind als zuhause.

Nach sieben Jahrzehnten Selbständigkeit ist Irland mit der großen Insel im Hintergrund immer noch eng verbunden. Es ist eine natürliche, geografisch bedingte Bindung, unauflöslich, zum Leidwesen Vieler – auf beiden Seiten der Irischen See.

Die Gälen erobern Irland

Irlands Geschichte beginnt etwa 7000 Jahre vor Christi Geburt. Es gibt nur wenige archäologische Zeugnisse dafür, aber es wird vermutet, daß die ersten Bewohner über Schottland nach Irland kamen und hauptsächlich entlang der Küsten lebten. Erst die

Siedler der Neusteinzeit hinterließen mehr Spuren: Sie brachten Werkzeuge mit und entwickelten eine Landwirtschaft des Ackerbaus und der Viehzucht. Sie wohnten in Hütten aus Trockensteinmauern und konnten weben und spinnen, verstanden zu töpfern und exportierten sogar ihre Steinwerkzeuge. Sie waren es, die die großen Steingräber anlegten, von denen es viele in Irland gibt und deren Faszination man sich kaum entziehen kann: Felsblöcke wie von Riesenkräften zusammengefügt und für viele Jahrtausende unverändert an ihrem Ort.

Im Laufe der Jahrhunderte gab es immer wieder Einwanderungswellen nach Irland und so zog Irlands Goldreichtum auch Stämme aus Nordfrankreich an. In der Bronzezeit um 2000 v. Chr. und danach wurde Irland zu einem bedeutenden Exporteur von Goldschmuck und anderen Metallwaren und betrieb einen regen Warenaustausch mit anderen Ländern.

Das Eisenzeitalter wurde in der Folge von einer Anzahl verwandter, aber unabhängiger keltischer Stämme, den Gälen, nach Irland gebracht, die jeweils begrenzte Gebiete besetzten. Im Laufe der gälischen Eroberungen, die sich bis zur beginnenden Christianisierung Irlands hinzogen, etablierten sie eine neue, beständige Kultur auf der Insel. Ihre gemeinsame Sprache war das Gälisch, das in Irland noch bis zur Mitte des 18. Jahrhunderts allgemein gesprochen wurde. Gälisches Recht wurde den von da an tributpflichtigen Bewohnern von den Gälen aufgezwungen und die politische Ordnung bestand aus etwa 150 kleinen Königreichen, die wiederum Provinzkönigen unterstanden. Vielleicht wäre es richtiger, von Stämmen und Häuptlingen zu sprechen, aber die Iren nennen ihre Vorfahren «Kings» und «Highkings» und so verstehen sich viele Iren auch heute noch als direkte Abkömmlinge gälischer Könige. Es gab zwar keine zentrale Macht für die gesamte Insel, aber unter den Provinzkönigen des 5. Jahrhunderts beanspruchten wahrscheinlich die Könige von Tara die Oberherrschaft.

Irlands Entwicklung wurde nach der Invasion der Gälen weitgehend von innen bestimmt, es gab keine weiteren Eroberungsversuche, auch nicht von den Römern. Zwischen dem 8. und 13. Jahrhundert, vor der englischen Invasion, entstanden die «Brehon Gesetze», eine Sammlung einheimischer Gesetze und Entscheidungen gälischer Richter. In dieser Zeit konnte sich in Irland eine eigene kulturelle Tradition bilden, weitgehend unberührt von den

Die Gälen führten stets eine Axt mit sich «um unguten Gefühlen» sofort Ausdruck geben zu können.

Die gälische Art zu reiten: Ohne Zaumzeug und ohne Sattel.

großen europäischen Entwicklungen, abgeschirmt vom Kontinent durch das vorgelagerte England.

Auf diese gälischen Eroberer, die die ansässigen Einwohner Irlands brutal unterdrückten und zahlreiche eigene kleine «Kingdoms» errichteten, ständig miteinander im Krieg lagen und doch über die Jahrhunderte eine relativ einheitliche Kultur begründeten, sollten sich zu Ende des 19. Jahrhunderts Iren berufen, die damit den Anspruch der eigenständigen Nation gegenüber den Engländern, den letzten Kolonialisten in Irland, untermauerten.

Eine andere Kolonialisierung der Iren setzte um das 5. Jahrhundert ein, die heute verbunden wird mit Irlands Nationalheiligem, St. Patrick. Er kam, was noch immer kein irischer Nationalist so recht glauben mag – von England. Der Überlieferung nach soll er fast ganz Irland durchquert und bekehrt haben. Die vielen Monumente und Gedenkstätten auf der Insel künden davon. Entscheidend für die weitere Entwicklung Irlands war, daß heidnische

Bräuche mit dem christlichen Glauben eine friedliche Koexistenz, ja eine Verschmelzung im Laufe der Zeit eingingen, die ein besonderes Verhältnis von irischem Selbstverständnis und christlicher Religion begründete. Der irischen Mönchskirche kam später eine selbständige Rolle zu, die dem Papst sogar eine englische Intervention ratsam erscheinen lassen sollte.

Irische Missionare bekehrten in Schottland und Nordengland vom christlichen Glauben abgefallene Bewohner und gründeten auf dem Kontinent berühmte Klöster. Ebenso erwarben die irischen Klosterschulen einen Ruf, der bis nach Europa drang und ausländische Gelehrte anzog. Irische Klöster wurden zu geistigen und kulturellen Zentren.

Für die irische Geschichte und das Selbstverständnis der Nation ist die lange Periode gälischer Herrschaft und Blüte gälischer Kultur von entscheidender Bedeutung. Es gibt keinen irischen Ureinwohner, keinen Ur-Iren, auf den sich die Historiker berufen könnten. Es gibt nur eine Folge von Siedlern, Eroberern und Unterdrückten. Deshalb ist die Annahme, daß etwa die Hälfte der irischen Gene keltischen Ursprungs sind, durchaus ernstgemeint und als Ausdruck des Bemühens zu verstehen, sich auch als Rasse von den Engländern zu unterscheiden.

Die lange, von fremden Einflüssen ungestörte Periode – Irlands «Goldenes Zeitalter» –, wurde durch die Invasion der Wikinger unterbrochen. Vom 9. Jahrhundert an landeten die Nordmänner mit ihren ungewöhnlichen Schiffen auch an Irlands Küsten, raubten und brandschatzten die Häuser und Klöster, hauptsächlich entlang der Küsten. Die ersten Siedlungen, die sie anlegten, entstanden an den strategisch günstigen Flußmündungen, von denen sie in das Landesinnere vordringen konnten. Hier wurden die ersten irischen Städte gegründet: Dublin, Wexford, Waterford und Cork an der Ostküste und Limerick an der Shannon-Mündung im Westen. Man könnte die Siedlungen der Wikinger an der Ostküste schon fast «Staaten» nennen, in einem Land, das politisch stark zersplittert war und von den gälischen Clans beherrscht wurde.

Zum Glück waren die Nordmänner an den kunstvollen, reich illustrierten Handschriften in den Klöstern, wie dem «Book of Kells», nicht interessiert. Auch die Hochkreuze mit zeitgenössischen Inschriften und Verzierungen, die in die mächtigen Felsen gemeißelt wurden, konnten kaum zerstört oder weggetragen werden. In dieser Zeit der Überfälle begannen die Iren Gebäude aus Stein zu bauen. Das beste Beispiel dafür sind die Rundtürme. Sie waren für die Mönche Ausschauturm und Festung zugleich, in die sie sich verschanzen konnten, indem die Leiter in den hochgelegenen Eingang eingezogen wurde.

Der vollständigen Eroberung Irlands durch die Wikinger setzte der irische Hochkönig Brian Boru aus Clare ein Ende: Er besiegte 1014 bei Clontarf eine Wikinger-Armee. Doch die Wikinger waren in «ihren Städten» längst auch Siedler Irlands geworden und fühlten sich schon als Iren. Die Kämpfe um die Oberherrschaft in Irland zwischen den verschiedenen gälischen Dynastien setzte sich fort und führte schließlich zu dem für das Schicksal der Insel fatalen Machtkampf zwischen dem Provinzkönig von Leinster, Dermot McMurrogh und dem Clan-König Rory O'Connor aus Connaght. Dermot unterlag und suchte militärische Hilfe – in England. Der Kriegsruhm normannischer Ritter, die erst ein Jahrhundert zuvor England erobert hatten, war bis nach Irland vorgedrungen und Dermot suchte nach seiner Niederlage bei ihnen Unterstützung. Damit begann für die irische Insel ein neues Zeitalter.

Die «Lordschaft von Irland»

800 Jahre Kriege und Aufstände, Unterdrückung und Widerstand, Hungersnot und Haß – ein ständiger Kampf, der bis in die Gegenwart andauert und dessen Ende für das 20. Jahrhundert nicht abzusehen ist – das waren die Folgen des Hilfsgesuchs an die Anglo-Normannen.

Im Jahr 1170 segelten Schiffe mit normannischen Truppen, die Dermot mit Erlaubnis des englischen Königs Heinrich II in Wales ausgesucht hatte, über die Irische See und landeten in County Wexford, nicht weit entfernt von Rosslare, wo heute die Touristen ankommen, die im walisischen Fishguard das Schiff besteigen. Der Earl of Pembroke, auch «Strongbow» genannt, verhalf Dermot zum Sieg und Erhalt seines Königtums. Dafür erhielt er Dermots Tochter Eva zur Frau und das Recht auf die Thronfolge nach seinem Tod. Schon ein Jahr später war «Strongbow», der anglo-normannische Graf, Provinz-König in Irland. Aus den in der Not gerufenen Helfern aber wurden schon bald Eroberer, die das Land rücksichtslos unterwarfen.

Kurz darauf schien es König Heinrich II von England geboten, selbst einzugreifen, weniger um Irland zu unterwerfen, als vielmehr seine normannischen Barone daran zu hindern, mächtige und unabhängige Fürstentümer in Irland zu errichten, die zu einer Bedrohung für ihn selbst werden könnten. Er behauptete seine Ansprüche auf die eroberten Gebiete und machte seine eigenwilligen Barone zu Kronvasallen. Heinrich II errichtete, mit Unterstützung des Papstes und der Zustimmung der irischen Stammesfürsten, die dadurch Schutz vor Angreifern erhofften, die «Lordschaft von Irland». Sie sollte vier Jahrhunderte Bestand haben.

Es klingt heute wie eine Ironie der irischen Geschichte, daß es ausgerechnet ein Papst war, von dem Heinrich II das Recht erbat, die weltliche Herrschaft über Irland auszuüben. Papst Adrian II gab es ihm mit Brief und Siegel in der «Bulla Laudabiliter», jedoch nur unter der Bedingung, daß er zugleich das Reich Gottes auf dieser Insel errichte, das Heidentum ausmerze und mit den moralisch lockeren Verhältnissen unter den Bewohnern aufräume. Besonders das gälische Scheidungsrecht war dem Papst und der römischen Geistlichkeit ein Dorn im Auge.

König Heinrich konnte jedoch seinen Machtanspruch nur teilweise verwirklichen. Er verpflichtete seine anglo-normannischen Barone der Krone, die sich übrigens nicht als Engländer fühlten sondern eher als Normannen. Ihre Sprache und Kultur war französisch.

Obwohl sie dem englischen König untertan waren, verfolgten sie doch in erster Linie ihre eigenen Interessen und dehnten ihre Herrschaftsbereiche weiter aus. Sie verstanden es, die Uneinigkeit der Iren zu nutzen, gingen Allianzen mit gälischen Königen ein, wo es ihnen nützlich erschien und bauten große Burgen und Festungen. Die anglo-normannischen Eroberer nahmen, was sich ihnen bot. Ihre Kriegstechnik war der der Iren weit überlegen. Sie zogen mit Rittern in gepanzerten Rüstungen und Bogenschützen in die Schlacht, während die Iren, in Leinenhemden gekleidet, nur mit Steinschleudern bewaffnet waren.

Die englische Krone hatte nur über ein begrenztes Gebiet um Dublin uneingeschränkte Macht. Der Sohn Heinrichs II, König

John, versuchte mit wenig Erfolg englische Jurisdiktion in Irland einzuführen.

Die inneren Kämpfe in Irland gehören zur Geschichte der Lordschaft. Eine Folge von Kriegen sicherte den Normannen den größten Teil der Insel. Nur noch in Munster und Connaght und einigen kleineren Gebieten herrschten irische Fürsten, gegen die die englische Verwaltung immer wieder Kriege führte. Irland war etwa in drei Herrschaftsbereiche geteilt: Um Dublin herum ein Gebiet englischer Magnaten, die Landesmitte war von anglo-normannischen Baronen besetzt und im Westen regierten unabhängige irische Stammeskönige.

Es folgte eine endlose Kette von Kriegen, die das 13. Jahrhundert in Irland bestimmte. Im 14. Jahrhundert führte eine schottische Invasion zur Einschränkung anglo-normannischer Macht: Die Iren nutzten die Situation, um verlorene Gebiete zurückzuerobern.

Es gab keinen nationalen, vereinten irischen Widerstand. Irische Fürsten holten sich Unterstützung aus Schottland und den Hebriden, wo erfahrene Krieger bereit waren, sich als Söldner in einer Fremdenlegion zu schlagen. Im Mai 1315 landete eine Truppe von 6000 schottischen Soldaten unter Führung von Edward Bruce in Antrim, an der Küste Nordirlands. Bruce kämpfte erfolgreich, scheiterte am Ende jedoch, weil er nicht die vereinte Unterstützung der Iren hatte – ein Muster, das sich in den folgenden Jahrhunderten irischen Freiheitskampfes häufig wiederholen sollte.

Die englische Verwaltung zog sich auf ein immer kleineres Gebiet um Dublin zurück, das zum Ende des 14. Jahrhunderts lediglich ein Drittel der Insel umfaßte. Die Kolonie konnte nur durch ständige Grenzkriege gegen feindlich gesinnte Iren verteidigt werden.

Die Anglo-Normannen hatten sich unterdessen der alten gälischen Herrschaftsschicht teilweise verbunden. Normannische Ritter heirateten Töchter aus gälischen Fürstenhäusern und nahmen selbst gälische Lebensgewohnheiten an, die sie immer mehr von England und der Krone entfremdeten. Sie wurden «irischer als die Iren». Das englische Königshaus versuchte dieser Verschmelzung entgegenzuwirken durch die «Statuten von Kilkenny», 1366 verabschiedet von einem der ersten Parlamente in Irland. Diese

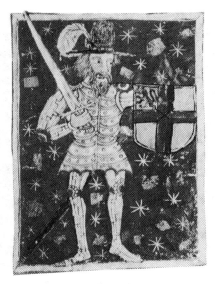

«Irischer als die Iren», normannische Ritter, die sich, zum Mißfallen des englischen Königs, zu sehr der irisch-gälischen Gesellschaft anglichen.

Beschlüsse verboten den englisch-gebürtigen Iren das Tragen irischer Kleidung und irischer Haartracht. Sie durften nicht wie die Iren ohne Sattel reiten, irisches Recht war ihnen verwehrt und jede familiäre Verbindung war verboten, selbstverständlich sollten sie auch die gälische Sprache nicht gebrauchen. Wer den Gesetzen von Kilkenny nicht folgte, war mit dem Verlust von Land, Eigentum und Macht bedroht.

Doch die selbstbewußten adeligen anglo-normannischen Iren waren nicht bereit, angenommene und liebgewordene Bräuche und Lebensgewohnheiten zu ändern, nur weil ein Parlament dies beschloß. Die Verbindung der gälischen und der anglo-normannische irischen Herrschaftsklasse setzte sich fort. Die Anglo-Iren hatten durchaus eigene Vorstellungen vom Leben in Irland, auch wenn sie sich formell zur Krone bekannten.

Je mehr die Anglo-Iren sich von der englischen Krone entfernten und verselbständigten, um so mehr schwand Englands Einfluß und effektive Kontrolle über Irland bis schließlich im 15. Jahrhundert nur noch ein Streifen von etwa 50 km Länge und

23

30 km Breite um Dublin herum («The Pale») übrigblieb. Das war der Augenblick als England der «Anarchie» auf der Nachbarinsel ein Ende bereiten mußte. Die «Lordschaft von Irland» hatte sich nie vollständig durchgesetzt und es war wiederum ein König Heinrich, der die folgenden vier Jahrhunderte englischer Herrschaft in Irland begründete: 1541 ließ sich der englische König Heinrich VIII auch zum König von Irland ausrufen.

Protestanten siedeln in Irland

Irland war der Kontrolle Englands soweit entglitten, daß die Grafen von Kildare, die eigentlich die Interessen der Krone vertreten sollten, in offenen Ungehorsam zum König traten, was schließlich zu einer Rebellion gegen die Engländer führte. Es war ein Krieg, der die ganze Insel überzog, mit der Entmachung des Hauses Kildare endete und Heinrich VIII veranlaßte, die Grundlagen seiner Herrschaft in Irland zu erneuern: Jeglicher Landbesitz – ob irisch oder anglo-irisch – mußte der Krone übergeben werden und wurde dann als Lehen wieder an die ehemaligen Eigentümer verliehen, oft mit entsprechenden Adelstiteln.

Heinrichs Politik war gleichzeitig auf eine Befriedung gerichtet: 1541 wurde ein großes Parlament zusammengerufen, an dem der gälisch-irische und der anglo-irische Adel ebenso teilnahmen wie Kirchenvertreter und Repräsentanten von Städten und Gemeinden. Sie riefen Heinrich zum König von Irland aus. Es schien, als sollte sich seine kluge Politik bewähren. Doch die kriegerische Mentalität der gälisch-irischen Landeigentümer, die nicht ohne weiteres das englische Recht anerkennen wollten, die angestrebte Reformation der Kirche in Irland, die unverändert bestehenden Spannungen zwischen Iren und Engländern und nicht zuletzt die ständige englische Sorge, ein Feind Britanniens könnte die «Hintertür Irland» zu einer Invasion Englands benutzen, ließen Irland nicht zur Ruhe kommen.

Königin Elizabeth I setzte mit beispielsloser Härte englisches Recht in Irland durch. Für die Engländer waren die irischen Stammesführer Barbaren, deren – nach den Maßstäben des englischen Hofes – unkultivierte Lebensgewohnheiten ihnen wie eine Herausforderung erschien. Die «Elizabethan Wars» wurden mit der

Die Elisabethianischen Kriege:
«Barbaren muß man brechen, bevor man sie regieren kann» – die Maxime
englischer Politik in Irland nachdem sich Heinrich VIII zum König
von Irland ausrufen ließ.

Begründung gerechtfertigt: «Ein barbarisches Land muß erst durch einen Krieg gebrochen werden, bevor man es regieren kann». Wie barbarisch jedoch die Truppen der Königin vorgingen, war selbst einigen englischen Beobachtern unerträglich. Doch die brutale Kriegsführung gab England zum ersten Mal wirkliche Kontrolle über Irland. Gleichzeitig wurde damit aber auch das Fundament gelegt für den Haß auf die regierenden Engländer. Die Reformation der Kirche scheiterte jedoch sowohl an der weitflächigen und dünnen Besiedelung wie an der Sprachbarriere: In Irland wurde zu dieser Zeit immer noch Gälisch gesprochen.

Mit der «Flucht der Earls» ging das alte gälische Irland unter. Im Norden rebellierten die gälisch-irischen Grafen, weil sie ihre eigenständige Herrschaft bewahren wollten. Mit Hilfe der papistischen Spanier, die 1601 mit einer großen Flotte am anderen Ende Irlands landeten, trat der gälische Earl of Tyrone zur letzten Schlacht gegen die Engländer an. Die englische Regierung in Dublin unter Lord Mountjoy entsandte Truppen, die sofort in den Süden marschierten und die spanischen Soldaten und die Iren besiegten. Der Earl of Tyrone, Hugh O'Neill, wurde begnadigt.

Er emigrierte 1607 mit dem ebenfalls gälischen Earl of Tyrconnell nach Frankreich – ihre riesigen Ländereien fielen an die Krone. Damit war für die Engländer auch der Norden frei, um eine vollständige Kontrolle über das Land zu erreichen und die gesamte Insel endgültig zu kolonialisieren. Die Grafschaften im Norden sollten planmäßig und in großem Stil von den Engländern besiedelt werden, um mit treuen Vasallen endgültig Ruhe in Irland herzustellen. Das war der Beginn des «Nordirland-Problems».

Eine weitere Folge der letzten Kämpfe war, daß nun der Religion, als Faktor im Machtkampf auf der irischen Insel, eine große Bedeutung zukam: Englische Unterdrücker und protestantische Ketzer waren jetzt so identisch wie irische Rebellen und katholische Papisten.

Aus englischer Sicht konnten nur loyale Siedler aus dem eigenen Land: England, Schottland oder Wales, die statt der enteigneten irischen Einwohner angesiedelt wurden, der Krone die Kontrolle über die Insel mit ihren um 1600 rund eine Million Menschen sichern. In Ulster wurden irische Landbesitzer zwangsweise in Gegenden umgesiedelt, die weniger fruchtbar waren und teilweise nur sehr kargen Boden und schlechte Weiden hatten. Aber der Erfolg dieser sogenannten «Plantations» entsprach nicht den Erwartungen: Etwa 13 000 englische und schottische Siedler lebten 1622 in Ulster. Sie waren umgeben von irischen Katholiken, die zu dieser Zeit immer noch mehr Land besaßen (59%) als von den Engländern gewünscht.

Die protestantischen Siedler fühlten sich unsicher und belagert von der Überzahl der Katholiken um sie herum, die Anspruch erhoben auf das Land, das ihnen genommen worden war. Diese Spannungen führten schließlich 1641 zur ersten größeren und folgenschweren Rebellion, die geradezu ein Muster für spätere Aufstände sein sollte: Landkrieg und Religionskrieg wurden identisch. Typisch war allerdings auch, daß die für die ganze Insel geplante Erhebung vorher verraten wurde und sich darum lediglich auf den Norden Irlands beschränkte. Die irischen Katholiken, einschließlich der altansässigen, ebenfalls katholischen Landlords in Irland, erhoben sich gegen den protestantischen englischen König und gegen die protestantisch-schottischen Neu-Siedler, die Ulster-Scots. Über das Ausmaß der Racheaktionen von katholischen Aufständischen gegen die englischen Siedler wurde in

Dublin und England übertrieben berichtet. Es war schrecklich genug: Etwa 100 protestantische Männer, Frauen und Kinder wurden an der Brücke von Portadown erschlagen und von der Brücke in den Fluß gestürzt. Wer dennoch überlebte und sich ans Ufer retten konnte, wurde dort brutal umgebracht. Dieses schreckliche Ereignis rief bei den protestantischen Siedlern eine tiefe und nachhaltige Angst vor den Katholiken hervor – bis auf den heutigen Tag: Bei den Umzügen der Protestanten werden noch heute Banner mitgeführt, die an «Portadown 1641» erinnern.

Das für die Protestanten traumatische Ereignis führte, durch die folgende Vergeltungsaktion der englischen Regierung, zu einer Vertiefung der Kluft zwischen irischen Katholiken und Engländern. Der Name, der damit verbunden ist, ruft heute noch Haß und Zorn bei Iren hervor: Oliver Cromwell, das «Schwert Gottes auf Erden». Sein Porträt dient auch 1985 noch dem I.R.A.-Blatt «An Phoblacht» als Feindbild.

Cromwells Rachefeldzug gegen die aufsässigen Katholiken war erbarmungslos und grausam: Drogheda wurde durch ihn zum Symbol englischer Unterdrückung in der irischen Geschichte. Als Cromwells Truppen die Stadtmauern durchbrochen hatten, wurden sie zuerst zurückgeschlagen. Das erzürnte Cromwell derart, daß er befahl, «Niemand in Waffen auszulassen», aber es heißt, daß auch Frauen und Kinder bei dem Massaker getötet wurden. So wie in Drogheda kein Priester am Leben blieb, wurden im ganzen Land Klöster zerstört und Mönche und Priester verfolgt und getötet. Cromwell verstand seinen Auftrag als eine Mission der Gerechtigkeit Gottes. Der Sieg der Engländer durch ihn war vollständig. Die katholischen Landbesitzer wurden in die arme Provinz Connaght vertrieben und ihr Land unter Cromwells Söldnern aufgeteilt. Cromwells Fluch «To Hell or to Connaght» hatte sich erfüllt. Katholiken hielten nach Abschluß der Enteignungskampagne 1688 nur noch 22 Prozent des Landes.

Cromwells Feldzug war jedoch nicht nur Vergeltung. Er bedeutete auch Entmachtung und Entrechtung von Katholiken in ganz Irland und führte zur Ansiedlung englischer Offiziere auf der irischen Insel. So entstand eine dünne anglo-irische Oberschicht, die sich von den verbliebenen irischen Pächtern nicht nur durch ihre soziale Stellung sondern auch durch Religion, Kultur und Sprache unterschied. Sie herrschte für Jahrhunderte auf ihren rie-

Portadown wird zum Symbol des irischen Aufstands: Katholische Iren überfallen schottische Siedler, die von der englischen Krone in Ulster Land erhielten – das zuvor den ansässigen katholischen Bauern genommen wurde.

sigen Gütern wie feudale Fürsten. Es war ein Bündnis von «Landlord» und «Parson», von Landadel und Kirche, das die «Squirearchy» stützte.

William of Orange

Der katholische König James II bestieg 1685 den englischen Thron und die Katholiken in Irland erhofften sich eine Restauration. Aber noch bevor sie verwirklicht werden konnte, wurde er drei Jahre später in England durch den protestantischen König William of Orange (Wilhelm von Oranien) ersetzt. Für Irland bedeutete dies einen weiteren Rückschlag. James II findet in Irland Unterstützung für seinen Plan, den englischen Thron zurückzuerobern. In Ulster kommt es zu einer dramatischen Zuspitzung des protestantisch-katholischen, englisch-irischen Konflikts: Londonderry wird von den katholischen James-treuen Truppen belagert – eine Situation, die eher durch Zufall entstanden war, als sich 13 Lehrlinge («apprentice-boys») der Schlüssel für das Stadttor bemächtigten und Londonderry vor den katholischen Truppen schlossen. Von Dezember 1688 bis Juli 1689 wurde die Stadt belagert, 8000 Protestanten verhungerten oder starben durch Krankheiten, bis schließlich Schiffe aus England die Blockade durchbrachen und Londonderry befreiten. James II und seine Truppen wurden im darauffolgenden Jahr in der «Schlacht am River Boyne» vernichtend geschlagen. Diese für die irische Geschichte so bedeutende Schlacht wurde im Boyne-Tal geführt, dort, wo auf engstem Raum Irlands berühmteste vorkeltische und keltische Monumente stehen.

Übrigens war auch bei diesem für die irische Geschichte so entscheidenden Ereignis ein Papst beteiligt: Wie 500 Jahre zuvor, als Papst Adrian II einen Pakt mit Heinrich II abschloß, der die englische Herrschaft über Irland mitbegründete, so hatte zu dieser Gelegenheit der Papst gar eine Allianz mit Spanien und Österreich gegen Frankreich und den König James II geschlossen. Gerade aber von diesem katholischen König James hatten sich die Iren das Ende der protestantischen Vorherrschaft in ihrem Land erhofft. Die tiefe Verbundenheit der Iren mit dem Vatikan hat unter diesem Pakt weder zur damaligen Zeit noch später gelitten.

Aus der Zeit der Belagerung der Protestanten in der Stadt Londonderry stammen verschiedene Begriffe, die noch heute in Nordirland aktuell sind: «No Surrender» – Keine Kapitulation – war die Antwort der Protestanten auf die Belagerung ihrer Stadt. Sie wird heute noch in politischen Reden und Veranstaltungen als die motivierende Formel angewandt, denn noch heute fühlen sich die Protestanten im Norden «belagert» von einer katholischen Mehrheit auf der gesamten Insel. Während der Zeit der Belagerung war ein Offizier namens Lundy in der Stadt bereit zu Verhandlungen mit den Truppen vor der Stadt. Seither wird «Lundy» von den Loyalisten als Schimpfname für jeden verwendet, der zur Verhandlungen mit den Katholiken bereit ist. Denn damals wie heute heißt die Parole bei den loyalistischen Protestanten, selbst bei friedlichen Lösungsvorschlägen: «No Surrender!».

Die restlichen katholischen Truppen unter dem Kommandanten Patrick Sarsfield warteten vergeblich auf Hilfe von Frankreich und ergaben sich 1691 in Limerick unter noch akzeptablen

The Battle of the Boyne.
Published as the Act directs April 1.1812

Bedingungen. Tausende katholischer Soldaten gingen ins Exil, um in den Armeen Ludwigs XIV in Frankreich zu dienen, wo sie später unter dem Namen «Wild Geese» berühmt wurden.

Der Triumph der Protestanten, der Anhänger Williams of Orange, über die aufständischen Katholiken, oder kurz von «Orange» über «Green», ist heute noch das politische Thema in Nordirland und wird jedes Jahr mit großen Umzügen am 12. Juli von den Unionisten gefeiert.

Zwar vereinigen die Farben der Republik die beiden so unterschiedlichen Seiten der «Orange» und der «Green», aber auch nur dort. In Londonderry und Belfast ist es noch heute William III of Orange, der die Protestanten gerettet hat, der sie zur Loyalität zur Krone verpflichtet, aber auch den eigenen Standpunkt des «No Surrender» rechtfertigt.

Strafgesetze gegen Katholiken

Doch den Protestanten war der Sieg über die Papisten nicht genug: Eine Reihe von Gesetzen, die unter dem Begriff «Penal Laws» (Strafgesetze) in die Geschichte eingegangen sind, dienten nach 1695 dazu, die Mehrheit der Bevölkerung Irlands, die Katholiken, durch weitere Entrechtung zu unterdrücken. Danach durften Katholiken in Irland nicht gewählt werden oder bei Parlamentswahlen ihre Stimme abgeben. Sie waren in ihrem eigenen Land ausgeschlossen von allen öffentlichen Positionen in Armee und Verwaltung. Sie durften keine Waffen besitzen und keine Pferde halten, die mehr als fünf Pfund wert waren. Vor allem aber war es Katholiken verboten, Land zu kaufen und selbst pachten durften sie es nicht länger als 31 Jahre. Bei Tod des Eigentümers mußte das Land unter allen Kindern aufgeteilt werden, es sei denn, ein Kind trat zum protestantischen Glauben über – dann erbte es alles. Der Erfolg war: Landbesitz in katholischer Hand sank weiter bis auf 7% und gegen Ende des Jahrhunderts sogar bis auf nur noch 5%.

Die Penal Laws verbannten auch katholische Bischöfe und Priester, obwohl eine kleine Zahl von Gemeindepriestern im Land bleiben durfte. Das Ziel war es, die Katholische Kirche so zu beschränken, daß sie im Laufe der Zeit aussterben würde. Aber das Gegenteil trat ein: Zum einen, weil die Gesetze nicht so strikt durchgeführt wurden, wie es auf dem Papier stand, zum anderen aber auch, weil die Interessen der Katholischen Kirche und der großen Mehrheit der Bevölkerung identisch waren. Die Bevölkerung sah in ihrer Kirche die einzige Institution, die ihnen noch geblieben war. Die Katholische Kirche sollte in der Folge an Einfluß gewinnen und im Freiheitskampf der Iren eine wichtige Rolle spielen.

Der erste Anspruch auf nationale Unabhängigkeit für Irland kam jedoch von anderer Seite. Es waren die Protestanten, die den Gedanken der irischen Nation entwickelten und tatsächlich gesetzgeberische Unabhängigkeit von London erreichten. Dieses neugegründete Parlament rein protestantisch-irischer Aristokraten wurde nach Henry Grattan, seinem führenden Promoter, «Grattans Parliament» genannt. Seine Mitglieder erklärten, die irische Nation schulde der Krone Treue, nicht aber Westminster.

In dem folgenden Jahrhundert verdoppelte sich die irische

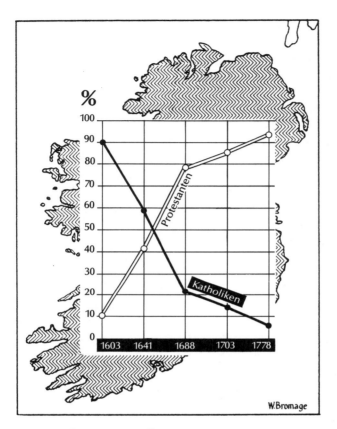

Die Veränderung im Landbesitz (1603–1778).

Bevölkerung – von etwa 2 Millionen um 1700 auf über 4,5 Millionen Einwohner um 1800. Die etwa 80 000 Protestanten herrschten als Oberschicht über Millionen von Katholiken. Da nur Protestanten zu Amt, Würden und Reichtum kamen, blieben die katholischen Pächter vom Leben in diesem Staat, der nicht der ihre war, ausgeschlossen. Sie mußten allerdings, wie in anderen Ländern unter ähnlichen Verhältnissen zu dieser Zeit, den Pachtzins leisten und waren zusätzlich der anglikanischen Kirche, der Church of Ireland, steuerpflichtig. Eine Pfarrei oder gar eine Bischofswürde waren nicht nur begehrte Posten sondern auch gute Einkommensquellen, die manchen Günstling in London zum vermögenden

Herrn in Irland machten. Die Rectory, das protestantische Pfarr-
haus, war oft ein verkleinertes Modell des jeweiligen «Manor
House» des Landlords und ein Bischofssitz nicht selten ein Palast,
der auch einem weltlichen Fürsten angestanden hätte.

Alle Reformversuche einsichtiger und vorausschauender
Standesherren wurden schon frühzeitig unterbunden. Behandelte
ein Landlord seine Pächter milde und menschlich, so konnte er
doch gegen Intrigen und den Druck seiner adligen Nachbarn, die
anderer Meinung über die Behandlung der Kleinbauern waren,
nichts ausrichten.

Grattans Parlament existierte von 1782 bis 1800. Die eigent-
liche Macht aber blieb in den Händen der Engländer, die das
Parlament auch umgehend wieder abschafften, als es zu einem
Aufstand in Irland kam, der von der Französischen Revolution
inspiriert und unterstützt war.

Das Jahr der Franzosen

In Geheimgesellschaften wurden revolutionäre Pläne entwickelt –
nicht nur für ein von England unabhängiges Irland sollte gekämpft
werden, sondern auch für eine liberale, beide Glaubensgemein-
schaften einende Nation. In Nordirland hatte die Society of United Irishmen ihren Ursprung, so benannt, weil sie Katholiken und
Protestanten in einer Republik nach französischem Vorbild vereinen und die Verbindung zu England lockern wollte. Die Grün-
dungsmitglieder waren hauptsächlich Protestanten und auch ihr
Führer, Wolfe Tone, war ein Protestant. Die katholischen Mitglieder waren eher von der Vorstellung angezogen, das ehemals kon-
fiszierte Land wiederzugewinnen als von den Revolutionsidealen
«Liberté, Egalité, Fraternité». Wolfe Tone überzeugte die Franzosen, eine Expedition ihrer erfolgreichen Revolutionstruppen nach
Irland zu senden. Dem französischen Direktorium war vermutlich
vor allem daran gelegen, Englands Truppen auf eigenem Grund zu
binden und erst in zweiter Linie, den irischen Nationalisten zu
ihrer angestrebten Unabhängigkeit zu verhelfen. Schließlich segelten 35 französische Schiffe mit tausenden Soldaten an Bord in
Richtung Irland und erreichten im Dezember 1796 die Bantry Bay
im Südwesten der Insel, ohne je landen zu können. Nicht engli-

scher Widerstand war es, der sie daran hinderte sondern vielmehr – irisches Wetter. Die Stürme waren so stark, daß die Schiffe nicht die Bucht erreichen konnten. Sie mußten nach 14 Tagen aufgeben und nach Frankreich zurückkehren.

Dennoch ermutigte die United Irishmen das Gefühl, der Unterstützung der Franzosen sicher zu sein. Aber bevor sie einen weiteren Aufstand planen konnten, wurde die Führung ihrer Geheimgesellschaft von eigenen Mitgliedern verraten. Der Aufstand von 1798 endete in Konfusion und die Engländer übten gnadenlose Vergeltung. Wolfe Tone wurde gefangen genommen und beging Selbstmord. In Bodenstown, nicht weit von Dublin, liegt Irlands großer Nationalist begraben. Regelmäßig in jedem Jahr besuchen Anhänger der Fianna Fail Partei und I.R.A.-Mitglieder sein Grab und beschwören seine Ideale – von deren ursprünglichen Ideen allerdings wenig übrig geblieben ist im nordirischen Alltag von Bomben und Morden gegen Briten und irische Protestanten.

Als 1798 eine kleine französische Hilfsexpedition unter General Humbert in Killala in Westirland landete, konnten die Franzosen zuerst einige Überraschungssiege erringen, Castlebar besetzen und sogar John Moore von Moore Hall bei Ballinrobe zum ersten Präsidenten einer Republik Connaght ausrufen. Da jedoch keine weiteren französischen Truppen diesem kleinen Vorkommando folgten und die Unterstützung der Bevölkerung im Lande fehlte, mußte General Humbert bedingungslos gegen die Übermacht der englischen Truppen kapitulieren. Die irischen Aufständischen wurden hingerichtet und John Moore starb auf einem Gefangenentransport bevor auch er exekutiert worden wäre.

Der irische Aufstand war teilweise auch von einheimischen Priestern angeführt worden. In einigen Gebieten wurde während des Aufstands brutal gegen die dort lebenden Protestanten vorgegangen. Pfarrer und Landlords wurden ermordet. Politische Absichten waren verbunden mit religiösen, sozialen und klassenkämpferischen Zielen.

Die Folgen der gescheiterten Rebellion waren eine verschärfte Haltung der Engländer gegenüber den Katholiken und ein Rückzug der protestantisch-irischen Nationalisten von der gemeinsamen Idee der irischen Unabhängigkeit. Dies war vielleicht eine der Bruchstellen in der bis dahin realisierbar erscheinenden Vorstellung vom vereinten unabhängigen Irland, in dem Prote-

«The Year of the French»
Wolfe Tone bringt 1798 französische Revolutionstruppen nach Irland, aber
die Rebellion scheitert. Lediglich in der Grafschaft Mayo erzielen die Franzosen
einen Überraschungserfolg und rufen John Moore zum ersten «Präsidenten
der Republik Connaght» aus.

stanten und Katholiken in Frieden miteinander leben könnten.
Später machten sich die Katholiken exklusiv die Idee des Nationalismus zu eigen, teilweise immer wieder unterstützt von einzelnen
Protestanten, aber nicht mehr von einer protestantischen Mehrheit.

Zunächst jedoch wurde im März 1800 das Unions-Gesetz
verabschiedet, das das irische Parlament abschaffte und die beiden
Königreiche von England und Irland «für immer» vereinigte und
120 Jahre – bis zur Gründung des Freistaates – existierte.

Das Vereinigte Königreich

Am 1. Januar 1801 trat das Unions-Gesetz in Kraft, das die beiden
Königreiche vereinigte, das irische Parlament löste sich gleichzei-

tig selbst auf. 28 Lords zogen daraufhin ins englische Oberhaus und 100 irische Abgeordnete ins Unterhaus. In Irland kehrte damit jedoch kein Friede ein: Die alten Konflikte bestanden weiter. In Dublin Castle regierte ein königlicher Statthalter im Interesse der protestantischen Grundbesitzer-Klasse. Die katholische Mehrheit sollte nur langsam neue Gesetze und mehr Rechte erhalten, ohne dabei die etablierte Ordnung zu gefährden.

Schon 1803 gab es eine neue Rebellion. Robert Emmet wollte Dublin Castle besetzen und eine Republik proklamieren. Das Vorhaben scheiterte, Emmet wurde hingerichtet, aber seither von irischen Nationalisten als Patriot verehrt.

Es gab immer noch keinen geeinten katholischen Widerstand, keine nationale Organisation, die Voraussetzung für jede Reform der für die Katholiken unerträglichen Bedingungen unter den Penal Laws hätte sein müssen. Daniel O'Connell, ein Advokat der kleinen Pächter, sollte diese Situation ändern. Er einigte die verschiedenen auf lokaler Ebene agierenden Geheimbünde, indem er das Ziel der Befreiung der katholischen Bevölkerung mit dem Ziel der Unabhängigkeit der Nation verband: Katholizismus und Nationalismus sind seither identisch. Dank seines rhetorischen und politischen Talents und einem Solidarisierungstrick – er ließ eine «katholische Steuer» erheben, «einen Penny für die Armen» – gelang es ihm, die verschiedenen kleinen Organisationen zusammenzuführen und erstmals mit ihnen eine katholische Massenbewegung zu schaffen.

O'Connell gründete 1823 die «Catholic Association» und führte die katholische Bewegung aus dem Untergrund heraus zu ihrem ersten Erfolg. Er gewann 1828 bei einer Nachwahl in der Grafschaft Clare mit überwältigendem Vorsprung, nachdem er mit 30 000 Gefolgsleuten in den Wahlkampf gezogen war unter dem Motto «God and O'Connell!» 1829 wurden auch Katholiken zum Parlament zugelassen. Allerdings beschränkte sich das Wahlrecht zunächst auf diejenigen, die 10 Pfund Pacht aufbringen konnten. Der «König der Bettler», wie Daniel O'Connell in englischen Zeitungen verspottet wurde, war für die Iren der «Große Dan», ihr Volksheld. Sein Ziel war es, die Vereinigung mit England rückgängig zu machen und wieder ein irisches Parlament zu installieren, wie vor 1800. Das Emanzipationsgesetz von 1829 brachte zunächst nur der kleinen katholischen Oberschicht Vorteile, von den 100 irischen Parlamentsitzen fielen 40 an irische Katholiken, aber für die unzähligen kleinen katholischen Pächter änderte sich wenig. O'Connell starb 1842 ohne sein großes Ziel, ein irisches Parlament in Dublin und mehr Unabhängigkeit von England, erreicht zu haben.

Die Bevölkerung Irlands war in der ersten Hälfte des 19. Jahrhunderts schnell gewachsen: von etwa 4,5 Millionen im Jahr 1800 auf über 8 Millionen Menschen. Als reines Agrarland lebte die Mehrheit der Einwohner in Pachtabhängigkeit. Ihre eigene Ernährung war abhängig von einem bescheidenen Kartoffelanbau, die übrige Produktion mußten sie verkaufen, um die Pachtabgaben leisten zu können.

Die große Hungersnot

Als 1845 eine große Kartoffelseuche (potatoe blight) in Irland ausbrach, bahnte sich eine Katastrophe an. Der Westen der Insel war besonders hart betroffen. In County Mayo waren 90% der Bevölkerung völlig abhängig von einer guten Kartoffelernte. Erste Hilfegesuche an die Regierung veranlaßten den englischen Premier, große Mengen Mais (Indian Corn) in Amerika zu bestellen. Es wurden Sozialhilfen geschaffen und alle Handelshindernisse (Corn Laws) beseitigt, um die Preise für Brot zu senken. Die Engländer wollten das Prinzip der «freien Kräfte im freien Markt» jedoch unbedingt aufrecht erhalten: Die Lebensmittelvorräte der Regierung dienten zunächst nur dazu, vorsichtig auf dem Markt zu intervenieren, die Preise stabil zu halten, nicht aber die Hungernden in Irland zu ernähren. So wurden weiterhin große Mengen Lebensmittel aus Irland exportiert.

Ein geplantes Arbeitsbeschaffungsprogramm der Regierung sollte Erleichterung bringen. Etwa 140 000 Iren fanden Arbeit im Straßenbau, Hafenausbau, Brückenbau und anderen Projekten. Geholfen wurde damit aber nur etwa einem Drittel der Familien, die hungerten. Andere Hilfsmaßnahmen scheiterten teilweise an der Ignoranz oder am Festhalten alter Gewohnheiten. So erhielten die Fischer von Claddagh in Galway zwar Geld, um Netze und Boote zu reparieren, damit mehr Fisch, den es ja reichlich gab, an die Bevölkerung verteilt werden konnte. Doch dieser Versuch war vergeblich, denn die Hungernden waren nicht genug aufgeklärt, um sich auf eine solche Ernährung umstellen zu können.

Die Landlords verhielten sich unterschiedlich: einige halfen ihren Pächtern, die Notzeiten zu überleben, wie George Henry Moore von Moore Hall, Lord Sligo oder Colonel Jackson von Ballina. Viele jedoch waren ohne Mitleid, wenn die Pacht nicht mehr gezahlt werden konnte und nutzten die Gelegenheit zu einer «Flurbereinigung». Sie ließen die Häuser und Mauern der zahlungsunfähigen Pächter einreißen und gewannen durch Zusammenlegung mehrerer kleiner Parzellen größere Feldeinheiten für ihre Weidewirtschaft.

Eine Ernte nach der anderen wurde von der Kartoffelfäule befallen. Nur zögernd und widerwillig öffnete schließlich 1847 die englische Regierung die Kornkammern und verteilte Lebensmittel. Gleichzeitig verabschiedete sie den «Poor Law Act», wonach die Armenhäuser direkt helfen konnten, aber das Recht hatten, die vom Staat leihweise zur Verfügung gestellten Gelder durch Steuern wieder hereinzuholen. Viele der bis dahin noch arbeitenden Landwirtschaftsbetriebe wurden durch die neuen hohen Abgaben in den Bankrott getrieben. In diesem Jahr wuchsen die Kartoffeln wieder gut, wenn auch in zu geringen Mengen, weil keine Saatkartoffeln vorhanden waren. Die britische Verwaltung beschloß dennoch, die Hilfsmaßnahmen wieder einzustellen.

Im darauf folgenden Jahr verfaulte die Ernte erneut und im Jahr 1849 ebenfalls. London hatte inzwischen sämtliche Hilfen eingestellt. Zu der furchtbaren Not kam nun auch noch eine Cholera-Epidemie. Wer das Geld für eine Schiffspassage aufbringen konnte und noch Kraft genug hatte, versuchte dem Hungertod durch Auswanderung zu entkommen. Tausende starben vor Schwäche und Auszehrung auf den Schiffen oder in den Quarantänelagern. Man schätzt, daß etwa eine Million Menschen während der Hungersnot starben und etwa 1,5 Millionen emigrierten. Auswanderung war während der folgenden 100 Jahre oft die einzige Alternative zu Hunger und Not. Zwischen 1820 und 1920 emigrierten 4 Millionen Iren allein nach Amerika. Die am härtesten betroffenen Gebiete wurden in den folgenden Jahren regelrecht entvölkert. Die Einwohnerzahl der Grafschaft Mayo beispielsweise sank von fast 400 000 vor der Hungersnot auf etwa 100 000 im Jahr 1971.

Hungersnot
Die Kartoffelernte mehrerer Jahre verfault, die Pächter können den Pachtzins nicht mehr zahlen und haben nicht genug zu essen.

Nach der furchtbaren Erfahrung der Hungersnot, begannen Eltern, ihre Kinder dazu anzuhalten, eher die englische Sprache als Gälisch zu lernen, damit sie bei der Emigration bessere Chancen im Ausland hätten. Die jahrhundertelangen Bemühungen der Briten, das bis dahin in Irland gesprochene Gälisch abzuschaffen, hatte auf diese Weise unbeabsichtigt doch noch Erfolg.

Ein kleiner Aufstand, die «Erhebung von 1848», fand in dieser Zeit statt, scheiterte aber. Das an sich unbedeutende Ereignis wurde erst später zu einer «Rebellion» erhoben.

Die irischen Auswanderer brachten in die neue Welt nicht nur ihre tiefe Verbundenheit mit dem katholischen Glauben, sondern auch einen unversöhnbaren Haß auf die Engländer mit. Es entstanden irische Solidaritätsbünde, die der Unterstützung von Freunden und Verwandten in der Heimat dienten, aber auch mit finanziellen

Zwangs–Vertreibung
Mit Hilfe der Polizei setzten Landlords die Zwangsräumung von Cottages durch,
wenn ein Pächter den Zins nicht mehr zahlen konnte.

Beiträgen und Waffenlieferungen helfen wollten, die Engländer aus Irland zu vertreiben. Die Emigranten gründeten republikanische Bruderschaften, Vorläufer der I.R.A., und die «Fenier»-Bünde, benannt nach den sagenhaften gälischen Helden. Bis heute unterstützen Irisch-Amerikaner mit ihren Geldspenden die I.R.A. und deren Waffenkäufe. Und bis heute ist «Fenier» für Loyalisten ein Schimpfwort, mit dem sie Katholiken belegen.

Als politische Folge der Hungersnot wurden einerseits jegliche Widerstandsaktionen und die Verwirklichung nationalistischer Ziele zurückgestellt, um zu überleben. Andererseits legte das Verhalten der englischen Regierung und der protestantischen Herrschaftsklasse während der schrecklichen Hungerjahre den Grundstein für einen noch heute lebendigen Haß in Irland und für nachhaltige Enttäuschung und Ablehnung alles Britischen. Es heißt seither, daß die Engländer zwar nicht für die Ursache der Not verantwortlich waren, jedoch für das Ausmaß des Elends. Die Ereignisse von damals sind den Iren noch heute gegenwärtig, denn kaum eine Familie blieb von Tod und Emigration oder Vertreibung von Haus und Land verschont. Die Iren haben es den Briten nicht verziehen, daß sie so wenig bereit waren, Not und Hunger zu lindern. Der Norden Irlands war nicht so schwer von der Hungersnot betroffen. Die Textilindustrie gab bereits vielen tausenden Menschen Arbeit und Lohn. Entsprechend war die Verbitterung gegen die Briten im Norden weitaus geringer als im Süden und Westen der Insel.

Eine Generation später, als die Kinder und Jugendlichen, die dem Hungertod entkamen, erwachsen waren, wurden in Irland und Amerika die neuen Widerstandsorganisationen aktiv: Die Fenians und die Irish Republican Brotherhood (IRB). Die ersten von Irisch-Amerikanern unterstützten Aufstände der Fenier 1865 und 1867 scheiterten jedoch hauptsächlich, weil die Irisch-Amerikaner sich nicht einig waren mit den Rebellen unter ihrem Führer James Stephens.

Erst die offene Agitation für eine Landreform machte die kleine politische Organisation zu einer Volksbewegung. 1879 gründete Michael Davitt aus Mayo die Land League. Davitts Vater war nach der Hungersnot von seiner gepachteten Farm vertrieben worden und der junge Davitt hatte bereits wegen seiner Mitgliedschaft bei den Feniern im Gefängnis gesessen. Das Ziel der Land

League war eine umfassende Landreform. Die Pächter sollten Eigentümer des von ihnen bewirtschafteten Landes werden, denn immer noch waren etwa zwei Drittel des Landes in den Händen der anglo-irischen Großgrundbesitzer, die von der Pacht der Kleinbauern lebten. In den großen Herrenhäusern sammelten sich Vermögen an, es wurde verschwenderisch gelebt und manche Landlords kamen gar nur zur Pacht-Kollekte auf ihr irisches Gut während sie das übrige Jahr in der Londoner Gesellschaft verbrachten.

In Nordirland gab es diese starke Trennung von Landlord und Pächter nicht. Oft waren beide Mitglied der gleichen Orange Loge oder man sah sich sonntags in der Kirche. Selbst katholische Pächter profitierten von dem allgemein besseren Verhältnis zwischen Großgrundbesitzer und Pächter. Die soziale, kulturelle und politische Kluft zwischen protestantischen Landlords und katholischen Pächtern war im übrigen Irland sehr viel tiefer.

Landkrieg und Boykott

Dennoch war es ein anglo-irischer Landlord, dem es fast gelang, Irland in die Selbstbestimmung («Home Rule») zu führen: Charles Stewart Parnell, Protestant und Mitglied im englischen Parlament, Landlord aus Wicklow, war Chef der irischen «Home Rule»-Bewegung. Er verbündete sich mit Michael Davitts Land League, so daß die parlamentarische Opposition eine breite Basis im Land hatte.

In den Jahren 1879-1882 kam es zum «Landkrieg» in Irland. Die Angst vor einer weiteren Hungersnot hatte der Land League die Pächter zugetrieben, die mit dem Mut der Verzweiflung bereit waren, sich gegen das Pachtsystem aufzulehnen. Sie verweigerten die Zahlung des Pachtzins, arbeiteten nicht mehr für bestimmte ausbeuterische Landlords, schützten andere Pächter vor der Vertreibung aus ihren Cottages und «überzeugten» auch die Pächter, die bisher mit dem Landadel zusammengearbeitet hatten, von ihren Zielen. Eine neue «Waffe» im Landkrieg wurde erstmals im County Mayo in der Nähe von Ballinrobe auf einem großen Gut angewendet: Der passive Widerstand gegen einen Landlord war so erfolgreich, daß ohne die Hilfe der Landarbeiter seine gesamte Ernte verdarb und er das Land verließ. Diese Methode trug von der Zeit an den Namen des betroffenen Landlords: Boycott. Aber es blieb nicht nur beim friedlichen Widerstand, es kamen auf beiden Seiten Menschen ums Leben und die Unruhen nahmen zu. Allein 1880 wurden 4500 Fälle von Mord, Überfall, Raub, Brandstiftung und Tierverstümmelung gemeldet. Die bisher durch rigorose Herrschaft unterdrückten Pächter reagierten mit erschreckender Gewalttätigkeit und Brutalität, auch Mord und Folter waren keine Seltenheit.

Der erste große politische Erfolg für die Iren war die Landreform, die 1881 vom britischen Premier Gladstone im englischen Parlament durchgesetzt wurde. Die Rechte der Landlords wurden danach eingeschränkt. Gerichte setzten die Pacht fest und garantierten den Pächtern, solange sie Pacht bezahlten, das Pachtrecht und die Möglichkeit, ihr Inventar an einen nachfolgenden Pächter zu verkaufen – Rechte, die es bis dahin nicht gab.

Parnells erfolgreiche Kooperation mit Gladstone wurde unterbrochen, als die I.R.B. den «Chief Secretary for Ireland», Lord Cavendish, und seinen katholischen Stellvertreter Burke im Dubliner Phoenix Park ermordete. Danach kam Parnell zwar nur langsam seinem Ziel, der irischen Selbstbestimmung, näher, doch wurde er zur bedeutendsten Persönlichkeit irischer Interessenvertretung. Er bestimmte mit der «Home Rule»–Bewegung gar englische Politik: mit seinen Abgeordneten hielt er die Balance im Parlament. Ohne ihn konnte keine der beiden großen Parteien regieren. Der von ihm unterstützte liberale Parteiführer und englische Premierminister Gladstone war bereit, Irland die Selbstverwaltung zu geben. Das Gesetz zur Selbstverwaltung («Home Rule Bill») wurde 1886 von Gladstone eingebracht.

In Nordirland aber wuchs die Furcht vor einem katholisch dominierten Irland. In Ulster marschierten die Protestanten. Die Parolen der «Orange Order Lodges», benannt nach William of Orange, lauteten: «No Popery, no Surrender!» An die Haustüren katholischer Eigentümer wurden Plakate geklebt mit der historischen Aufforderung «To hell – or Connaght!»

Lord Randolph Churchill, Konservativer und Vater von Winston Churchill, wollte gegen Gladstone «die Orange-Karte ausspielen». Er drohte mit dem Einfluß der Protestanten Nordirlands, die die Selbstverwaltung blockieren würden. Das Gesetz wurde von der Mehrheit des Parlaments abgelehnt.

Irlands großer Patriot, Charles Stewart Parnell, scheiterte politisch an einer Liebesaffäre, die im katholischen Irland nicht verziehen wurde. Sein Einfluß nahm ab, er starb im Oktober 1891, nachdem er drei Nachwahlen verloren hatte. Ein Jahr zuvor war er noch der «ungekrönte König Irlands». Nach seinem Tod gab es kaum mehr Hoffnung auf eine Möglichkeit, die Unabhängigkeit von ganz Irland zu erreichen. Gladstones zweites Home Rule-Gesetz 1893 scheiterte am Veto des House of Lords, des englischen Oberhauses.

Neben dem politischen Bestreben nach einer selbständigen Nation, entstand ein kulturelles Bewußtsein in Irland, das schließlich zur Gründung der «Gaelic League» führte, die die irische Kultur vor dem Verlust durch die Anglisierung retten wollte. Es ging nicht nur darum, die irische Sprache zu erhalten und zu fördern, sondern alles, was dazu beitragen konnte, die irische Identität, im Gegensatz zum Englischen, wieder zu beleben: Irische Tänze, irische Musik und Dichtung, irische Kleidung und Handwerkskunst sollten dazu dienen, das ‹Irische Irland› zu erhalten. Der Gründer der Gaelic League, Dr. Douglas Hyde, ein Protestant, wurde übrigens später Irlands erster Staatspräsident.

Wenn diese Bewegung auch keine unmittelbaren politischen Ziele hatte, so war ihr Einfluß auf einen erwachenden irischen Nationalismus doch erheblich, da sie behauptete, ohne eigene Sprache gäbe es keine eigene Nation. Die I.R.B. und die von Arthur Griffith 1908 gegründete nationalistische Bewegung Sinn Fein («Wir selbst allein» – etwa «Schinn Fëin» gesprochen), zeigte großes Interesse an der Gälischen Liga und ihren Erfolgen in breiten Bevölkerungsschichten.

Etwa zur gleichen Zeit war die Gaelic Athletic Association (GAA) gegründet worden, ein Sportverband, in dessen Statuten, in Gälisch verfaßt, als Ziele die Förderung der gälischen Sprache und die Eigenheit und Würde der Iren zu erhalten, genannt werden. Über die sportlichen Aktivitäten hinaus wurden Tanz, Balladen-Gesang und Instrumental-Darbietungen als «Symphonie der Freude» zur «großen Wiedergeburt unserer Kultur» gefördert.

Eine Serie von Landreform-Gesetzen (Land Purchase Act) entspannte die Lage etwas. Der Staat kaufte den Landlords unter diesem neuen Recht Pachtland ab, das er dann den bisherigen Pächtern überließ. Die Pächter zahlten dem Staat den Kaufpreis wie einen Kredit zurück, über lange Fristen – teilweise bis zu 68 Jahren – und zu geringen Zinssätzen, so daß die Raten niedriger waren als die frühere Pacht. Bis zur Gründung des Freistaats hatten auf diese Weise über 5 Millionen Hektar Land die Eigentümer gewechselt.

Die Rebellion von 1916

Endlich ergab sich 1911 für die irischen Nationalisten unter der Führung von John Redmond eine neue Gelegenheit, im Parlament mit Erfolg das Selbstverwaltungsgesetz durchzusetzen. Konservative und Liberale erzielten gleich hohe Stimmengewinne in zwei aufeinanderfolgenden Wahlen, die irische Partei war das Zünglein an der Waage. Das Vetorecht der Lords im Oberhaus wurde abgeschafft. Der Weg für die angestrebte beschränkte Autonomie Irlands schien frei.

Doch nicht alle Iren begrüßten diese Entwicklung. Die Protestanten, vor allem in Nordirland, waren grundsätzlich gegen «Home Rule», die sie mit «Rome Rule» gleichsetzten. Die Vorstellung, als Minderheit in einem Papisten-Staat leben zu müssen, rief bei der eher liberalen, gebildeten protestantischen Oberschicht im industrialisierten und vergleichsweise wohlhabenden Ulster Schrecken hervor.

Edward Carson und James Craig waren zwei herausragende Führer der protestantischen Unionisten, die nicht etwa nur Ulster ausklammern wollten, sondern das Gesetz über die Selbstverwaltung von Irland an sich zu Fall bringen wollten. Es gab erste Massendemonstrationen der Unionisten und «Orangemen» in Nordirland und zwei Tage vor der ersten Lesung des Gesetzes im Londoner Parlament, im April 1912, marschierten 100 000 Protestanten in Belfast, um einem riesigen «Union Jack» zu salutieren. Im September 1913 unterzeichnete eine Viertelmillion Protestanten in Belfast eine Resolution gegen das Home Rule-Gesetz – viele davon mit ihrem eigenen Blut. Als das Gesetz schließlich im englischen Oberhaus beraten wurde, hatten die Unionisten die «Ulster Volunteer Force» mit 100 000 Mitgliedern aufgestellt, die sie in der Folgezeit unter den Augen der Polizei illegal bewaffnete.

Die irischen Parlamentsabgeordneten verloren unterdessen

ihren Einfluß im Parlament auf das Home Rule-Gesetz. Liberale und Konservative hatten sich bereits darüber verständigt, daß Ulster ausgeklammert werden sollte. Die Katholiken fühlten sich ausgespielt und gründeten als Gegengewicht zur «Ulster Volunteer Force» eine Freiwilligentruppe, die «Irish Volunteers» genannt wurde und unter dem Einfluß der Irish Republican Brotherhood stand. Als die Irish Volunteers Waffen aus Deutschland auf der Yacht «Asgard» nach Irland brachte, griff die Polizei ein, was sie bei den weitaus größeren Waffenimporten für die UVF nicht getan hatte.

Die irischen Parlamentarier waren schließlich bereit, einer Abtrennung zuzustimmen. Das Gesetz zur Selbstverwaltung von ganz Irland wurde jedoch bei Ausbruch des Ersten Weltkriegs unverändert gelassen und mit Zustimmung aller Beteiligten seine Realisierung bis zum Ende des Krieges aufgeschoben. Die irischen Volunteers traten zu Zehntausenden der Britischen Armee bei, in der Hoffnung, dies würde von der englischen Regierung nach dem Krieg mit der sofortigen Einführung der Selbstverwaltung Irlands honoriert.

Die radikale I.R.B. gewann weiteren Einfluß unter den Irish Volunteers. Sie plante eine Aktion, die ihre Anliegen in einer Zeit wieder aktuell werden ließ, in der alle nur an den Krieg in Europa dachten. Sir Roger Casement, der früher den Briten als Diplomat gedient hatte, versuchte, in Berlin Waffen zu besorgen. Er konnte aber nicht soviel beschaffen, wie erhofft. An der Kerry-Küste wurde er von einem deutschen U-Boot abgesetzt und gleich darauf von der Polizei abgefangen. Wenige Monate später wurde er hingerichtet. Dennoch besetzten Ostern 1916 etwa 1000 Freiwillige, statt wie geplant 10 000, schlecht organisiert und ausgerüstet, weil die Engländer das Schiff mit den Waffen aus Deutschland abgefangen hatten, strategisch wichtige Gebäude Dublins. Unter den Aufständischen herrschte Konfusion über widersprüchliche Befehle und ob überhaupt rebelliert werden sollte, als sie bereits auf dem Weg zum General Post Office (G.P.O.) Dublins waren. Dort verlas einer der Anführer, Patrick Pearse, die Proklamation der «Irischen Republik» im Auftrag der «Provisorischen Regierung» – eher zur Verwirrung der Passanten.

Die englischen Truppen wurden völlig in ihrer Oster-Ruhe überrascht. Als Verstärkung für sie ankam, begrüßten irische

Frauen die englischen Soldaten mit Tee und Kuchen: Die Bevölkerung war weder auf diesen Aufstand vorbereitet noch wünschte sie ihn. Das Volk wollte offensichtlich den Engländern nicht in den Rücken fallen, zumal aus vielen irischen Familien Angehörige in der Britischen Armee in Europa kämpften.

Der Aufstand dauerte etwa eine Woche, bevor die Rebellen aufgaben. Viele der historischen Gebäude im Zentrum Dublins lagen danach in Trümmern. Es gab etwa 450 Tote und 3000 Verletzte. Von den Rebellen wurden 15 Anführer nach einem Kriegsgerichtsverfahren hingerichtet, die anderen Teilnehmer erhielten Gefängnisstrafen und wurden zum Teil nach England deportiert. Erst diese harte Vergeltung der Briten als Reaktion auf den Oster-Aufstand sicherte nachträglich den Aufständischen die Sympathie des irischen Volkes und den überlebenden Rebellen Unterstützung. Die Chance zu einem friedlichen Übergang in eine beschränkte Selbstverwaltung Irlands nach dem Ende des ersten Weltkriegs war nun endgültig vertan.

Ein Jahr später, 1917, werden Gefangene des Osteraufstandes freigelassen, unter ihnen auch Michael Collins, der sich sofort der Reorganisation der IRB widmet und Eamon de Valera, der mit der Proklamation von 1916 eine Nachwahl mit großer Mehrheit gewonnen hatte. Kurz danach wurde er zum Präsidenten der Sinn Fein-Bewegung gewählt.

Ein anderer Gefangener des Oster-Aufstands, Thomas Ashe, begann einen Hungerstreik, wurde zwangsernährt und starb. Dies war das Fanal für eine große nationale Demonstration. Sein Sarg wurde durch die überfüllten Straßen Dublins getragen, begleitet von uniformierten und bewaffneten Freiwilligen und einem Trauerzug, dem Tausende folgten. Schüsse wurden über dem Sarg abgefeuert und emotionale Reden gehalten – ein Muster, das sich 64 Jahre später zehnfach wiederholen sollte.

Nach Kriegsende 1918 fanden die ersten Palamentswahlen in Irland seit 8 Jahren statt und die alte Irische Partei verlor ihre Parlamentssitze an die neue Sinn Fein-Partei, die 73 der 105 irischen Sitze im Londoner Unterhaus gewann.

Seit vor 8000 Jahren die ersten Bewohner Irlands über Schottland auf die Insel kamen, folgten weitere kleine und größere Ströme von Siedlern und Invasoren. Dolmen-Gräber, wie dieses in der Grafschaft Clare, zählen zu den wenigen Zeugnissen jener frühen Siedler.

Die keltischen Stämme, Gälen genannt, überlebten in Irland länger als im übrigen Europa. Ihre Christianisierung führte zu einer Blüte keltisch-christlicher Kultur.

▼ Die elisabethianischen Kriege und Cromwells Feldzug hatten die völlige Unterwerfung Irlands zum Ziel.

THE

HONORABLE COLLONEL

Robert Tothill whose Regiment being 1300 foote landed with ye
Comanders within the Barre Dublin the 3d day of May Añō. Doñi.
1649.

The said Honorable Colonell Totiull, and his Cheife Comanders
& Atchiuements are recorded by the dutie, and industrie of Albon
Leueret Athlone Officer of Armes of the whole
Realme of Ireland &c.

Noblenelles of Courag. is to hede and minde Valliaunt, Noble,
and Vertuous thinges, nothing is so stronge and so sharp as the
heart and corage of that man.

✳ ✳ ✳
✳ ✳
✳

VIGVEVR PAR DESSVS.

Die ehrenwerten Offiziere, vom englischen Parlament gegen die verräterischen Rebellen in Irland eingesetzt, wurden nicht nur (wie Oberst Tothill in dieser Urkunde von
1649) geehrt, sondern auch mit Ländereien belohnt.

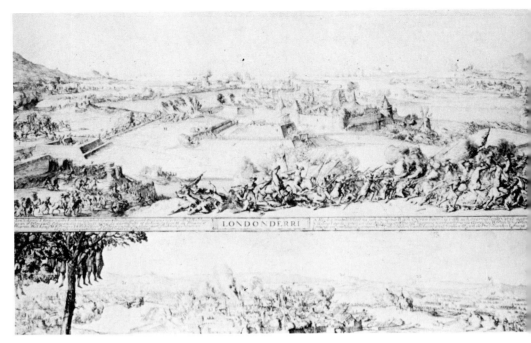

Die Belagerung Londonderrys im Jahr 1688/89 ist für protestantische Iren heute noch aktuell: Sie fühlen sich als bedrohte Minderheit in einem überwiegend katholischen Irland.

▼ Strafgesetze gegen Katholiken wurden in Irland, wie übrigens auch in England, unbarmherzig durchgesetzt. Papisten und Rebellen hängte man kurzerhand an einem mobilen Galgen.

Daniel O'Connell, «König der Bettler», setzte mit Massenversammlungen, wie hier in Clifden 1843, die Emanzipation der Katholiken durch.

▼ Nach der Hungersnot wurde Emigration zum Schicksal für Millionen. Die zeitgenössische Karikatur soll den Wandel vom zerlumpten Auswanderer zum wohlhabenden Heimkehrer zeigen.

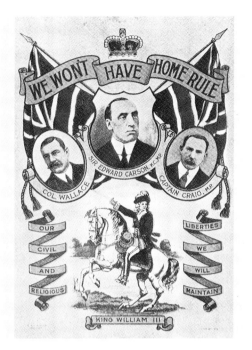

Protestantische Iren sehen, wie vor 100 Jahren, ihre bürgerlichen und religiösen Freiheiten in einem von Dublin regierten («Home Rule») und vereinten Irland gefährdet.

▼ Das Hauptpostamt von Dublin nach der Niederschlagung des Oster-Aufstands.

POBLACHT NA H EIREANN.

THE PROVISIONAL GOVERNMENT

OF THE

IRISH REPUBLIC

TO THE PEOPLE OF IRELAND.

IRISHMEN AND IRISHWOMEN: In the name of God and of the dead generations from which she receives her old tradition of nationhood, Ireland, through us, summons her children to her flag and strikes for her freedom.

Having organised and trained her manhood through her secret revolutionary organisation, the Irish Republican Brotherhood, and through her open military organisations, the Irish Volunteers and the Irish Citizen Army, having patiently perfected her discipline, having resolutely waited for the right moment to reveal itself, she now seizes that moment, and, supported by her exiled children in America and by gallant allies in Europe, but relying in the first on her own strength, she strikes in full confidence of victory.

We declare the right of the people of Ireland to the ownership of Ireland, and to the unfettered control of Irish destinies, to be sovereign and indefeasible. The long usurpation of that right by a foreign people and government has not extinguished the right, nor can it ever be extinguished except by the destruction of the Irish people. In every generation the Irish people have asserted their right to national freedom and sovereignty; six times during the past three hundred years they have asserted it in arms. Standing on that fundamental right and again asserting it in arms in the face of the world, we hereby proclaim the Irish Republic as a Sovereign Independent State, and we pledge our lives and the lives of our comrades-in-arms to the cause of its freedom, of its welfare, and of its exaltation among the nations.

The Irish Republic is entitled to, and hereby claims, the allegiance of every Irishman and Irishwoman. The Republic guarantees religious and civil liberty, equal rights and equal opportunities to all its citizens, and declares its resolve to pursue the happiness and prosperity of the whole nation and of all its parts, cherishing all the children of the nation equally, and oblivious of the differences carefully fostered by an alien government, which have divided a minority from the majority in the past.

Until our arms have brought the opportune moment for the establishment of a permanent National Government, representative of the whole people of Ireland and elected by the suffrages of all her men and women, the Provisional Government, hereby constituted, will administer the civil and military affairs of the Republic in trust for the people.

We place the cause of the Irish Republic under the protection of the Most High God, Whose blessing we invoke upon our arms, and we pray that no one who serves that cause will dishonour it by cowardice, inhumanity, or rapine. In this supreme hour the Irish nation must, by its valour and discipline and by the readiness of its children to sacrifice themselves for the common good, prove itself worthy of the august destiny to which it is called.

Signed on behalf of the Provisional Government,

THOMAS J. CLARKE.
SEAN Mac DIARMADA.   THOMAS MacDONAGH.
P. H. PEARSE.   EAMONN CEANNT.
JAMES CONNOLLY.   JOSEPH PLUNKETT.

Die irische Republik wurde an Ostern 1916 auf den Stufen des Hauptpostamtes proklamiert.

Die neue irische Armee läßt sogar Kanonen aus England zur Bekämpfung ihrer ehemaligen Waffenbrüder, die den anglo-irischen Vertrag ablehnen, kommen.

▼ Seit der Teilung Irlands und der Selbständigkeit der Republik wird der «Betrug» und der «Alptraum» der Verbindung zu England – wie hier in Wahlplakaten – beschworen.

Die Sinn Fein-Mitglieder dachten allerdings nicht daran, ins Londoner Parlament einzuziehen. Sie traten – bis auf 36 Mitglieder, die noch im Gefängnis waren – in Dublin zusammen als «Dail Eireann» (Versammlung von Irland) und bekundeten ihre Verpflichtung gegenüber der 1916 beim gescheiterten Osteraufstand ausgerufenen Republik von Irland.

De Valera wurde zum Präsidenten einer «ersten Regierung» vom Dail gewählt, Collins wurde Finanzminister. Er machte sich sofort daran, eine Untergrundarmee, die Irish Republican Army (I.R.A.) aufzubauen. Dies alles geschah unter den Augen der Briten, die sich nicht vorstellen konnten, wie diese Männer den unabhängigen irischen Staat realisieren wollten. Die Engländer nahmen die Entwicklung zunächst nicht ernst.

Doch kurz darauf beginnt die I.R.A. einen Guerilla-Krieg: Kleine Trupps überfallen britische Armee-Einrichtungen, irische Polizeiposten und töten England-freundliche Iren. Meist agieren diese Trupps aus dem Hinterhalt und tauchen wieder unter. Polizei und Armee sind zunächst hilflos gegen die neue Taktik. Erst als sich die Anschläge auf britische Einrichtungen, Armee und Polizei mehrten, reagiert die englische Regierung. Die Royal Constabulary, die Polizei, wird durch die in England angeworbenen «Black and Tans», die «Schwarz-Braunen», abgeleitet von den Farben ihrer halbmilitärischen-halb-polizeilichen Uniform, verstärkt. Sie wurden als die brutalste Polizeitruppe in der Geschichte Irlands bekannt. Zweieinhalb Jahre dauerte der Guerilla-Krieg mit grausamen Aktionen auf beiden Seiten.

Am ersten irischen «Bloody Sunday» vom 21. November 1920, starben bei einem Überfall der «Tans» 12 Menschen, Privathäuser und andere Gebäude wurden niedergebrannt. Wenn auch die Mehrheit der Bevölkerung Gewalt ablehnte, so erzeugte doch der Terror der «Black and Tans» immer mehr Sympathie und Unterstützung für Sinn Fein und die I.R.A.

Am 25. Juni 1921 schließlich lud der britische Premier Lloyd George die irische Sinn Fein-Führung zu Verhandlungen in London ein. Es wurde ein Waffenstillstand vereinbart und Gespräche über Irlands Zukunft in Unabhängigkeit begonnen. So sollte in der irischen Geschichtsschreibung dem Osteraufstand von 1916 die später ausgehandelte Unabhängigkeit zugeschrieben werden, obwohl er, wie frühere Erhebungen, völlig aussichtslos gegen die

Übermacht der britischen Armee und dazu, in der Tradition irischer Rebellionen, schlecht ausgerüstet und unorganisiert begonnen wurde und scheiterte. Wie früher schon in der Geschichte des irischen Unabhängigkampfes, haben erst die Engländer durch ihre Vergeltungsaktionen aus gescheiterten Rebellen, irische Nationalhelden und aus kleinen, oft isolierten Widerstandskreisen große Volksbewegungen gemacht. Ostern 1916 wäre vielleicht nur eine Episode in der irischen Geschichte geblieben, hätte man die Aufständischen nicht hingerichtet und sie zu Märtyrern gemacht. Wie anders wäre wohl die Geschichte dieser Insel verlaufen, wenn nach Kriegsende 1918 das suspendierte Home Rule-Gesetz verwirklicht worden wäre?

Teilung und Terror

Um den Unionisten in Nordirland gerecht zu werden, war London bereit, zwei separate Staaten in Irland zu schaffen mit Parlamenten in Dublin und Belfast und einem Council of Ireland, in dem später über eine mögliche Vereinigung diskutiert werden sollte. Die Einladung zu Verhandlungen an die Rebellen in Dublin kam erst, nachdem die Engländer einen Teil ihres Plans bereits realisiert hatten. Nordirland erhielt ein eigenes Parlament und blieb im Königreich. Das Parlament von Nordirland wurde feierlich am 7. Juni 1921 von King George V eröffnet. James Craig war erster Premierminister von Nordirland.

Trotz dieser im Grunde schon vollzogenen Teilung der Insel akzeptierte de Valera die Einladung, und eine Verhandlungsdelegation reiste nach London. Es waren bis vor kurzem noch gesuchte «Terroristen und Mörder», die dann mit dem englischen Premierminister an einem Tisch saßen. Die irische Delegation wurde von Griffith und Collins geleitet, de Valera blieb in Dublin.

Der Vertrag, der schließlich am 6. Dezember 1921 unterzeichnet wurde, begründete den «Irish Free State», ein Dominion im British Empire, dessen Staatsoberhaupt der König blieb. Es war nicht die Republik, für die die Iren so lange gekämpft hatten und die sechs Grafschaften im Norden gehörten auch nicht dazu. So kam der Vertrag, der die Teilung Irlands besiegelte zustande. «Ich habe mein eigenes Todesurteil unterschrieben», sagte Michael Collins über diesen Vertragsabschluß, und er behielt recht mit dieser Ahnung.

Eine Grenzkommission sollte, wie im Vertrag vorgesehen, die Grenze zu Nordirland neu bestimmen und zwei überwiegend katholische Grafschaften hätten sich danach noch dem Freistaat anschließen können. Die Iren hofften, daß die dann verbleibenden vier Grafschaften Nordirlands nicht mehr lebensfähig wären und Nordirland selbst den Wunsch zu einer Vereinigung mit dem Freestate hätte. Wie Lloyd George schließlich die irische Verhandlungsdelegation dazu brachte, auch noch den Eid auf die Krone zu akzeptieren, den die irischen Parlamentarier ablegen sollten und sogar der englischen Navy bestimmte Häfen zu überlassen, erscheint heute unbegreiflich. Die zögernde Haltung der irischen Delegation verwandelte der englische Premier in Unterschriften, indem er drohte, wenn sie nicht unverzüglich unterzeichneten, gäbe es einen «sofortigen und fürchterlichen Krieg». Die Iren unterschrieben, ohne sich mit Dublin noch einmal abgestimmt zu haben. Später erklärten die Mitglieder der irischen Delegation, eine Abstimmung mit Dublin sei wegen mangelhafter Telefonverbindung nicht möglich gewesen.

In Irland wurde die Nachricht über den Vertragsabschluß zunächst mit Erleichterung aufgenommen: Die englischen Soldaten und die verhaßten «Black and Tans» zogen endlich ab. Über den Regierungsgebäuden in Dublin wurde die irische Tricolore gehißt, 700 Jahre englischer Herrschaft waren zu Ende. Doch von der I.R.A. und vielen irischen Parlamentariern wurde der Vertrag als Verrat an dem Ideal eines freien Irland empfunden. De Valera, der sich der Verhandlungsverantwortung entzogen hatte, war gegen den Vertrag.

Bei den Wahlen von 1922 bestätigte das irische Volk zwar mehrheitlich den Vertrag, die I.R.A. setzte jedoch ihre Terror-Aktionen weiter fort, im Norden wie auch im Freistaat und dort sogar gegen ihre ehemaligen Waffenbrüder. Als Michael Collins 1922 von Vertragsgegnern aus der I.R.A. erschossen wurde, ging die Freistaat-Regierung mit größerer Härte, als es selbst die Engländer getan hätten, gegen die früheren Kampfgenossen vor: 13 000 Republikaner kamen ins Gefängnis und 77 Menschen wurden hingerichtet. Die I.R.A. gab zunächst ihren Widerstand auf, nachdem de Valera, als prominentester Vertragsgegner, aufgerufen hatte, die Waffen niederzulegen. Der durch den Vertragsstreit entstandene Bürgerkrieg in Irland ging am 24. Mai 1923 zu Ende.

Die Protestanten Nordirlands waren nach diesen Ereignissen noch mehr abgeschreckt von allen Ideen eines vereinigten und mehrheitlich katholischen Irland. Die I.R.A. hatte ihr Ziel, eine Republik der 32 Grafschaften in Irland, nicht erreicht, sie gab aber auch nicht auf.

II
Die Republik,
die keiner wollte

Die Republik Irland, wie sie heute existiert, war nie das Ziel der irischen Freiheitskämpfer in den Jahrhunderten vor 1921 gewesen. Für das Ideal einer vereinten Republik, die ganz Irland umfaßt und alle Iren, auch die protestantische Gemeinschaft mit einschließen sollte, starben in dem jahrhundertelangen Kampf unzählige Menschen. Viele der Unabhängigkeitsbewegungen und Aufstände waren von Protestanten initiiert, geführt oder zumindest beeinflußt und unterstützt. Keiner von ihnen hätte sich vorstellen können, daß es einmal einen all-katholischen Rumpfstaat und eine britische Provinz auf der Grünen Insel geben würde.

Die «Home Rule»-Politik der irischen Parlamentarier hatte das Ziel, ganz Irland die Selbstverwaltung zu geben und fast wäre diese Hoffnung Wirklichkeit geworden. Als schließlich der Oster-Aufstand von 1916 zur Rebellion und danach zum Guerilla-Krieg gegen die Engländer und später zu Verhandlungen über den Vertrag von 1921 führte, bestand immer noch das Bestreben der irischen Delegation, die Selbständigkeit für ganz Irland auszuhandeln, mit der Aussicht auf einen späteren Anschluß Nordirlands.

Der «Irish Free State» der 26 Grafschaften wurde am 6. Dezember 1922 von King George V als ein weiteres Dominion im British Empire proklamiert, ähnlich wie Kanada, Neuseeland oder Australien. Dem Parlament in Dublin und der Regierung wurde Eigenverantwortung zugebilligt – Legislative und Exekutive waren in irischen Händen. Der britische Lord Lieutenant wurde durch einen Generalgouverneur ersetzt. Die Parlamentarier legten den Eid auf den König ab, ebenso war für die Beamten der König immer noch das Staatsoberhaupt. Dem Irish Free State wurde zwar eine bewaffnete Macht zugestanden, aber die Verteidigung war der britischen Flotte überlassen, ebenso die wichtigsten irischen Häfen. Und: Die sechs Grafschaften von Ulster blieben, entsprechend dem Willen der dortigen protestantischen Mehrheit, im United Kingdom. Die Trennung wurde jedoch nur als Übergangslösung angesehen. Als die irische Delegation einen Vertrag mit nach Hause brachte, der die sechs Grafschaften Nordirlands nicht miteinbezog, brach die republikanische Bewegung Sinn Fein auseinander und es kam zum Bürgerkrieg in Irland.

Die Vertragsbefürworter sahen dagegen in dem Teilstaat Nordirland nur eine Notlösung, das Beste, was unter den entsprechenden Bedingungen zu erreichen war, ohne das Ziel *eines* Staates auf der Insel aufzugeben. William Cosgrave wurde mit der Partei der Vertragsbefürworter, der heutigen Fine Gael-Partei («Familie der Gälen» – gesprochen etwa Finne Gäl) Sieger der ersten Wahlen nach dem Bürgerkrieg. Das Volk wollte Frieden und nicht, wie Sinn Fein mit de Valera, weiterkämpfen. Cosgraves Regierung sah in dem Irischen Freistaat oder wie ihn die Iren auf Gälisch nannten «Saorstat Eirean», eine Übergangslösung und hoffte auf einen Staat der später die 32 Grafschaften umfassen sollte.

Aber auch die Unionisten in Nordirland wollten diesen Vorläufer der «Republik Irland» nicht. Sie kämpften gegen die Loslösung Irlands vom Königreich und zogen sich erst, als sie keinen anderen Ausweg sahen, auf die Position Ulster zurück.

Der Freistaat wurde in den folgenden 10 Jahren von der vertragsschließenden Partei regiert. In dieser Zeit kam es zur Abspaltung der Vertragsgegner von Sinn Fein, der Mutterpartei des bewaffneten irischen Unabhängigkeitskampfes. De Valera verließ Sinn Fein und gründete die Partei der Vertragsgegner: Fianna Fail («Soldaten des Schicksals» – etwa Fianna Feul gesprochen), die sich zu Demokratie und gewaltfreier Auseinandersetzung bekannte. 1927, nach Generalwahlen in Irland, traten de Valera und seine republikanischen Parteifreunde in das Dail ein, indem sie durch einen Trick erklärten, nicht den Eid auf den König geleistet zu haben. Bei den folgenden Wahlen zum Dail (gesprochen etwa: Deul), dem irischen Parlament in Dublin, gewann 1932 Fianna Fail mit Hilfe der illegalen I.R.A. Kandidaten gingen, begleitet von dunkelgekleideten I.R.A.-Männern im Hintergrund, von Tür zu Tür und fragten die Bewohner, ob sie auch für Fianna Fail stimmen würden. Sogar Tote und Emigranten, die noch nicht aus dem Wahlregister gestrichen waren, gaben ihre Stimme zu Gunsten Fianna Fails ab. So kam der erste Machtwechsel in der Geschichte des irischen Freistaates zustande. Die Demokratie hatte, zumindest formell, ihre Bewährungsprobe bestanden. Den von manchen Iren befürchteten Putsch gab es nicht.

Der Traum von der Vereinigung

De Valera übernahm das Amt William Cosgraves, des bisherigen Premierministers oder wie es auf Gälisch heißt: «An Taoiseach» (etwa: An Tieschogh gesprochen – bedeutet «Häuptling»). Er blieb für die nächsten 16 Jahre Irlands Premier und wurde später Präsident der Republik. Fianna Fail wurde zur staatstragenden Partei in Irland. Auf ihrem Programm standen völlige Unabhängigkeit und Vereinigung Irlands, wirtschaftliche Autarkie und Förderung der gälischen Sprache. Mit dem Machtwechsel waren die Geschicke des Freistaates in die Hände derer gelegt, die so erbittert gegen ihn gekämpft hatten. Der Eid auf den König wurde abgeschafft, die Rolle des britischen General-Gouverneurs bedeutungslos und ein Wirtschaftskrieg mit England folgte – aufgrund der Suspendierung der Rückzahlungen, die der Staat von den irischen Bauern übernommen hatte, die früher unter dem Landreformgesetz Pachtland gekauft hatten. Der britische Staat hatte damals die Landeigentümer entschädigt und den irischen Bauern langfristige Rückzahlungsfristen gewährt. Mit der Unabhängigkeit Irlands war vereinbart worden, daß der irische Staat diese Gelder weiterhin einzieht und an England zurückzahlt.

1936 entschloß sich de Valera, die I.R.A. zu verbieten, weil sie sich wie eine offizielle Armee des Staates präsentierte und weiterhin öffentliche Paraden und Übungen abhielt.

Im darauffolgenden Jahr erhielt Irland eine neue republikanische Verfassung, auch wenn der Begriff Republik noch vermieden wurde. Der Staat nannte sich von nun an «Eire» oder «Ireland» und erhob Anspruch auf ganz Irland. An Stelle des britischen General-Gouverneurs trat jetzt ein irischer Präsident: Dr. Douglas Hyde, Vorkämpfer für die Rückbesinnung auf gälische Kultur. Die Verfassung enthält Artikel und Formulierungen, die von den Moralvorstellungen der im irischen Leben so dominierenden Katholischen Kirche geprägt sind und beginnt mit einer konfessionellen Präambel. Die Katholische Kirche Irlands ist zwar nicht Staats-

> *«In the Name of the Most Holy Trinity, from Whom*
> *is all authority and to Whom, as our final end,*
> *all actions both of men and States must be referred.*
>
> *We, the people of Eire,*
>
> *Humbly acknowledging all our obligations to our*
> *Divine Lord, Jesus Christ, Who sustained our fathers*
> *through centuries of trial.*
>
> *Gratefully remembering their heroic and unremitting*
> *struggle to regain the rightful independence*
> *of our Nation.*
>
> *And seeking to promote the common good, with*
> *due observance of Prudence, Justice and*
> *Charity, so that the dignity and freedom of the*
> *individual bay be assured, true social order attained,*
> *the unity of our country restored, and concord*
> *established with other nations.*
>
> *Do hereby adopt, enact, and give to ourselves*
> *this Constitution.»*

Präambel zur irischen Verfassung –
nicht gerade eine Einladung an protestantische Iren.

Deutsche Übersetzung:

«Im Namen der Allerheiligsten Dreifaltigkeit, in der jede Autorität ihren
Ursprung hat, und auf die sich, als dem letzten Ziel unseres Lebens, alle
Handlungen von Menschen und Staaten zu beziehen haben;

in Demut eingedenk aller Verpflichtungen gegenüber unserem Göttlichen
Herrn Jesus Christus, der unsere Vorväter durch die Heimsuchungen vieler
Jahrhunderte hindurch am Leben erhalten hat . . .»

kirche, aber ihre «besondere Position» als die «Religion der großen Mehrheit ihrer Bürger» ist sogar in der Verfassung verankert. Folge davon: das politische und kulturelle Leben in Irland wird immer enger, Bücher werden zensiert, das Klima für Liberale und aufgeklärte Geister wird unerträglich, etliche später weltberühmte Autoren emigrieren.

Für die nordirischen Protestanten bestätigen sich ihre Befürchtungen – sie sind abgeschreckt von der Vorstellung, in einem solchen Staat als Minderheit zu leben. Der Hoheitsanspruch über Nordirland wird von ihnen als Affront aufgefaßt. De Valeras Verfassung vertieft die Teilung.

Auch im Krieg gegen Deutschland ist Irland geteilt: Nordirland steht loyal an der Seite Großbritanniens. Eire entwickelt jedoch eine neutrale Haltung, die von nun an zu den Grundlagen der Politik dieses Staates gehört.

Die Aufbau-Jahre

Als Fianna Fail 1948 die Wahlen verliert, bilden die Nachfolger der Vertragsbefürworter, Fine Gael, eine Koalition der bisherigen Oppositionsparteien unter John Costello. Auch diese Regierung setzt die Politik der Loslösung von England fort: 1949 wird die «Republik Irland» ausgerufen. Irland tritt aus dem Commonwealth-Verbund aus. Als Reaktion darauf erneuert die britische Regierung die Garantie für Nordirland, im Vereinigten Königreich bleiben zu können, solange die Mehrheit des nordirischen Parlaments dies wünsche.

Die Republik Irland wird 1955 in die Vereinten Nationen aufgenommen, wo sie seither als kleiner neutraler Staat wertvolle Beiträge, vor allem in der UN-Sicherheits- und Friedenspolitik, leistet.

Das Verhältnis der beiden Teile Irlands hatte sich unterdessen weiter auseinander entwickelt. In der Republik bestand wenig Interesse an Ulster. Dort dominierten die Protestanten durch ihre zwei Drittel Mehrheit das politische, soziale und wirtschaftliche Leben im Norden der Insel. Eine erneute I.R.A.-Kampagne in den Jahren 1956 bis 1962 kostete 19 Menschen das Leben. Die I.R.A. verlor jedoch immer mehr an Unterstützung und Bedeutung im Volk.

Nur einmal noch gab es während dieser Zeit einen Versuch

zur Kooperation und Entspannung: 40 Jahre nach der Trennung trafen sich die damaligen Regierungschefs Jack Lynch und sein Kollege Captain O'Neill aus Belfast zu Gesprächen, die jedoch zu keinem konkreten Erfolg führten.

Entgegen aller Beteuerungen zur Gesprächsbereitschaft hat es danach keine ernsthaften Bemühungen gegeben, die zu einer Annäherung der beiden Teile der Insel hätten führen können. Im Gegenteil, die beiden Regierungen vertieften die Teilung, je mehr sie es zuließen, daß ihre Staaten im Norden wie im Süden, einseitig konfessionellen Charakter annahmen.

Der irische Freistaat entwickelte sich zu einer stabilen Demokratie. Die Wirtschaft allerdings konnte während der ersten Jahrzehnte kaum Erfolge aufweisen. Die Emigration von arbeitslosen Iren nach England nahm wieder zu, ebenso wie die wirtschaftliche Abhängigkeit von den Briten. Viel war nicht erreicht bis zu den sechziger Jahren von den hochgesteckten Zielen der Republikaner. Irland war immer noch nicht «frei» und vereint, Gälisch war nicht die allgemeine Umgangssprache des Volkes geworden, die wirtschaftliche Abhängigkeit von England war nicht geringer, eher größer geworden und die Emigration hatte zugenommen.

Der wesentliche Grund für die wirtschaftlich depressiven Jahrzehnte wird in der konservativen Politik de Valeras gesehen, der Irlands Geschicke für fast vierzig Jahre bestimmte. Erst danach ging es mit einer neuen Wirtschaftsstrategie aufwärts und der Eintritt in die EG brachte einen weiteren Aufschwung.

Nach einer kurzen Blütezeit in den siebziger Jahren, ist Irlands Wirtschaft jedoch schwer erschüttert. Die Schuldenpolitik der Regierungen in den vergangenen Jahren hatte nicht nur «unverdienten» Wohlstand erzeugt und unerfüllbare Ansprüche an den Staat gefördert, sondern den folgenden Regierungen eine Schuldenlast mitgegeben, die in einer ohnehin rezessiven Periode zu hoher Besteuerung führte und den Abbau von Staatsleistungen, vor allem im Sozialwesen, erforderlich machte.

Durch die Wirtschaftspolitik der Öffnung ließen sich Multinationals, mit Steueranreizen angeworben, in Irland nieder. Natürlich waren diese Unternehmen nicht im Land verwurzelt und daher jederzeit bereit, eine unwirtschaftliche Produktionsstätte in Irland zu schließen, um eine günstigere, etwa in Asien, zu eröffnen. Die Arbeitslosigkeit steigt wieder und in den kinderreichen Familien überlegen mehr jugendliche Schulabgänger, ob sie nach England oder nach Amerika auswandern. Heute ist über die Hälfte der Bevölkerung unter 25 Jahre jung – Europas jüngstes Volk.

Die Geschichte der irischen Emigration wiederholt sich. Nach der großen Hungersnot war durch Tod und Emigration die Bevölkerungszahl von über 8 Millionen bis 1960 Jahr um Jahr auf etwa die Hälfte gesunken. Nicht nur junge Menschen wanderten aus, auch ihre Eltern. Es waren meist die Intelligenten mit Initiative und Unternehmergeist, die ihre Heimat verließen. Professor Hans Eysenck vom Londoner Institute of Psychiatry ist ein Vertreter der These, wonach der größere Teil der Intelligenz vererbt sei. Er erklärt die Tatsache, daß der durchschnittliche irische Intelligenz-Quotient um etliche Punkte niedriger liegt als der der englischen Nachbarn mit den Auswirkungen der Emigration: Die «Hellsten» hätten das Land verlassen und so über Jahrzehnte das Niveau des Gen-Potentials gesenkt. Außerdem, fügt er hinzu, hätten katholische Länder im Durchschnitt niedrigere IQ-Werte als solche anderer Religionsgemeinschaften. Der Historiker Professor Joseph Lee von der Universität Cork erklärt zusammenfassend, Irland sei «intellektuell unterentwickelt» und habe daher auch wirtschaftlich wenig Chancen, sich innerhalb der EG zu entwickeln.

Gerade im Verhältnis zu England gibt es einen Minderwertigkeitskomplex in Irland, noch sechs Jahrzehnte nach der Gewinnung der Unabhängigkeit. Ein Team von 12 Autoren der Universität Dublin veröffentlichte beispielsweise ein Buch mit dem Titel «Der Irische Geist», das ein «. . . erster Versuch sei, das koloniale Klischee zu bestreiten, wonach die Iren geniale Sänger seien, aber von vernünftigen Leuten regiert werden müßten». Dieses Buch erschien im Jahr 1984.

Die Politik des Freistaates unter de Valera war im Grunde ein Spiegelbild der Politik seines Widersachers im Norden, Edward Carson: Beide betonten die Eigenständigkeit und Unabhängigkeit ihres Staates und vertieften so die Teilung. Zwei satirische Verse aus Nordirland geben dies am besten wider:

Sir Edward Carson had a cat
it sat upon the fender,
and everytime he fed the cat
it cried out, No Surrender!

De Valera had a cat
he fed it on a plate,
and everytime he hit the cat,
it shouted, Up Free State!

Die Republik Irland, die nur einen Teil der Insel, die 26 Grafschaften, umfaßte, war mehr mit ihrem wirtschaftlichen Aufbau befaßt, als mit der Lösung der nationalen Frage. Vielleicht ist es zu einem Teil das «schlechte Gewissen» der irischen Nationalisten, das der I.R.A. später half, ihren «Krieg gegen die Briten» weiterzuführen – durch aktive Unterstützung wie auch durch Duldung ihrer Präsenz in der Republik als sichere Zuflucht vor nordirischer Polizei. Die Weigerung der Republik Irland, gesuchte Terroristen nach Nordirland auszuliefern, wurde dort als eindeutige Unterstützung der I.R.A. verstanden. Eine Wende in der Haltung der Republik zu Beginn der achtziger Jahre, wurde daher in Ulster sehr begrüßt.

Die Bevölkerung der Republik ist an einer friedlichen Regelung des Nordirland-Problems interessiert, wobei Nordirland in der politischen Prioritätenskala erst nach den eigenen Wirtschaftsproblemen rangiert. Die in manchen Gegenden, gerade durch den Hungerstreik 1981 wiederbelebte republikanische Kampfstimmung, war eher auf kleine nationalistische Gruppen beschränkt.

Der Terrorismus Nordirlands hat sich kaum auf die Republik ausgeweitet, doch es gab immer wieder zu Zeiten größter Spannungen im Norden auch in der Republik einzelne Gewaltaktionen. In Dublin wurde im Februar 1972 die Britische Botschaft niedergebrannt und im Dezember wurden zwei Menschen getötet und 80 verletzt, als das Dail Anti-Terrorgesetze debattierte. 1974, als in Nordirland das sogenannte Power Sharing mit Dubliner Einbeziehung verwirklicht werden sollte, starben in Dublin 22 Menschen und in Monaghan fünf Menschen, als mehrere in Autos plazierte Bomben ohne Vorwarnung gezündet wurden. Am 21. Juli 1976 wurden der britische Botschafter in Dublin, Christopher Ewart-Biggs und eine Beamtin, die ihn begleitete, in Sandyford bei Dublin von der I.R.A. ermordet. Seine Frau, Lady Jane, setzt sich seither für eine Verständigung und Frieden in Irland ein. Sie erklärte, sie hege keine bitteren Gefühle gegen das irische Volk.

Nach einer Untersuchung von 1983 meinen 39% der Republik-Iren, daß es eine Vereinigung «nie» geben wird. Weitere 25% halten eine Vereinigung in den nächsten 50 bis 100 Jahren für wahrscheinlich und nur 9% in den nächsten 10 Jahren. Während dreiviertel der Befragten ein vereintes Irland für wünschenswert hielten, wurde die Wahrscheinlichkeit, daß es diese Generation erleben könnte, als äußerst gering eingeschätzt. Immerhin würden 15% es bevorzugen, wenn es nie eine Vereinigung gäbe. Das Verständnis der nordirischen Nachbarn ist bei den Bürgern der Republik sehr viel größer als manche Politiker annehmen: 13% hielten die Nordiren für «Briten», 30% für «Iren und Briten» und 41% für «Iren».

Realpolitik oder Verbalpolitik?

1982 verlor die Fianna Fail-Regierung unter Charles Haughey die Parlamentswahlen und Dr. Garett FitzGerald bildete eine Fine Gael/Labour-Koalition und wurde zum Taoiseach, Premierminister, gewählt. Er knüpfte an die Nordirland-Politik seines Vorgängers an und ging noch einen Schritt weiter: Er eröffnete einen «Kreuzzug», wie er es unglücklich nannte, für einen «nichtkonfessionellen Staat» mit dem Ziel, all die Artikel der Verfassung zu ändern, die die Protestanten Nordirlands als Argument für die Ablehnung der Idee eines vereinigten Irlands verwenden. Dies betrifft den Artikel der Verfassung, der Anspruch auf ganz Irland erhebt und als aggressiv verstanden werden kann, sowie das Verfassungsverbot der Scheidung und andere Familiengesetze.

Erstaunlicherweise war es gerade der als liberal geltende Premierminister FitzGerald, der sich auf eine Volksabstimmung einließ, die das ohnehin in Irland bestehende Abtreibungsverbot zusätzlich auch noch als Verfassungsartikel festschrieb: Irlands Gesetze erlauben weder in sozialen noch in medizinischen Ausnahmefällen die Abtreibung. Eine katholische Lobby setzte durch, daß die Dubliner Regierung 1984 eine Volksabstimmung hielt, die künftigen Regierungen quasi verbietet, Abtreibung selbst in Notfällen gesetzlich zu gestatten. Irische Mädchen und Frauen suchen darum weiter in England Hilfe, wo Abtreibung legal ist. Man schätzt ihre Zahl auf 5000 bis 10 000, die in englischen Kliniken jährlich abtreiben lassen. Die Engländer stimmten der unbeabsichtigten Komik irischer Politiker zu, die dies als eine «irische Lösung für ein irisches Problem» bezeichnet hatten. Beteuerungen, daß in einem vereinten Irland Platz für Protestanten sei, waren unglaubwürdig geworden. Für sie war dies eine weitere Bestätigung, daß noch heute Rom in Eire regiert. Der nordirische Politiker Ian Paisley erklärte, die Grenze sei durch das Referendum bestätigt worden.

In Dublin tagte unterdessen das New Ireland Forum, das die politische, soziale und wirtschaftliche Situation in ganz Irland analysieren und Lösungsvorschläge machen sollte. Die Unionsparteien Nordirlands nahmen jedoch nicht daran teil. Die Forums-Mitglieder traten fast ein ganzes Jahr lang zusammen und hörten Berichte der verschiedenen Gruppen und Politiker. Zu der Zeit hatten die Bischöfe gelobt, das Supremat, die Oberhoheit des Staates in der Gesetzgebung, anzuerkennen. Noch Anfang 1984 bestätigte Kardinal O'Fiaich, im Zusammenhang mit der Anhörung der Kirche vor dem New Ireland Forum, die «klare Unterscheidung» von Kirche und Staat – die Verfassung würde vom Volk entschieden und Gesetze seien Sache der Gesetzgeber. Doch schon wenige Wochen später, als die Regierung den Verkauf von Verhütungsmitteln wie Kondomen ermöglichen, die bisherige Verschreibungspflicht durch den Arzt und nur für Ehepaare aufheben und das Abgabealter auf 18 Jahre festsetzen wollte, brach ein Sturm der Entrüstung unter dem Klerus aus. Der Bischof von Dublin, Kevin McNamara prophezeite bei Einführung des Gesetzes einen sprunghaften Anstieg von Geschlechtskrankheiten, Schwangerschaften bei jungen Mädchen uneheliche Geburten und Abtreibungen. Der Bischof von Limerick, Dr. Newman, verlangte von den fast ausschließlich katholischen Parlamentsmitgliedern, die Doktrin ihrer Kirche zum staatlichen Gesetz zu erheben. Abgeordnete und ihre Familien wurden unter Druck gesetzt, Ministern gar mit dem Abbrennen ihrer Häuser und der Entführung von Familienangehörigen gedroht. Das Gesetz wurde nur mit äußerst knapper Mehrheit durchgebracht. Das Spektakel kirchlicher Einflußnahme auf Politik und Parlament mußte nicht nur Protestanten in Nordirland vom Unterschied der zwei Staaten in Irland überzeugen.

Die wirtschaftlichen Verbindungen zwischen beiden Staaten auf dieser Insel sind bei weitem nicht so entwickelt, wie es für beide

Teile vorteilhaft sein könnte. Es gibt grenzüberschreitende Kooperation auf nur wenigen Gebieten und die gemeinsame Tourismus-Werbung sieht gedruckt gut aus, hat aber gesamtwirtschaftlich geringe Auswirkungen.

Einen unbeabsichtigten Beitrag zur Zusammenführung von Nord und Süd erzielte der Dubliner Finanzminister mit extrem hohen Steuern in der Republik, die die Preise vieler Güter in die Höhe trieben. Die Iren fanden schnell heraus, daß man in Nordirland einen Paddy Whiskey oder das so beliebte Guinness erheblich preiswerter kauft. Es wurden Einkaufsfahrten nach Nordirland organisiert, weil die Steuer-Kluft zwischen Nord und Süd noch tiefer als die politische geworden war. Schließlich veranlaßten die Millionen irischer Kaufkraft und entgangener Steuern den Finanzminister in der Republik, einige Spitzensteuern zu senken. Irland blockierte übrigens die Einführung höherer zollfreier Sätze für Reisende im Verkehr zwischen den EG-Staaten, weil dies seinen Handel benachteiligen könnte – Republik-Iren würden noch mehr in Nordirland einkaufen.

Die Widersprüchlichkeiten irischer und anglo-irischer Geschichte und Gegenwart sind Legende: In britischem Dienst standen von 1845 bis 1919 etwa 12 000 irische Katholiken als Mitglieder der Royal Irish Constabulary. Patrick Pearse, Anführer des Osteraufstandes 1916, war Sohn eines Engländers, Sir Edward Carson, Verfechter der Union Irlands mit Großbritannien, war gebürtiger Dubliner. Irische Nationalisten, die für die völlige Unabhängigkeit Irlands von England, auch nach dem Vertrag eintraten, wurden von irischen Soldaten verfolgt und erschossen. Die irische Regierung ließ dreimal so viele Patrioten hinrichten wie die Engländer 1916 nach dem Osteraufstand.

Während irische Nationalisten strikt alles Englische ablehnen, verkaufen sie seit der Selbständigkeit ihre Waren nach England, senden ihre Kinder zu englischen Arbeitgebern über den Kanal, der größte Teil ihrer Importe wird in England hergestellt und irische Frauen suchen für eine Abtreibung Hilfe auf der Nachbarinsel. Und ein Ire, der «Brits out» ruft, kann eine Schwester haben, die glücklich verheiratet in England lebt.

Irische Politiker, die so sehr auf ihre eigenständige Nationalität sehen, beschweren sich öffentlich, wenn sie sich beim Grenzübertritt in England ausweisen sollen. Die Liste ist endlos. Während man in England die Iren noch heute als »irgendwie doch britisch« ansieht, ist das irische Abgrenzungsbedürfnis und ein fast übersteigertes Nationalbewußtsein außerordentlich ausgeprägt und doch können sie gleichzeitig ohne die geringste Schwierigkeit mit einer allseits vorhandenen britischen Präsenz in ihrem Leben zurechtkommen und übernehmen teilweise englischen Stil oder Fernseh- und Radioprogramm-Gestaltung. Am Frühstückstisch eines überzeugten Nationalisten erkennt der Irland-Neuling erstaunt ein Glas «Olde English Marmelade», worauf der Gastgeber irisch-ironisch erklärt: «Das beweist nur wie weltoffen und tolerant wir sind!»

Trotz bester Absichten sind Dr. FitzGeralds Regierungserfolge bisher gering. Sein «Kreuzzug für einen nicht-konfessionellen Staat» verlief erfolglos: Die katholisch-konservative Reaktion setzte das Abtreibungs-Referendum durch, das von Protestanten als klarer Beweis von «Rome Rule in Eire» angesehen wird. Seine Bemühungen, die englische Regierung mit dem «Forum-Report», einem nationalistischen Dokument zum Nordirland-Problem, zu einer Dreiecks-Initiative Belfast-London-Dublin zu bewegen, lehnte die englische Regierungschefin Margaret Thatcher ab. Jede der drei vorgeschlagenen Lösungen: Vereinigung, Föderation, gemeinsam britisch/irische Souveränität über Nordirland erschienen ihr undiskutabel, da sie dem Mehrheitswillen in Nordirland entgegenstünden. Allenfalls eine Ratgeber-Rolle Dublins in Nordirland wäre für London akzeptabel, wenn im Gegenzug dafür eine engere Kooperation im Sicherheitswesen vereinbart würde. Allgemein wird damit gerechnet, daß bei den nächsten Wahlen Fianna Fail die Regierung in Dublin stellt, wenn es Garret FitzGeralds Fine Gael-Regierung nicht gelingt, einen Durchbruch in der Nordirland-Frage zu erzielen.

Fianna Fail bezeichnet sich im Untertitel als «The Republican Party» und trägt aus der Zeit der Vertragsgegnerschaft noch heute das Image der wahren nationalistisch-republikanischen Partei, obwohl sie jahrzehntelang zwar das Vereinte Irland versprochen, aber nichts konkretes dafür getan hatte – was vielen genügt, in einem Land, in dem das Wort mindestens soviel gilt wie die Tat.

III
Der gescheiterte Staat im Norden

Wer den Norden in seine Irland-Tour mitaufnimmt und überall gut sichtbare Zeichen der politischen «troubles» erwartet, wird überrascht: Das Land erscheint wohlhabend, die Felder und Weiden genutzt und gepflegt. Die Straßen entsprechen kontinentalem Standard. Die Orte machen einen sauberen und manchmal liebevoll herausgeputzten Eindruck, Abfall und Müll findet man hier kaum entlang der Wege oder in den Hecken versteckt. Die Landschaften sind oft wunderschön, gepflegte Obstplantagen und Rosenfelder erstaunen im Norden noch mehr als in dem günstigeren Klima Südwest-Irlands, wo sie weitaus seltener zu sehen sind. Die Menschen begegnen Fremden ohne Mißtrauen und sind ebenso freundlich wie im übrigen Irland. Die Polizei, um Auskunft gefragt, ist höflich und hilfsbereit. Die Hauptstadt Belfast mit ihren Villen-Vororten und den Geschäftsstraßen im Stadtzentrum, dem sichtbaren städteplanerischen Bemühen der Behörden und der Gelassenheit der Menschen beim shopping erinnert eher an eine englische Großstadt – wären da nicht die mehrere Meter hohen Gitterabsperrungen mit Wachhäuschen, die erst seit kurzem nicht mehr besetzt sind. Und wäre da nicht ständig das Wissen, warum die Innenstadt abgeriegelt ist, warum es Control Zones gibt, warum Panzerwagen patrouillieren, warum die Arbeiterviertel «saniert» werden.

Wer zufällig in eine größere Polizei- und Armee-Operation, beispielsweise nach einem Anschlag, gerät, fühlt sich an Szenen von Fernsehreportagen aus Krisengebieten erinnert. Begriffe wie Bürgerkrieg, Besatzung, Belagerung liegen nahe. Tatsächlich sind Polizeistationen verbarrikadiert, hoch eingezäunt und bei Dunkelheit taghell erleuchtet: Festungen in Feindesland. Immer wieder trifft der Besucher auf gepanzerte Polizei-Landrover oder Panzerwagen der Armee, deren Besatzung die Schnellfeuergewehre bereit halten. Polizisten auf Patrouille tragen kugelsichere Westen und neuerdings Waffen aus deutscher Fabrikation, mit denen noch schneller noch mehr Kugeln gefeuert werden können. In vielen Orten gibt es sogenannte Control Zones, in denen man seinen Wagen nicht unbeaufsichtigt parken darf – es könnte mit einer Kontroll-Explosion geprüft werden, ob die I.R.A. darin eine Zeitbombe installiert hat. In das Belfaster Einkaufszentrum in der Innenstadt gelangte man bis vor kurzem nur durch eine Personenkontrolle, die mit besseren Geräten ausgestattet ist als mancher Flughafen und nach versteckten Waffen oder Bomben sucht. Im Westen Belfasts wurden die ehemaligen Wellblech-Trennungen zwischen katholischen und protestantischen Wohnvierteln durch solide dreieinhalb Meter hohe mit Metallspitzen bewehrte Steinmauern ersetzt – sicher kein Zeichen, das zu Hoffnungen berechtigt auf ein friedliches Nebeneinander oder gar Miteinander. Diese Mauern, von den Behörden «Umweltsperren» genannt, trennen ebenso wie die modernen mehrspurigen Schnellstraßen, die nicht zufällig gerade mitten durch katholisch-protestantische Wohngebiete führen.

Ein Besuch in Belfasts Arbeiterviertel hinterläßt ganz andere Eindrücke als der Warenüberfluß im Geschäftszentrum. Manche Straßenzüge sind verlassen und die Fenster und Türen der Reihenhäuser zugemauert. In einer ganzen Straße sind nur noch zwei Häuser bewohnt und Blumen stehen in den Fenstern – ein gespenstisches und deprimierendes Bild.

In der Sandy Row und der Shankill Road, den protestantischen Arbeitervierteln, entstehen neue rote Backstein-Häuser im Stil sehr ähnlich der alten engen Reihenhaus-Siedlungen, weil die Arbeiter es abgelehnt hatten, in andere, vom County Council geplante Ersatz-Wohnungen einzuziehen.

Die Straßen sind oft durch hohe Wellblechwände getrennt – errichtet, um die Bewohner loyalistischer und republikanischer Wohnviertel daran zu hindern, sich gegenseitig zu überfallen. Die offenen Straßen, die in Wohngebiete hineinführen, sind mit schweren Straßenschranken versehen. Im katholischen Wohngebiet, der Falls Road, stehen die relativ modernen Divis-Wohnblocks, deren Abriß nationalistische Politiker fordern, nachdem sie in slumähnlichen Zustand verfallen sind. Mauern mit einbetonierten Glasscherben, die Springfield RUC-Polizeistation ist völlig vergittert, wie ein Gefängnis gesichert, erscheint sie als Bastion in Feindesland. Viele Häuser sind mit Parolen beschmiert. Neueste Graffiti künden von lokalen Ereignissen, Wahlen und den letzten I.R.A.-Anschlägen. In vielen Straßen steht zwischen den Häuserblocks immer wieder eine ausgebrannte Ruine, häufig ein ehemaliges Pub – wie ein Mahnmal.

Plötzlich sieht der arglose Beobachter in einer Straße britische Soldaten mit Schnellfeuergewehren im Anschlag. An der Ecke steht ein junger Soldat mit einem Kindergesicht. Er hält ein Gewehr schußbereit, man merkt an der Armhaltung, daß es sehr schwer ist. In der nächsten Straße kauern junge Soldaten an Hauswänden und in Türöffnungen, sind aber doch im Ernstfall ungeschützt, wenn aus einem der Reihenhäuser geschossen oder eine Handgranate geworfen würde. Langsam fährt ein gepanzerter Armeewagen durch die schmalen Straßen, auf denen nur die Hunde sorglos schlafen. Über dem Viertel begleitet ein Hubschrauber die Aktion. Es liegt eine ungeheure Spannung in der Situation, kein Bewohner läßt sich blicken. Die Soldaten versuchen ein verzerrtes Lächeln – sie haben Angst.

Der Stormont-Staat

Der Staat von Nordirland umfaßt den größten Teil der Provinz Ulster und wird häufig auch so genannt. Dabei ist die Bezeichnung Ulster für Nordirland eigentlich nicht ganz korrekt. Zu den neun Grafschaften der historischen Provinz Ulster zählen auch die Grafschaften Monaghan, Cavan und Donegal, die jedoch auf dem Staatsgebiet der Republik Irland liegen. Zu Nordirland gehören die sechs Grafschaften Antrim, Derry, Down, Armagh, Tyrone und Fermanagh. Es leben rund 1,5 Millionen Menschen in Nordirland. Davon sind über 900 000 Protestanten, die die Verbindung mit England aufrechterhalten wollen und gegen ein vereinigtes Irland sind, in dem sie, gegenüber den Katholiken, dann in der Minderheit wären. Fast 600 000 Katholiken leben in Nordirland – viele suchen eher die Verbindung zur Republik, ein anderer Teil wäre schon mit einer größeren politischen Beteiligung an der Regierung in Ulster zufrieden.

Nordirlands Selbständigkeit im Vereinigten Königreich basiert auf dem «Government of Ireland Act» von 1920. Danach sollten zwei Parlamente geschaffen werden, in Dublin und Belfast mit einem «Irland-Rat», der die gemeinsamen Interessen behandelt und möglicherweise auch über eine Vereinigung diskutiert. Der Freistaat wollte jedoch eine weitergehende Selbständigkeit und hatte sich faktisch, später auch formell, als Republik etabliert. So wurde die auf die unterschiedlichen Interessen von Unionisten und Nationalisten ausgerichtete englische Gesetzgebung nur in Nordirland verwirklicht. Die Unionisten sahen schnell die Vorteile einer begrenzten Selbstverwaltung, garantierte sie doch die von ihnen gewünschte Union. Als die Republik schließlich durch eine separatistische Politik, die konfessionelle Verfassung von 1937 und durch die Ausrufung der Republik mit dem Austritt aus dem Commonwealth 1949 die Teilung vertiefte, wurde dem nordirischen Parlament die Entscheidung über die Frage des Verbleibs von Nordirland im Vereinigten Königreich praktisch allein zugestanden. Im Belfaster Parlament, mit Unter- und Oberhaus, waren zwei von drei Abgeordneten Unionisten. Der Provinzregierung wurde von London weitgehende Handlungsfreiheit gewährt, nur in Fragen der Außenpolitik, des Außenhandels, der Verteidigung und in wesentlichen Steuer- und Zollfragen entschied der zuständige Westminister-Minister.

In Nordirland wurde 1932 das neuerbaute Parlamentsgebäude, Stormont Castle, außerhalb Belfasts, vom Prince of Wales eröffnet. – In ihm wurde 40 Jahre protestantische Politik gemacht, bis die Briten das Stormont-Parlament 1972 suspendierten. Während im Norden der Insel kein Interesse an einer Annäherung bestand, wurden im Süden die nationalistischen All-Irland Parolen hochgehalten, aber nichts unternommen, was zu einer politischen Lösung oder gar Vereinigung hätte führen können. Die Berührungsängste waren viele Jahrzehnte lang auf beiden Seiten groß.

In Belfast wurde 1963 nach 20 Jahren Regierung Lord Brookeborough, ein unionistisch-konservativer Politiker, der vor allem an der Sicherung der protestantischen Mehrheit interessiert war, von dem jüngeren und ausgleichswilligen Captain Terence O'Neill abgelöst. Gleichzeitig regierte auch in Dublin ein an Kooperation mit dem Norden interessierter Taoiseach, Sean Lemass.

1965 trafen sich zum ersten Mal seit der Gründung der beiden Staaten die irischen Staatschefs O'Neill und Lemass, um Wege der Kooperation und Entspannung zu diskutieren. Dieses historische Treffen hätte übrigens beinahe nicht stattgefunden, weil der Brief, mit dem Lemass seine Zustimmung zu dem Besuch, Datum und Details mitteilte, an den «Prime Minister, Stormont Castle, Dublin» adressiert war. Am Tag vor dem Besuch traf der Brief doch noch ein, dank eines Dubliner Postboten, der darauf geschrieben hatte: «Versuche Belfast».

Captain O'Neill, der heutige Lord O'Neill of the Maine, erinnert sich, daß der erste Kontakt schwierig war. Später besuchte er Dublin und wäre nicht im folgenden Jahr das 50jährige Jubiläum des Osteraufstands 1916 mit nationalistischer Euphorie gefeiert worden, was in Nordirland auf große Ablehnung stieß, hätte sich vielleicht tatsächlich eine Kooperation entwickelt.

Wenig später kam es zum Ausbruch der Unruhen in Nordirland. Die Katholiken waren zu lange als Bürger zweiter Klasse behandelt worden. Ihre Minderheitsrechte waren in dieser Demokratie, in der ausschließlich das Mehrheitsprinzip galt, mißachtet worden.

Die Bürgerrechtsbewegung

1968 organisierte die Civil Rights-Bewegung einen friedlichen Protestmarsch. Sie forderte gleiche Bürgerrechte für Katholiken, gleiches Stimmrecht, bessere Wohnungen und Arbeitspätze für Katholiken. Der Protestmarsch war verboten und wurde von der Polizei brutal aufgelöst.

Premier O'Neill kündigte Reformen an und versprach dem mehrheitlich katholischen Londonderry wirtschaftliche Hilfe und politische Unterstützung. Aber die Unzufriedenheit der katholischen Minderheit nahm trotzdem zu. Wie in anderen Ländern, waren auch in Nordirland radikale Studenten von der Idee der «außerparlamentarischen Opposition» überzeugt. Sie nannten sich in Belfast «Peoples Democracy» und forderten die Abschaffung der Unterdrückung und Diskriminierung. Am 1. Januar 1969 veranstalteten sie einen genehmigten vier Tages-Demonstrationsmarsch von Belfast nach Londonderry, an dem etwa 70 Personen teilnahmen. Die Loyalisten fühlten sich provoziert und etwa 200 überfielen, mit Stöcken und Steinen bewaffnet, den Zug an der Burntollet-Brücke in Londonderry. Die Polizei sah tatenlos zu und verhaftete hinterher gar noch Teilnehmer des Protestmarsches während sie die Angreifer laufen ließ. Eine der führenden Figuren unter den Studenten war Bernadette Devlin, später McAliskey.

Für Reformen war es nun zu spät, die Gewalt eskalierte auf beiden Seiten. Der reformwillige Premier O'Neill wurde im April 1969 gestürzt. Sein Nachfolger Sir Chichester-Clark gab aber dem britischen Premier Wilson das Versprechen, den Reformkurs fortzusetzen und vor allem die Gleichberechtigung aller nordirischen Bürger «ungeachtet ihrer politischen Ansichten und ihrer Religion» anzustreben. Dafür erhielt er die «Downing Street Declaration», die seither für die Unionisten in Nordirland als erneuerte Garantie ihrer Zugehörigkeit zu Großbritannien angesehen wird. Danach wird London unter keinen Umständen Nordirland oder Teile davon ohne Zustimmung des nordirischen Parlaments als Bestandteil des Vereinigten Königreichs aufgeben. Diese Mehrheitsklausel garantiert der protestantischen Mehrheit ihre britische Identität und wurde von den Unionisten seither als Veto bei jeglichen britischen Kooperationsplänen mit der Republik eingesetzt. Die Ereignisse vom Januar 1969 wiederholten sich in den folgenden Monaten. Unruhen in Belfast und Londonderry brachen aus, Polizei und ihre «B-Specials»-Reserve waren für Katholiken identisch mit dem loyalistischen Mob. In den zwei schlimmsten Nächten kamen sechs Menschen ums Leben und 300 Häuser brannten. Premierminister Wilson verkündete im April 1970 den Belagerungszustand und setzte die in Nordirland stationierten Truppen in Belfast und Londonderry ein.

Die I.R.A. spielte zu dieser Zeit noch keine große Rolle. Sie war nicht organisiert und hatte kaum Waffen. Die katholische Bevölkerung begrüßte deshalb auch den Einsatz der britischen Soldaten – als Schutz gegen die Willkür von Loyalisten und Polizei. In aller Eile sandte London Truppenverstärkung nach Nordirland. Doch Geräte und Ausrüstung waren teilweise nicht geeignet für die neue Art des Straßenkampfes. Die schon lange in Depots lagernden «Saracen»-Panzerwagen tauchten zum Teil noch im alten Wüsten-Tarnanstrich in Belfast auf. Während der nächsten 15 Jahre gehörten sie zum gewohnten Bild in den Straßen. Diese eigentümlichen Panzerwagen (heute sind es die modernen «Humber Pigs»), mit ihren sechs Rädern und dem typischen, etwas wimmernden Fahrgeräusch, wirkten in manchen Stadtteilen aufreizend, in anderen dagegen beruhigend.

Die Empörung über die Ereignisse im Norden der Insel war in ganz Irland groß. Jack Lynch, Regierungschef in Dublin, gab damals im Fernsehen eine fatal mißverständliche Erklärung zu den Unruhen in Nordirland ab, wonach die Dubliner Regierung nicht länger «untätig zusehen» könne. Er erweckte damit den Eindruck, die Republik sei bereit, in den Konflikt einzugreifen. Außerdem forderte er den Einsatz von UN-Truppen, da die Regierung in Nordirland die Situation nicht mehr unter Kontrolle habe und kündigte an, entlang der Grenze Feldlazarette für diejenigen aufstellen zu lassen, die nicht in nordirische Krankenhäuser gehen wollten. Im folgenden Jahr waren Mitglieder seiner Regierung in eine Waffenschmuggelaffäre verwickelt. Mit Staatsgeldern sollen in Deutschland Waffen für die I.R.A. gekauft worden sein. Der illegale Handel wurde entdeckt und der spätere Premierminister Charles Haughey und andere Minister verloren ihr Amt. Die Haltung der irischen Regierung soll nach einer Untersuchung des britischen Scarman-Untersuchungsausschusses die Bogsider von Londonderry in ihrem Widerstandswillen gegen die Polizei gestärkt haben.

Eine der umstrittensten Sicherheitsmaßnahmen war die Einführung der Internierung ohne Gerichtsurteil. Die Regierung wollte die I.R.A. damit «zerschlagen» und internierte am 9. August 1971 von 452 gesuchten Personen 350, davon wurden 104 innerhalb der ersten 48 Stunden wieder freigelassen. Es gab sofortigen Widerstand der katholischen Gemeinschaft gegen diese Maßnahmen. Allein am 9. und 10. August starben 23 Menschen in den Unruhen. Die nationalistischen Abgeordneten zogen sich aus Protest vom Parlament zurück, alle Gespräche mit der Regierung wurden von der SDLP abgebrochen. Das Internierungs-Gesetz wurde abgewandelt, aber noch bis 1975 angewandt und erst 1980 abgeschafft. Die Einführung der Internierung war eine der Hauptursachen für die zunehmende Militanz der Minderheit in Nordirland.

Am Sonntag, den 30. Januar 1972 fand in Londonderry wieder ein Civil Rights-Protestmarsch statt, an dessen Ende 13 Menschen unter den Kugeln britischer Soldaten zusammenbrachen und starben – ein weiterer «Bloody Sunday» in der irischen Geschichte. Es ist bis heute nicht bekannt, warum britische Soldaten damals gezielt geschossen haben. Nach den heutigen Begriffen der Verhältnismäßigkeit war es nicht zu rechtfertigen, deshalb nennen es Katholiken, auch Kardinal O'Fiaich, Mord. Für die Nationalisten in Nordirland war dieses Ereignis ein weiterer schrecklicher Beweis, daß dieser Staat nicht ihr Staat ist. Die Gewalttaten mehrten sich: Drei Tage nach dem «Bloody Sunday» folgte im gleichen Jahr am 21. Juli ein «Bloody Friday», an dem die I.R.A. in Belfast 26 Bomben zündete, die 11 Menschen töteten und 130 verletzten.

In Londonderry und in Belfast hatten Nationalisten Straßenbarrikaden errichtet, so daß weder Polizei noch Loyalisten katholische Siedlungsgebiete betreten konnten. Diese sogenannten «no-go-areas» wurden im Juli 1972 mit einem Massenaufgebot von etwa 36 000 Soldaten der Britischen Armee, RUC-Polizisten und UDR-Soldaten in einer «Operation Motorman» geöffnet. Es gab kaum Widerstand. Loyalisten, die ebenfalls Barrikaden als Antwort auf die «no-go-areas» errichtet hatten, halfen später beim Abbau der eigenen Blockaden.

Durch die Internierung und Masseneinsätze von Polizei und Armee erreichte die Regierung einen eher gegenteiligen Effekt. Für die I.R.A. gab es danach keine Abkehr mehr von der Gewalt. Sie wurde in vielen katholischen Wohnvierteln als Schutztruppe gegen die Übergriffe von Loyalisten und der als pro-protestantisch angesehenen Polizei begrüßt.

«Power Sharing»

Drei nordirische Premiers scheiterten an der Aufgabe, Stabilität in Ulster wiederherzustellen. Der eskalierende Terror der Republikaner und das immer stärkere Engagement der Britischen Armee in der Sicherheitspolitik Nordirlands führte schließlich, nach über einem halben Jahrhundert Selbstverwaltung im Vereinigten Königreich, zu einer Direktregierung durch London.

Der englische Premierminister Ted Heath hob 1972 den Status der Selbstverwaltung Nordirlands auf – das Stormont Parlament tagte in den kommenden 10 Jahren nicht mehr. Nordirland wurde fortan durch einen Nordirland-Minister der englischen Regierung repräsentiert – eine Entwicklung, die selbst Unionisten nicht gewollt hatten. So sehr sie pro-British sind, sehen sie doch ihre Interessen in London nicht genügend gewahrt und mißtrauen

sogar den englischen Politikern, indem sie ihnen «Ausverkaufsab-
sichten» unterstellen.

Mit einer Volksabstimmung wollte London 1973 der Bevölkerung von Nordirland Gelegenheit geben, ihrem Wunsch nach
einem britischen oder irischen Staat Ausdruck zu geben. 98%
stimmten für eine weitere Verbindung mit dem Vereinigten Königreich, jedoch wählten 42% gar nicht, weil SDLP und Republikaner die Volksabstimmung boykottierten.

Die englische Regierung versuchte seither durch weitere Re-
gierungskonzepte der Minderheit die ihnen zustehenden Rechte in
Nordirland zu verschaffen und ihre Benachteiligung zu beenden.
Jede dieser «Initiativen» scheiterte am Widerstand der Unionisten
oder am Veto der Nationalisten. Heute wagt kaum einer mehr den
Begriff «Initiative» überhaupt zu gebrauchen, so verschlissen ist er.
Das weitreichendste Regierungskonzept, das Sunningdale Agreement – eine Vereinbarung zwischen London, Belfast und Dublin
– sollte 1974 die katholische Minorität an der Regierung in Nordirland beteiligen. Und in einem «Council of Ireland» sollte die
Dubliner Regierung vertreten sein, um eine engere Kooperation
der beiden Teile Irlands zu erreichen.

Verschiedene Gruppen der Unionisten waren gegen dieses
Abkommen. Sie sahen darin den ersten Schritt zur Integration
Ulsters in einen gesamtirischen Staat. Doch einige reformwillige
Unions-Politiker wollten dem Modell eine Chance geben und
bildeten schließlich eine «Exekutive» mit der gemäßigten SDLP
und der kleinen Allianz-Partei. Trotz aller Aufforderungen, auch
von katholischer Seite, an die I.R.A., die Gewaltaktionen einzustellen, wurde weiter gemordet und gebombt.

Auch die protestantische paramilitärische Ulster Defence Association (UDA) hatte, seitdem Ulster von London direkt regiert
wurde, großen Zulauf und soll über 25 000 aktive Mitglieder und
Sympathisanten gehabt haben. Andere politische und paramilitärische Gruppen formierten sich. Mitglieder der damals zerstritte-
nen Unions-Parteien und ihrer militanten Ableger kamen in einem
losen Kooperationsverbund zusammen, dem Ulster Workers
Council (UWC). Das UWC rief schließlich zum Streik auf, als das
Sunningdale Agreement in die Praxis umgesetzt wurde und
Unionspolitiker mit Nationalisten gemeinsam am Kabinettstisch
saßen. Durch den Streik wurde die Stromversorgung und damit

das Leben in der Nordprovinz gelähmt. Die englische Regierung gab resigniert ihre Bemühungen auf. Ulster wurde nach nur fünf Monaten Regierungsbeteiligung der Katholiken erneut von einem Londoner Minister regiert. Die Unionisten fanden sich bestätigt in ihrer Skepsis gegenüber der Londoner Regierung, die bereit gewesen sei, sie den Katholiken «auszuliefern» – wie sie es sahen. Seither vertrauten sie noch mehr ihrer eigenen Stärke und der Macht ihres Vetos.

Die katholische Minderheit und die Dubliner Regierung machten London den Vorwurf, nicht standhaft genug gewesen zu sein. Sie hätte den Streik mit Hilfe der Armee brechen sollen, meinten sie. Die I.R.A. konnte danach ihren Kampf gegen Unionisten und Briten wieder rechtfertigen. Sie organisierte sich neu in kleineren Gruppen und wurde gefährlicher als zuvor. Die Loyalisten auf der anderen Seite mordeten ebenso brutal und in diesen Jahren starben hunderte Menschen, oft unbeteiligte Zivilisten, Frauen und Kinder.

Fehl-Initiativen

Eine Friedensinitiative, die nicht von offizieller Seite kam, bot sich 1976: Die Friedensbewegung katholischer und protestantischer Frauen entwickelte sich als «Peace People» spontan zu einer Massenbewegung in Nordirland. Die Gründerinnen erhielten im folgenden Jahr den Friedensnobelpreis. Die Bewegung verlor jedoch ihre politische Wirkung.

Verschiedene Nordirland-Initiativen der Briten hatten das Ziel, Stormont und das nordirische Parlament wieder zu beleben. 1982 fanden Wahlen zur «Versammlung von Nordirland» statt, die der I.R.A.-Partei, Sinn Fein, die erstmals an allgemeinen Wahlen teilnahm, ein Drittel aller katholischen Stimmen brachte. Da aber weder Sinn Fein noch die gemäßigte SDLP unter John Hume ihre Sitze im Parlament einnahmen, blieben die protestantischen Abgeordneten unter sich – eine weitere Nordirland-Initiative scheiterte.

Mit dem Forum-Report 1984 präsentierten die konstitutionellen und nationalistischen Parteien der Republik und Nordirlands eine gemeinsame Analyse und Lösungsvorschläge für das

Nordirland-Problem. Kurz vor dem Gipfeltreffen der irischen Regierung verübte die I.R.A. auf Margaret Thatcher einen Bombenanschlag, dem sie nur knapp entging. Der Forum-Report wurde in seinen Lösungsvorschlägen kurze Zeit später von Mrs. Thatcher zurückgewiesen, da er den politischen Wünschen «der Mehrheit in Ulster» nicht entspricht.

Die politischen Spannungen und die wirtschaftliche und soziale Misere für all die, die keine Arbeit finden, spiegeln sich auch in einer steigenden Selbstmordrate. Allein in Londonderry werden etwa 400 Menschen im Jahr wegen versuchter Selbsttötung in ein Krankenhaus eingeliefert. Zwei Drittel davon sind unter 30 Jahre alt. Nach Angaben des Gesundheitsministeriums schlucken die 1,5 Millionen Einwohner Nordirlands jährlich 35 Millionen Beruhigungstabletten.

In der Zahl von Morden liegt Nordirland mit 38 Opfern pro 100 000 Menschen (1981) weit über der von England (1.5) und Irland (0.7) oder auch Deutschlands (5) oder Amerikas (10). Die Anomalität nordirischer Verhältnisse spricht aus vielen Statistiken. In nordirischen Gefängnissen sind vergleichsweise mehr Menschen inhaftiert als in jedem anderen westeuropäischen Land. Während die Republik nur 35 Gefangene pro 100 000 Menschen inhaftiert, sind es in Nordirland 164. Zum Vergleich: In England oder Deutschland sind es etwa 90 Häftlinge. Vor Beginn der Unruhen waren in Nordirland keine 700 Sträflinge in den Gefängnissen, heute sind es 2500. Das Verhältnis von Katholiken zu Protestanten beträgt dabei etwa 3:2, eine Umkehrung der Anteile in der Bevölkerung.

Destabilisierte Wirtschaft

Nordirland ist in den sechzig Jahren seines Bestehens nicht nur politisch sondern auch wirtschaftlich gescheitert. Politisch sind alle Versuche der Briten fehlgeschlagen, die protestantische Mehrheit und die katholische Minderheit zur Zusammenarbeit zu bewegen. Der politische Konflikt verschärft sich, je größer die wirtschaftlichen Probleme werden. Die Arbeitslosigkeit ist in Nordirland fast doppelt so hoch wie in England und in manchen Regionen, meist katholischen, ist jeder zweite Mann ohne Beschäftigung. In Strabane waren 1985 über 40% ohne Arbeit, in Cookstown, Newry, Dungannon und Londonderry hatten über 30% keine Stellung. Besonders hart betroffen sind die Jugendlichen.

Immer mehr Unternehmen ziehen sich aus Nordirland zurück. Die Firma Grundig hat ihre Fabrik in Belfast aufgegeben – damit gingen 1000 Arbeitsplätze verloren. Die Unternehmen Olympia und Demag schlossen ebenfalls. Der einst größte Arbeitgeber, die Werft Harland + Wolff entließ seit dem Krieg 20 000 Arbeitnehmer und wird heute nur durch massive Subventionen am Leben erhalten, um die verbliebenen 5000 Arbeitsplätze zu sichern. Die traditionelle Textilindustrie, einst mit großem Aufwand modernisiert und durch Synthetik-Fabriken ersetzt, zieht sich ebenfalls aus Nordirland zurück. Courtaulds reduzierte seine Belegschaft von 8000 auf 3000. British Enkalon schloß 1982 seine Niederlassung, nachdem es die Zahl der Mitarbeiter von einst 2600 auf 850 verringert hatte, die dann später ihre Arbeitsplätze verloren.

Kennzeichnend für die verzweifelten Versuche der englischen Regierung, Arbeitsplätze zu schaffen, ist das Projekt von John Zachary de Lorean, einem ehemaligen Manager von General Motors, der die Idee hatte, einen anspruchsvollen Sportwagen aus rostfreiem Stahl mit Heckmotor und 300 SL-Flügeltüren zu bauen und in Amerika zu verkaufen. Die Engländer unterstützten ihn mit rund 80 Millionen Pfund, und er produzierte mit 2500 Iren sein Traumauto, das er für 25 000 Dollar in Amerika anbot. Als er weitere 30 Millionen Pfund brauchte und wegen Rauschgift-Handel angeklagt wurde, ging das Unternehmen in Konkurs. De Lorean ist ein Beispiel dafür, wie hoch der Einsatz für die britische Regierung geworden ist, unter den gegenwärtigen politischen Bedingungen Industrie in Ulster anzusiedeln.

Der jährliche Zuschuß aus London für Nordirland beträgt unterdessen über 1000 Millionen Pfund, fast 4 Milliarden Mark. Das ist mehr als ein Viertel des Einkommens sämtlicher wirtschaftlicher Aktivitäten in Nordirland. Die Wirtschaft dieses Staates ist also in hohem Maße subventioniert, der Staat selbst politisch und wirtschaftlich alleine nicht lebensfähig. Dieser Punkt ist es auch, den man häufig den Republikanern, die ständig von Vereinigung reden, vorhält: wie soll die Republik, die selbst hoch verschuldet ist, auch noch das nordirische Defizit finanzieren?

Professor Gibson von der Universität Ulster hat in einer Rede vor dem Trinity College in Dublin erklärt, daß die Republik, wollte sie bei einer Vereinigung den nordirischen Haushalt ausgleichen, beispielsweise ihre Einkommenssteuer verdoppeln müßte. Es ist wenig wahrscheinlich, daß die Bevölkerung der Regierung dafür ein Mandat geben würde. Insofern ist die heute noch von Fianna Fail gern zitierte Rede ihres Gründers de Valera aus dem Jahre 1933 wenig aktuell, wonach die wirtschaftlichen Bedingungen der Republik so attraktiv sein müßten, daß die Protestanten es dann vorzögen, sich mit dem katholischen Süden zu verbinden, statt die Union mit den Briten um jeden Preis zu erhalten.

Immer noch ist der Lebensunterhalt in Nordirland etwa um ein Drittel billiger als in der Republik und die Sozialleistungen des Staates sind besser. Familien aus Nordirland, die während der siebziger Jahre in die Republik auswanderten, weil sie beispielsweise ihre Kinder nicht im vom Terror erschütterten Londonderry aufwachsen lassen wollten, kehren zurück. Und selbst diejenigen, die den Staat im Norden unregierbar machen wollen und nicht nur jeden Briten, Loyalisten sondern auch Katholiken in staatstragender Funktion als Feind betrachten, bedienen sich des britischen Wohlfahrtssystems, finanziert von britischen Steuerzahlern.

Die Extrakosten für die Sicherheit, also Polizei, Armee, Gerichte aufgrund der Unruhen werden für Nordirland auf etwa zwei Drittel der jeweiligen Budgets geschätzt. Von 1969 bis 1985 sind dies etwa 15 Milliarden Mark. In der Republik betragen die Sonderkosten für Grenzüberwachung, Fahndung und Gerichte etwa 9 Milliarden Mark – zusammen rund 24 Milliarden Mark. Hinzu kommen Millionen, die die jeweiligen Volkswirtschaften tragen müssen für Entschädigungen bei Tod und Verletzungen und für Sachschäden.

Die Überlegungen, die hinter solchen Kalkulationen stehen, sind naheliegend: diese für einen kleinen Staat enormen Kosten könnten bei einer Vereinigung eingespart werden. Impliziert wird dabei, daß es keine Gewalttätigkeiten mehr gäbe, daß die I.R.A. ihre Aktivitäten ganz aufgäbe und nicht etwa anschließend für eine Sozialistische Republik morden und bomben würde. Ebenso wird vorausgesetzt, daß in einem vereinten Irland die protestantische Minderheit sich nicht ähnlich militant verhält wie jetzt die katholische im Norden und daß die loyalistische UDA dann nicht den Guerillakrieg aufnähme, den die I.R.A. zur Zeit führt.

Noch heute gelten «die grundlegenden Aussagen der Begründer des Marxismus über Wesen, Ursachen und Lösungswege der irischen Tragödie . . . Nach wie vor dienen die bürgerkriegsähnlichen Zustände letztlich dazu, die bankrotte Herrschaft der Großbourgeoisie . . . weiterhin aufrecht zu erhalten». So lautet die Einleitung zu einem in Ostberlin erschienenen Irland-Bändchen von Marx und Engels. Die über 100 Jahre alte Erwartung von Kommunisten und Sozialisten, daß die Arbeiter beider irischer Volksgemeinschaften ihre gemeinsamen ökonomischen Interessen erkennen und sich zusammenschließen würden, blieb marxistisches Wunschdenken: Gerade in den Arbeiterklassen der protestantischen und katholischen Gemeinschaften in Irland finden sich wie vor 100 Jahren die Radikalen, Unversöhnlichen. Marx blieb schon zu Lebzeiten nicht verborgen, daß die Fenier wenig mit dem internationalen Proletariat im Sinn hatten: Sie waren in seinen Augen bürgerliche Nationalisten mit abenteuerlicher Verschwörertaktik. Wie in Nordirland so haben auch in der Republik die Wähler wenig Sympathien für die Nachfolger der beiden großen Revolutionstheoretiker: Sozialistisch-kommunistische Parteien werden nur von völlig unbedeutenden Minderheiten gewählt – nach wie vor beherrscht die Nationale Frage die Politik in Irland.

Das Wirtschaftswachstum, vor allem in Nordirland, hatte nach 1969 stark nachgelassen, und war unter das Niveau des übrigen Königreichs gesunken, während es in den zehn Jahren zuvor deutlich darüber lag. Wenn die Wirtschaft Nordirlands dennoch so aktiv erscheint, so ist dies auf unmittelbare Unterstützung durch öffentliche Projekte zurückzuführen, aber auch auf den ungebrochenen Willen protestantischer Geschäftsleute, deren Arbeitsethos überdurchschnittliche Leistungen hervorbringt.

Manchmal wird argumentiert, daß mit einer Vereinigung die Insel einen wirtschaftlichen Boom erleben könnte, der Tourismus aufblühen und neue Unternehmen investieren und Arbeitsplätze schaffen würden. Doch nur mit Hilfe einer Übergangsfinanzierung aus London und EG-Unterstützung wäre eine Friedenslösung welcher Art auch immer, in Irland zu finanzieren und wirtschaftlich zu sichern.

Zeichen für eine friedliche Lösung des Konflikts sind jedoch nicht erkennbar, zumindest nicht in Nordirland. Die Engländer sind allenfalls bereit, wirtschaftlichen Druck auf die Protestanten auszuüben, um sie zu politischen Konzessionen zu bewegen. Der frühere englische Nordirland-Minister James Prior jedenfalls erklärte in Belfast, mit Blick auf seine englischen Wähler zu Hause, zu dem steigenden Subventionsbedarf: «Die Leute drüben wollen sehen, daß hier größere Anstrengungen für eine Versöhnung gemacht werden.»

Modelle für eine Versöhnung der beiden Gemeinschaften in Nordirland gibt es bereits, wie in Corrymeela, einer überkonfessionellen Begegnungsstätte, in der Protestanten und Katholiken lernen, die schon von Kindheit an geprägten Feindbilder allmählich abzubauen. Denn natürlich ist auch das Schulwesen strikt getrennt: Der katholische Klerus hatte nichtkonfessionelle Schulen stets abgelehnt, aber auch Eltern gedrängt, ihre Kinder nicht in protestantische Schulen mit getrenntem Religionsunterricht zu senden. Die «All Children Together»-Bewegung eröffnete im September 1981 die erste inter-religiöse Schule, Lagan College, in Nordirland. Für Nordirland war das eine fortschrittliche Leistung, was in den übrigen europäischen Ländern heute normal und gar nicht anders denkbar ist. 28 mutige Eltern beider Konfessionen sandten ihre Kinder zur Eröffnung dieser neuen Schule, die allein durch Privatinitiative gegründet und finanziert wurde. In Belfast sollen 1986 drei weitere überkonfessionelle Schulen gegründet werden. Wie wertvoll solche privaten Initiativen sind, wird dadurch unterstrichen, daß die politischen und konfessionellen Gruppen auf beiden Seiten offenbar selbst unfähig zum Dialog geworden sind. Gerade im Erziehungswesen könnte ein Anfang zum Abbau der bestehenden Vorurteile gefunden werden. Denn nur durch die Auflösung der alten Strukturen, Abschaffung der Feindbilder, Verlernen der gegenseitigen Berührungsangst von Katholiken und Protestanten, könnte eine neue Generation ein friedliches Zusammenleben in Nordirland entwickeln.

IV
«Brits Out!»

In großen Buchstaben steht es an den Häusern, Mauern und Zäunen: «Brits Out!» Nicht nur in Nordirland, auch in der Republik ist diese Forderung der I.R.A. zu lesen. Für viele, auch solche, die die Gewalt- und Mordtaten der I.R.A. nicht unterstützen, ist «Brits Out!» die einzige Lösung des Problems.

Der Parole «Engländer raus» stimmen auch seriöse irische Politiker zu, allerdings mit etlichen Einschränkungen: nicht sofort, nicht vollständig und nicht um den Preis der Aufgabe von Subventionen soll der Abzug sein. Doch wie schätzt man in England die Situation ein? Denn eines Tages könnte die britische Öffentlichkeit ihre Regierung zu einer solchen Entscheidung drängen.

Die ständigen Unruhen in Nordirland, die Terroranschläge, die auch nach England übergreifen, die hohen Kosten – Subventionen, Armee- und Polizeikosten und wirtschaftliche Verluste durch Attentate – sowie die inneren Probleme in England selbst, lassen in der britischen Öffentlichkeit eher eine Stimmung aufkommen, Nordirland aufzugeben. Allerdings ist die Kenntnis von dem, was in Irland vorgeht, bei der englischen Bevölkerung ziemlich vage und beschränkt sich häufig auf die beliebten «Paddy-Witze»: Paddy ist für die Briten der Ire schlechthin – rothaarig, grobschlächtig und naiv. Dazu erklärte ein Ire, der in England arbeitet und lebt, die Jokes über seine Landsleute seien für die Engländer eine Art Sicherheitsventil, das sie besonders nötig bräuchten, je mehr ihr Selbstbewußtsein als einstige Weltmacht darunter leide, daß es seine letzte «Kolonie» nun auch noch verlieren würde. Tatsache ist, daß die Iren leicht in ihrem Nationalstolz zu kränken sind und sehr unter den englischen Paddy-Jokes leiden, die, ähnlich den Ostfriesen-Witzen, nicht gerade als Kompliment an ihre Intelligenz angesehen werden. Tageszeitungen in Irland berichten umgehend, wenn in London ein neuer «Paddy-Artikel», beispielsweise eine Tasse mit innen angebrachtem Henkel, verkauft wird oder daß in einer englischen sartirischen Zeitung wie «Private Eye» irische Politiker als Trunken- und Witzbolde oder schlimmer noch als hinterhältige «Moorlatscher» bezeichnet werden.

Noch wie im 19. Jahrhundert sind Geschichten über die Iren beliebtes Feature-Material für englische Fleet-Street-Journalisten. So werden die Unruhen in Nordirland manchmal auch heute noch mit der Attitüde beschrieben, als handele es sich um einen hoffnungslosen Fall von Stammeskriegen völlig irrationaler Menschen, die «keine andere Art wissen, ein Beil zu begraben, als im Rücken eines Nachbarn». Nach den Birmingham-Bombenanschlägen wurden Annie Maguire samt Familie wegen Bomben-Vergehens verurteilt, aufgrund der Aussage eines anderen Angeklagten, der erzählte, er hätte in «Tante Annies Küche» gelernt, wie man Bomben baut. In der englischen Massenpresse war daraufhin immer wieder von «Tante Annies Bomben-Küche» die Rede und weniger davon, daß die Angeklagten sich für unschuldig erklärten und auch die Beweise äußerst dürftig und zweifelhaft waren.

Natürlich leiden in England lebende Iren unter den I.R.A.-Anschlägen, ebenso wie die politischen Beziehungen zwischen London und Dublin in der Vergangenheit immer dann abkühlten, wenn die I.R.A. in England wieder einen spektakulären Anschlag verübt hatte. Nach dem I.R.A.-Bombenattentat in Brighton auf die englische Regierung schrieb Sir John Junor im «Sunday Express»: «Würde nicht jeder eher bekennen ein Schwein zu sein, als ein Ire?»

Eine Umfrage, die im Auftrag der Sunday Times durchgeführt wurde, ergab, daß Ende 1981 eine Mehrheit von zwei Drittel der Befragten in England nicht dafür waren, daß Nordirland Teil des United Kingdom bleiben solle, während nur 37% dafür waren. Doch was die Garantie für die Unionisten in Nordirland angeht, ist die Meinung eindeutig: Die Garantie gilt und die Nordiren sollen daher selbst entscheiden, welchen Weg sie gehen wollen.

Direct Rule

Seit 1972 wird Nordirland von London direkt regiert. Ein Nordirland-Minister ist Mitglied der Londoner Regierung und hat sein

«Northern Ireland Office» in Belfast. Diese undankbare Aufgabe hatte Ende 1981 James Prior übernommen, ein gestandener Tory, jedoch ein «wet», ein Waschlappen, wie Margaret Thatcher unbarmherzig die eher kompromißbereiten Parteifreunde um ihren Vorgänger Ted Heath nennt. Prior wollte durch gezielte Maßnahmen die wirtschaftliche Lage verbessern, mit dem Ziel, eine friedliche Ausgangssituation für neue Gespräche mit allen Gruppen in Nordirland zu schaffen. Lord Gowrie, sein Staatssekretär, ein junger Politiker, 1939 in Dublin geboren, erklärte in erfrischend klarer Sprache, daß seine Regierung eine Kooperation zwischen Nordirland und der Republik anstrebe, und er ging so weit zu sagen, er befürworte eine doppelte englisch/irische Staatsbürgerschaft in Nordirland, für Bürger in Nordirland, die dies wünschten. Die Grenze hält er für «ökonomischen Unsinn» und die britische Garantie für die Unionisten für «enorm irreführend».

Doch gerade in der Frage der Garantie («Solange das nordirische Parlament nicht anders entscheidet, bleibt Nordirland Teil des United Kingdom»), die als Exklusiv-Garantie für die Unionisten gilt, ist der Nordirland-Minister gebunden. Die Garantie ist sogar im «Northern Ireland Constitutional Act» von 1973 enthalten und wurde, sobald ein Unionist es wünschte, von London stets bekräftigt. Mrs. Thatcher erklärte: «Nordirland ist genauso Teil des Vereinigten Königreichs wie mein Wahlbezirk Barnet-Finchley». Ein Unionisten-Führer im Norden kommentierte Lord Gowries Äußerungen seinerzeit dann auch mit der Forderung: «Der Minister soll seine grünen republikanischen Hände von Ulster nehmen!» und wies alle Gedanken an Kooperation mit der Republik Irland zurück.

Die geduldigen Anstrengungen von Jim Prior führten zu keiner entscheidenden Verbesserung der Lage; zumal seine Amtszeit durch den Hungerstreik der I.R.A.-Häftlinge besonders schwierig war. Den ersten Schritt zur Wiedereinführung der Selbstverwaltung in Ulster hat er 1983 mit der Ratsversammlung gemacht. An den Wahlen nahmen zwar alle Parteien teil und Sinn Fein errang einen großen Erfolg, aber beide nationalistisch-katholischen Parteien weigerten sich, ihre Sitze in Stormont einzunehmen. Die Unionisten blieben unter sich und eine weitere britische Initiative war gescheitert.

«Worte sind überaus bedeutend»

Im Herbst 1984 ernannte Margaret Thatcher als Nachfolger Priors einen Mann, der in Nordirland allenfalls durch seine Hobby-Beschäftigung, Polit-Thriller zu schreiben, bekannt war: Douglas Hurd. Sein Roman «Vote to Kill» spielt vor nordirischem Hintergrund und enthält, zum Entsetzen der Unionisten, einen Vorschlag, die Armee abzuziehen, um die Voraussetzungen für eine inner-nordirische Lösung zu schaffen. Zur Beruhigung aller Unionisten betonte Mr. Hurd auf den Stufen von Stormont Castle bei Amtsantritt, man solle «Vote to Kill» als eine Romandichtung lesen. Weitmehr interessierte die Öffentlichkeit, daß Hurd 1978 ein geheimgehaltenes Treffen mit Sinn Fein-Führer Gerry Adams hatte, das er heute als unergiebig bezeichnet. Sein Staatssekretär ist Dr. Rhodes Boyson, einer der markanten Charaktere von Westminster, ein früherer Labour-Mann, der zum glühenden Verfechter konservativer Thatcher-Politik wurde. Er trägt einen viktorianischen Backenbart, der seinem Weltbild entspricht, ist für Prügelstrafe, lange Gefängnisstrafen und die Todesstrafe durch den Strick. Er möchte Schulen von linksgerichteter Infiltration befreien und die Sozialleistungen des Staates halbieren. Die Gewerkschaften in Nordirland sahen schwarz, während der Arbeitgeberverbands-Vorsitzende meinte, Boyson sei ein farbiger Charakter und hätte eine Reputation für klare Aussagen. Beides könne man in Nordirland gebrauchen.

Der britische Nordirland-Minister erkannte bald, daß «Worte überaus bedeutend in Irland» sind und versprach, die Worte und Taktiken mit Sorgfalt zu wählen. Bei einer Regierungsumbildung im Herbst 1985 wechselte Margaret Thatcher ihren Innenminister Leon Brittan, der über den Versuch, die BBC daran zu hindern, ein Interview mit einem Sinn Fein-Abgeordneten zu senden, gestolpert war, gegen Douglas Hurd aus. Neuer Nordirland-Minister wurde, zu seiner eigenen Überraschung, der frühere Arbeitsminister Tom King, der wie sein Vorgänger von der Chefin als ein «safe pair of hands» eingeschätzt wird. Er steht vor der schwierigen Aufgabe, einen Anfang für ein Gespräch zu finden, an dem alle Parteien bereit sind, teilzunehmen. Die Möglichkeit der beiden Seiten, sich gegenseitig zu blockieren, ist unterdessen zum großen Problem geworden bei dem Bemühen, Nordirland zu «normalisieren».

Englische Nordirland-Politik konnte bisher nur eine Serie von Mißerfolgen verzeichnen. Die Briten hatten durch die häufigen Bestätigungen der Garantie für die Unionisten in Nordirland ihren eigenen Handlungsspielraum eingeschränkt. Sie waren auch deren Drohung eines «back lash», eines gewaltsamen Rückschlags, erlegen, als 1974 ein neues großes Konzept, «Power Sharing», verwirklicht werden sollte. Die europäische Kommission für Menschenrechte hatte indirekt die englische Regierung der Foltermethoden in Nordirland beschuldigt. Dadurch errang die I.R.A. internationale Propaganda-Erfolge, auf Kosten der Engländer, ähnlich wie beim Hungerstreik. Die internationalen Medien und die interessierte Öffentlichkeit vieler Länder sieht die Ursache der Unruhen in Nordirland allein in der britischen Präsenz – sie folgen damit unbeabsichtigt der I.R.A.-Argumentation.

Seit das Sunningdale-Konzept, das eine Beteiligung Dublins im «Council of Ireland» vorsah, scheiterte, konzentrierte sich englische Nordirland-Politik auf zwei Punkte: Eine politische Lösung innerhalb Nordirlands zu finden und auf die Sicherheitspolitik. Nur im Bereich der Terror-Bekämpfung konnte sie Erfolge vorweisen, allerdings erst, als der Staat sich in seinen Methoden auf die anfangs ungleich bevorteilten, aus dem Hinterhalt operierenden Terroristen einstellte.

Polizei statt Politik

Das liberale und rechtsstaatliche England setzte sogar Bürgerrechte außer Kraft, um der I.R.A. zu begegnen: 1974 führte sie das «Prevention of Terrorism»-Gesetz ein, nachdem die I.R.A. in Birmingham, einer Stadt mit hohem Anteil irischer Einwohner, in mehreren Pubs Bomben gelegt und 21 Menschen dabei getötet und mehr als 200 verletzt wurden. Dieses Gesetz wurde 1983 ergänzt. Es erlaubt der Polizei, Personen zu verhaften und für 48 Stunden festzuhalten, ohne daß Anwälte oder Angehörige unterrichtet werden müssen. Mit Zustimmung des Innenministers kann diese Untersuchungshaft auf 7 Tage verlängert werden. Gerichte sind dabei ausgeschaltet, Familie und Freunde meist nicht informiert, Erklärungen brauchen nicht abgegeben zu werden. Wer als «Gefahr» angesehen wird, kann ohne Widerspruchsrecht nach

Nordirland oder in die Republik abgeschoben werden. In den ersten zehn Jahren sind unter diesem Gesetz 5900 Menschen in England festgenommen worden. Etwa 300 von ihnen wurden deportiert und nur 147 wegen Vergehen nach diesem Gesetz angeklagt, während 311 für andere Straftaten vor Gericht kamen. Die Chancen, als Ire in England verhaftet zu werden, ohne die normalen Bürgerrechte in Anspruch nehmen zu können, waren groß.

Die Sicherheitspolitik Nordirlands wird von der Londoner Regierung bestimmt. Neben der Polizei in Nordirland, der Royal Ulster Constabulary (RUC), hatte die Britische Armee wichtige Polizei-Aufgaben übernommen, die jetzt mehr und mehr an die RUC zurückdelegiert werden. In England, in der Salisbury Ebene werden britische Soldaten für ihren Einsatz in Ulster trainiert. Ein imitierter nordirischer Ort mit Schildern an den Häusern wie «O'Connors Family Butcher» in der «Nr. 13 Church Street» oder dem I.R.A.-Pub «Angels Inn» schräg gegenüber, dient dem Anti-Stadtguerilla-Training. In einer Höhle auf Gilbralta soll ebenfalls ein nachgestellter nordirischer Trainingsort errichtet worden sein, stilgerecht mit einer katholischen Kirche, Schulen, Pubs und Chip Shops. Hier sollen, nach dem Bericht eines britischen Reporters, Soldaten für den Einsatz in Nordirland geschult werden. Das deutsche Fernsehmagazin «Monitor» hat 1984 berichtet, daß die britischen Rheintruppen heimlich in Armee-Camps in Westfalen ebenfalls für den Nahkampfeinsatz unter realistischen Nordirland-Bedingungen trainiert werden. Nach Nato-Auftrag und Vertrag sei dies illegal, da es Aufgabe der Armee sei, gegen externe Angriffe zu verteidigen. Ein Sprecher der Britischen Armee bestätigte die Existenz von zwei Trainingslagern, die aussähen wie typische Nordirland-Ortschaften, dementierte aber, daß sie geheim und illegal seien, denn – so sein Argument – sie hätten wohl kaum trainieren können, wenn die deutschen Behörden nicht davon gewußt hätten.

Die meist jungen Soldaten, die aus ihrer englischen Heimat nach Nordirland versetzt werden, leben nach Dienstschluß in festungsähnlichen Anlagen, weil sie auch in ihrer Freizeit ständig gefährdet sind. Wenn Vier-Mann-Patrouillen mit Schnellfeuer-Gewehren im Anschlag eine Straße sichern, haben sie die Gewißheit, beobachtet zu werden und müssen damit rechnen, daß im selben Augenblick ein Maschinengewehr der I.R.A. auf sie zielt.

Diese Soldaten leiden unter dem psychologischen Druck der Situation, denn sie sollen sich bei Provokationen sowohl von Loyalisten wie von Republikanern selbstverständlich beherrschen, auch wenn sie beschimpft oder physisch bedroht werden. Scheinbar harmlos klingt es, wenn in einem katholischen Viertel ein Passant einen britischen Soldaten mit Vornamen grüßt, um ihn damit zu zeigen, daß er sogar namentlich identifiziert ist und möglicherweise auf der Liste der I.R.A. steht. Die Zahl der ermordeten Armee-Angehörigen in Nordirland ist in den vergangenen Jahren zurückgegangen. Die Sicherheitsaufgaben werden heute durch eine zahlenmäßig verstärkte RUC-Polizei wahrgenommen. Statt englischer Soldaten werden jetzt nordirische Polizisten umgebracht.

«Shoot-to-kill»?

Die englische Armee setzte ebenfalls Geheimagenten ein, die in einer Spezialtruppe, der Bessbrook Unit, zusammengefaßt waren. Sie hatten in einem bestimmten Gebiet in Armagh, das von der I.R.A. kontrolliert wurde, die Aufgabe, Verdächtige zu beobachten und die Armee zu unterstützen, aber selbst unerkannt zu bleiben. Der Erfolg der kleinen Gruppe war wohl lediglich ein Test für die neu zu gründende RUC-Spezial-Einheit, die E4A. Diese Einheit soll angeblich mit einer «Shoot-to-kill»-Politik der Polizei verbunden sein. Danach seien Mitglieder der Gruppe berechtigt, ihnen bekannte Terroristen gezielt zu erschießen. Nach einer Recherche der Londoner New York Times Reporterin Jo Thomas sollen Polizei und Armee für 34 Tote seit 1982 verantwortlich sein. Davon sollen 15 Tote Mitglieder der I.R.A. und 3 der INLA gewesen sein. Von den 16 getöteten Zivilisten seien 4 Autodiebe und 4 Räuber gewesen.

Seit 1982 sind über 100 Polizisten oder Soldaten ermordet worden und ein hochrangiger Polizei-Offizier soll nach der Erschießung von zwei I.R.A.-Männer gesagt haben: «Der einzig sichere Weg ist, sie bei Sicht zu erschießen». Nordirland-Minister Hurd bezeichnete jedoch die Beschuldigungen als «Unsinn» und versicherte, daß es keinen «Shoot-to-kill»-Auftrag gäbe.

E4A-Agenten hatten 1982 drei unbewaffnete I.R.A.-Männer erschossen. Vor Gericht wurden die Schützen freigesprochen und

Lord Richter Gibson lobte gar ihren Mut, jene I.R.A.-Angehöri-gen vor «Gericht» gebracht zu haben – «. . .in diesem Fall das letzte Gericht», wie er hinzufügte. Auch soll diese Spezialeinheit in der Republik aktiv geworden sein. Ein stellvertretender RUC-Kommandant erklärte vor Gericht, daß Mitglieder der Einheit in «Schnelligkeit, Feuerkraft und Aggression» trainiert seien. Natio-nalisten aller Gruppierungen, auch die Regierung der Republik, protestierten bisher vergeblich gegen den Einsatz dieser Gruppe.

Durch Gummi- oder Plastik-Geschosse, die eigentlich als nicht tödliche Polizei-Waffe bei Unruhen gedacht waren, sind in Nordirland bisher 15 Menschen getötet worden, die Hälfte von ihnen Kinder. Viele Menschen erlitten ernste Verletzungen. In Nordirland, England und in der Republik wird gegen die Verwen-dung von Plastikgeschossen protestiert. Der irische Staatsminister im Auswärtigen Amt versicherte vor dem Europa-Parlament, daß die Republik Irland keine solchen Geschosse eingesetzt habe. Der Antrag der irischen Europa-Abgeordneten wurde verabschiedet und Großbritannien aufgefordert, «menschliches Leben zu respek-tieren und den Einsatz tödlicher Waffen gegen Zivilisten zu ver-bieten». Anschließend stellte sich heraus, daß auch in den Depots der Irischen Armee solche Geschosse lagern und in den siebziger Jahren eingesetzt worden sein sollen.

Als dritte Sicherheitsgruppe neben RUC und Armee existiert seit 1970 das Ulster Defence Regiment (UDR). Bisher wurden 32 000 Männer ausgebildet, etwa 2800 von 7100 sind Ganzzeit-, die anderen Teilzeit-Soldaten. Bis zu 18% der UDR-Mitglieder waren Katholiken. Heute ist die UDR durch eine gezielte Mord- und Einschüchterungskampagne der I.R.A. zu 98% mit Protestanten besetzt und damit in katholischen Wohngebieten und Gegenden Ulsters unwillkommen. Nationalisten bezeichnen diese Sicher-heitstruppe als konfessionell und verlangen ihre Abschaffung. Die Unionisten lehnen eine solche Forderung ab, da die Truppe, als sie 1970 geschaffen wurde, für alle Bevölkerungsgruppen offen war und heute noch ist.

Die UDR ist ein bevorzugtes Ziel der I.R.A., die nicht nur aktive sondern auch ehemalige, schon lange aus dem Dienst aus-geschiedene UDR-Mitglieder, erschießt. Diese Sicherheitstruppe ist durch I.R.A.-Anschläge und die mangelnde Beständigkeit und Unterstützung von nationalistischer Seite diskreditiert worden.

Rome Rule in Eire – für protestantische Iren bestätigten sich ihre Befürchtungen: Die Katholische Kirche wurde von De Valera (hier umgeben von Würdenträgern Roms) praktisch zur Staatskirche erhoben.

Der damalige Vorsitzende der Labour-Party Michael O'Leary läßt sich im Wahlkampf 1982 seine Stimmbänder segnen.

▼ Terroristen wurden als «politische Straftäter» nicht nach Nordirland ausgeliefert. Erst 1984 hat das höchste Gericht (hier die Four Courts Dublin) politische Motive neu definiert und einen I.N.L.A.-Mann ausgeliefert.

Stormont Castle – Symbol protestantischer Mehrheits-Herrschaft in Nordirland, Sitz
des Parlaments und der Provinz-Verwaltung.

Das mehrheitlich katholische Londonderry war neben Belfast Ausgangspunkt der Unruhen 1969.

▼ Unruhen in Belfast – die Armee schützt sich durch mobile Gitter, Helme und schußsichere Westen gegen Angriffe. Die beiden Soldaten links tragen Gewehre für Plastikgeschosse.

Premierminister Margaret Thatcher bringt durch ihre eindeutige Haltung zum ersten Mal seit 1969 Kontinuität in die britische Nordirland-Politik.

Die Parole von der Belagerung Londonderrys 1688/89 (No Surrender) ist 300 Jahre
später für die Protestanten Nordirlands immer noch aktuell: Ian Paisley, hinter ihm ein
Plakat: «Keine Kapitulation gegenüber Dublin oder (dem Nordirland-Minister) Prior».

So ist auch König William of Orange noch heute die Symbol-Figur für die damalige Befreiung der Protestanten – nicht nur für fanatische Loyalisten.

▼ Paisley läßt seine «Third Force», eine loyalistische Privat-Armee, demonstrativ aufmarschieren.

Eine Bäuerin im überwiegend katholischen Grenzgebiet hält Wache, während ihr Mann das Feld bestellt. Er ist Teilzeit-Mitglied der Sicherheitskräfte und damit erklärtes Ziel für einen Anschlag der I.R.A.

Dabei dienen die Fälle von loyalistischen Terroristen, die der UDR beigetreten waren und ihre Uniform und Funktion mißbraucht und sogar im oder außerhalb des Dienstes Katholiken ermordet hatten, als Argument zur Ablehnung dieses Ulster-Regiments.

Unverständlich erscheint die Großzügigkeit in der Grenzsicherung. Offizielle Grenzübergänge auf nordirischer Seite sind selten besetzt und kaum kontrolliert. Zahlreiche kleine Straßen, die nur mit Passierschein benutzt werden dürften, sind nicht oder nur gelegentlich durch mobile Grenzpatrouillen kontrolliert. Oft winken die Grenzpolizisten auf beiden Seiten die Wagen durch. Lediglich der irische Zoll zeigt regelmäßiges Interesse an Fahrzeugen, die von einer Shopping-Tour aus Nordirland in die Republik zurückkehren. Es ist leicht vorstellbar, daß I.R.A.-Kommandos mit Waffen und Sprengstoff die Grenze von der Republik nach Nordirland überqueren und nach einem Anschlag unbehelligt zurückkehren können. Viele Morde finden in den grenznahen Gebieten statt, wie die bisher größten Anschläge auf die nordirische Polizei in Newry oder auf die britische Armee in Warrenpoint.

Nach dem Mord an Lord Mountbatten und dem I.R.A.-Bombenanschlag in Warrenpoint 1979, bei dem 18 britische Soldaten starben, besuchte Premierminister Thatcher Nordirland und führte Gespräche mit Armee, Polizei und Politikern. Der Kommandierende General Creasey soll dabei eine Reihe von drastischen Vorschlägen zur Sicherheitspolitik gemacht haben, unter anderem die Festnahme von 20 bis 40 entscheidenden I.R.A.-Männern. Seinen Vortrag beendete er mit einem emotionalen Apell, indem er eine einzelne Epaulette aus der Tasche zog und sie Mrs Thatcher reichte. «Dies ist alles, Premierminister, was mir von einem sehr tapferen Offizier, David Blair, geblieben ist.» Es herrschte Stille und die Anwesenden hatten den Eindruck, daß die Regierungschefin beeindruckt war. Dennoch widerstand sie der Versuchung einer militärischen Reaktion. Stattdessen traf sie eine wichtige Enscheidung auf dem Gebiet der Sicherheitspolitik in Nordirland: Sie berief einen Sicherheits-Koordinator.

MI6-Chef in Belfast

Die Erfolge in der Terroristen-Bekämpfung von Polizei und Armee in den letzten Jahren sind wesentlich auf einen Mann zurückzuführen: Sir Maurice Oldfield, ehemaliger Direktor des MI6, einer der höchsten englischen Geheimdienst-Chefs und einer der bestqualifizierten. Nur ein Foto soll von ihm in den Presse-Archiven existieren und über seine Tätigkeit in Nordirland ist wenig bekannt. Seine Aufgabe wurde im Oktober 1979 beschrieben als «Koordination und Verbesserung der Effektivität im Kampf gegen Terrorismus».

Wie nach dem Muster eines John Le Carré-Romans, kam der pensionierte MI6-Chef nach Belfast, quartierte sich in Stormont-Castle ein und war außer für seinen kleinen Stab für niemanden zu sprechen. Schon in der ersten Woche entdeckte er weitverbreitete Fehler und Mängel im Sicherheitssystem. So stellte er fest, daß es keine Telefonverbindungen zu den Sicherheitskräften gab, die nicht hätten abgehört werden können und daß die I.R.A. über Geräte verfügte, mit denen sie Nachrichten entschlüsseln konnte. Vermutlich wurde fast jede Funkmeldung von den Provos abgehört und dekodiert. Ein Mann seines Kalibers war auch deshalb gefragt, weil sich Mitte der siebziger Jahre PLO- und Baader-Meinhof-Angehörige in Nordirland aufhielten und die I.R.A. durch die PLO erhebliche Waffenlieferungen erhalten haben soll. Auch das Interesse der Russen, Libyer und anderer ausländischer Mächte an der I.R.A. war auffällig.

Oldfield reorganisierte das Verhältnis von RUC und Armee. Die Polizei übernahm wieder mehr Aufgaben, die Armee trat in den Hintergrund. Seine Maßnahmen zeigten schon bald Erfolg, die RUC wurde effektiver. 1978 gab es beispielsweise über 15 000 Hausdurchsuchungen, dabei wurden 400 Schußwaffen, 2100 Bomben und 43000 Schuß Munition gefunden. Im Jahr darauf wurden weniger als 5000 Häuser durchsucht und dennoch fast 250 Waffen, 2000 Bomben und 40 000 Patronen entdeckt. Es war nicht überraschend, daß Oldfield auf Platz 1 der I.R.A.-Abschußliste rückte. Seine Familie und er wurden jedoch ständig bewacht in Nordirland und in England. Wenn er nach Hause zurückkehrte, war während der Fahrt üblicherweise ein Hubschrauber über ihm in der Luft.

Zwei Oldfield-Vertraute aus seiner Zeit in Nordirland wurden 1985 in Top-Positionen der Armee berufen: Generalmajor Pascoe als Kommandierender General in Nordirland und General Jeapes, ehemaliger Kommandant einer SAS-Elite-Einheit, die zur Terroristen-Bekämpfung eingesetzt wird, als Kommandierender General der Landstreitkräfte in Nordirland.

Die vielleicht umstrittenste Einzelmaßnahme, die auf Oldfields Empfehlung eingeführt worden sein soll, war das «Umdrehen» von Terroristen: die Supergrass-Methode. Diese Bezeichnung wurde in einem englischen Gerichtsverfahren bereits Jahre zuvor geprägt. Sie bedeutet, daß ein Krimineller als Kronzeuge vor Gericht gegen seine Mittäter aussagt und sich damit meist seine Freiheit und eine neue Identität erkauft. Joseph Bennett beispielsweise, ein loyalistischer früherer UVF-Commander, wurde im April 1983 trotz zweifachen Mordes und weiterer Anklagen Immunität gewährt, weil er gegen 14 ehemalige UVF-Kameraden aussagte, von denen zwei zu lebenslänglich verurteilt wurden. Ein halbes Jahr später lieferte I.R.A.-Mann Christopher Black Aussagen gegen 38 ehemalige I.R.A.-Kollegen, von denen 22 zusammen zu mehr als 4000 Jahren Gefängnis verurteilt, vier freigesprochen und die anderen zu kürzeren Gefängnisstrafen verurteilt wurden.

In den letzten Jahren kamen auf diese Weise etwa 300 Terroristen vor Gericht oder warten noch auf ihre Verhandlung. In manchen Fällen wurden auf das Wort eines «tout», eines Informanten, 20, 30 oder 40 aktive Terroristen verhaftet und vor Gericht gebracht. Selbst Unionisten haben Bedenken gegen diese Art des Verfahrens.

Sondergerichte

So wie die Gesetzgebung der Polizei besondere Vollmachten gewährt, ist auch das Gerichtswesen in Nordirland zum Teil suspendiert. In den sogenannten Diplock-Courts wird ohne Jury verhandelt. Diese Courts erhielten ihren Namen nach Lord Diplock, einem hohen Richter, auf dessen Empfehlung die Sondergerichte nur noch mit einem Richter besetzt sind, jede Aussage des Beschuldigten zulässig ist, es sei denn, sie wäre durch Folter erreicht worden, und die Umkehr der Beweislast für jeden, der eine Feuerwaffe oder Explosivstoffe illegal besitzt, eingeführt wurde. In Nordirland bedeutet dies, der Angeklagte wird in einem solchen Fall behandelt, als habe er mit diesen Waffen bereits ein Verbrechen begangen. Entsprechend hoch sind die Strafen für den Besitz nicht gemeldeter Feuerwaffen. Aber auch in der Republik gibt es Sondergerichte, die ohne Zivil-Jury bei Verfahren gegen Terroristen verhandeln. Ebenso hat die Polizei der Republik Sondervollmachten bei «Staatsdelikten» und kann, wie in Nordirland, Verdächtige verhaften und für 48 Stunden ohne Anwalt oder Gerichtsverfügung festhalten.

Seit der Zulassung von «Supergrasses» sind die Diplock-Richter in eine besonders schwierige Situation geraten. Ein Richter, der allein Recht sprechen soll, muß sich selber davor warnen, daß die Aussagen des Kronzeugen zweifelhaft sein könnten, da dieser in der Regel nicht nur ein Terrorist sondern oft auch erwiesenermaßen ein notorischer Lügner ist. INLA-Informant Harry Kirkpatrick erklärte beispielsweise im Mai 1985 vor Gericht, daß er bei zwei früheren Verhandlungen gegen ihn unter Eid gelogen habe. Dem Richter in diesem Prozeß gegen 27 Angeklagte sagte er, daß er ihn vor drei Jahren ermordet hätte, wenn er die Gelegenheit dazu gehabt hätte. Als Kirkpatrick vor Gericht gegen seine ehemaligen Kameraden aussagte, war er bereits zu fünfmal lebenslänglicher Gefängnisstrafe wegen Mordes verurteilt.

Offiziell wird das fragwürdige Rechtsverfahren gerechtfertigt als ein Preis, der im Kampf gegen den Terrorismus bezahlt werden müsse. In Rechtskreisen in England verfolgt man den Verfall des Rechtswesens in Nordirland mit Unbehagen. Auch Politiker wie der Labour-Abgeordnete Martin Flannery sind der Meinung, daß «das ganze britische Rechtswesen in Mißkredit» gebracht würde.

Von Republikanern werden die nordirischen Gerichte oft nicht anerkannt und die Richter für voreingenommen gehalten, mit der Begründung, 80% der Richter seien Protestanten. Es gäbe mehr katholische Richter, würden sie nicht als «Kallaborateure» von der I.R.A. bedroht und umgebracht.

Gerade im Bereich von Recht und Ordnung teilen sich die Meinungen in den beiden nordirischen Gemeinschaften wie auf kaum einem anderen Gebiet. Nach einer Untersuchung des Belfast Telegraph im Jahr 1985 wird die RUC als «fair» oder «sehr fair» von

96% der Protestanten, bei den Katholiken wird sie jedoch nur von 48% so beurteilt. Die Verwendung von Plastik-Geschossen bei Unruhen wird von fast 90% der Katholiken abgelehnt, jedoch von ebensovielen Protestanten für richtig gehalten. Das Supergrass-System, wonach Aussagen von Kronzeugen ohne weitere stützende Beweise zugelassen sind, wird von 81% der Katholiken abgelehnt, während die Protestanten in dieser Frage geteilt sind. Für die Todesstrafe sind dreiviertel der Protestanten, etwa der gleiche Anteil der Katholiken ist dagegen.

Der psychologische Rückzug

Die Situation ist für England verfahren und viele Abgeordnete in Westminster würden eine Trennung von Nordirland schon heute unterstützen, zumindest einen graduellen Rückzug aus Nordirland – obwohl die britische Garantie für die Mehrheit in Nordirland dies eigentlich verbietet. Auch frühere englische Regierungen haben schon einmal erwogen, sich aus Nordirland zurückzuziehen. So wurde durch den ehemaligen Nordirland-Minister Merlyn Rees bekannt, daß das englische Kabinett in den Jahren 1974-76 die Option diskutiert hatte, Nordirland zu verlassen. Jedoch sei die britische Regierung dieser Option nicht nähergetreten und die SDLP in Nordirland, die Gewerkschaften und die irische Regierung in Dublin hätten sie in dieser Haltung unterstützt.

Ein hochrangiger I.R.A.-Mann, der jetzige Sinn Fein-Vizepräsident Daithi O'Connaill, erklärte 1983, daß es zwischen Februar und Herbst 1975 Verhandlungen zwischen der I.R.A. und der englischen Regierung gegeben habe. Er selbst war im Juli 1975 von der Dubliner Regierung verhaftet worden. Während der Verhandlungen habe es ein Waffenstillstandsabkommen mit den Briten gegeben. Die englische Labour Party soll einen 15-Jahresplan für einen Rückzug gehabt haben, behaupten die mißtrauischen Unionisten. Gerry Adams, heutiger Sinn Fein-Präsident, erklärte, die Engländer hätten den Eindruck vermittelt, sie würden ernsthaft einen Rückzug erwägen. Die I.R.A. hätte deshalb dem Waffenstillstand zugestimmt – und wäre fast von den Briten in dieser Zeit besiegt worden, fügte Adams hinzu.

Der Rückzugsgedanke ist britischen Politikern nicht fremd.

Tony Benn fordert beispielsweise einen britischen Rückzug innerhalb von zwei Jahren, in denen sich die nordirischen Parteien darüber einigen sollten, wie sie ein selbständiges und unabhängiges Nordirland regieren wollen. UN-Truppen sollten an Stelle der britischen Armee für Frieden sorgen. Er meinte, zwar wisse keiner, ob dies erfolgreich sei, aber es gäbe sicher große Unterstützung für diese Politik in England und in der irischen Republik. Die englischen Liberalen und die SDLP sind der Meinung, England habe sich psychologisch schon zurückgezogen und müsse dies nun langsam und vorsichtig in die Realität umsetzen.

Zumindest will London die Präsenz der britischen Armee weiter vermindern und Polizei-Aufgaben, die die Armee übernommen hatte, zurückgeben an die RUC. Während die Armee von 22 000 Soldaten auf dem Höhepunkt der Unruhen im Jahr 1972 schon auf 8000 Mann reduziert wurde, ist die Zahl der RUC-Polizisten von 3500 vor den Unruhen auf 11 000 angewachsen und ihre qualitative Eignung ständig verbessert worden: Sie sind heute besser ausgebildet und ausgerüstet für ihre Aufgabe in Nordirland.

Meinungsumschwung in England

In den letzten zehn Jahren fand in England ein Meinungsumschwung statt, der die Sympathien für die katholische Minderheit zu den Unionisten, der protestantischen Mehrheit, verlagert hat. Während der sechziger Jahre waren britische Politiker empört über das Ausmaß der unfairen Behandlung der Katholiken als Minderheit in Nordirland und generell herrschte die Meinung, man müsse nach dem Machtmißbrauch der Protestanten, dem loyalistischen Überfall auf den Civil Rights-Marsch und dem Bloody Sunday von 1972, die Katholiken vor den Protestanten schützen. Heute dagegen sind es I.R.A.-Anschläge, die die Schlagzeilen beherrschen. Die loyalistischen Terror-Organisationen dagegen halten sich zurück mit Morden und Vergeltungsschlägen. I.R.A. und INLA sind aktiver geworden und verüben ihre Anschläge nicht nur in Nordirland sondern auch in England. Die letzten Attentate auf ein Mitglied des Königshauses, die englische Regierung, einzelne Politiker oder auf eine protestantische Gemeinde während des Gottesdienstes erzeugen in England den Eindruck, als käme der Terror heute allein von der Seite der Katholiken. Dementsprechend denken viele frühere Sympathisanten der katholischen Bürgerrechtler, man müsse eher die Protestanten schützen, zumindest solle man aber auch ihre Rechte bewahren.

In England betrachtet man die Unionisten mehr als Ulster-Iren, eher als Fremde, denn als Ulster-Briten, doch würde es als unfair empfunden, ihre Rechte zu mißachten. Die größte Unterstützung erhalten die Unionisten indirekt seit einiger Zeit von ihrem erbarmungslosen Feind: der I.R.A. Deren Mordkampagne macht es englischen Regierungspolitikern unmöglich nachzugeben. Nicht nur die gegebene Garantie auf Verbleib im United Kingdom sondern auch der feste Wille, sich nicht von Mördern und Bombenlegern erpressen zu lassen, sichert die britische Präsenz in Ulster.

Die britische Regierung ist heute mehr denn je zuvor darauf bedacht, eine «interne Lösung» für Nordirland zu finden. Protestanten und Katholiken sollen sich arrangieren und den Staat selbst regieren, der Bestandteil des Vereinigten Königreiches bleibt. Die Engländer verweisen darauf, daß sie stets nur die Strukturen schaffen können, die Menschen aber selbst zu praktischer Politik zusammenfinden müßten. So erklärt sich, daß Margaret Thatcher in der ihr eigenen schonungslos offenen Art im Dezember 1984 auf der Pressekonferenz nach dem Treffen mit dem irischen Premier Fitz-Gerald die Frage nach den drei angebotenen Optionen im irischen Forum-Report: Vereinigung, Förderation oder gemeinsame Souveränität mit «out, out, out!» beantwortete. An der Garantie, daß Nordirland im United Kingdom bleibe, solange es eine Mehrheit wünsche, sei nicht zu rütteln. Allenfalls sind die Engländer bereit, der Republik Irland bei einer internen nordirischen Lösung eine beratende Rolle zuzugestehen.

Die Engländer würden eher heute als morgen Nordirland verlassen, wäre eine allseits akzeptable Lösung möglich und würde ihr militär-strategisches Sicherheitsbedürfnis befriedigt. Eines ist sicher: «Brits Out!» ist nicht die Lösung des Nordirland-Traumas. Ein kurzfristiger Rückzug der Briten wäre nicht einmal im Interesse derer, die dies täglich so lautstark fordern.

Die Drohung der militanten Loyalisten, sich bereit zu halten für den Tag «X», einem möglichen Rückzugstag der Engländer, und einer Besetzung durch die Republik zuvorzukommen, um dann wenigstens einen unabhängigen Ulster-Staat zu sichern, macht klar, was geschehen könnte: Loyalisten würden in katholische Wohngebiete einbrechen und in einem «Präventivschlag» den Republikanern zuvorkommen. Und: I.R.A.-Sinn Fein könnte in den Wirren versuchen, die Macht in Irland durch einen gewaltsamen Umsturz zu gewinnen. «Es gäbe ein Blutbad» – darin sind sich die meisten seriösen Beobachter einig. Der Bürgerkrieg würde offen ausbrechen.

V
Irland – Europas Cuba?

Ganz Irland könne, im Fall einer Machtübernahme von Sinn Fein, ein «Cuba vor unserer Westküste» werden, warnte am 10. November 1983 der englische Nordirland-Minister Jim Prior vor Abgeordneten seiner Partei. Er prophezeite, daß Sinn Fein die SDLP überholen würde und eines Tages ganz Irland von dieser marxistischen Partei beherrscht würde. «Was um Himmels Willen würden wir tun? Die Situation wäre unerträglich,» fügte er hinzu.

Pessimisten sehen in einem vereinten, neutralen Irland ein erhebliches Risiko. Sie fürchten darüberhinaus, daß die Provos in dem Chaos, das einem kurzfristigen britischen Abzug folgen würde, in der Lage wären, die Macht zu übernehmen und eine sozialistische Diktatur errichten könnten. Vor 65 Jahren, als die Republik selbständig wurde, bestand diese Gefahr nicht – auch der Einfluß der katholischen Kirche in Irland hätte dies verhindert. Mit dem Bild katholischer Priester auf Seiten der Revolutionäre, wie in den lateinamerikanischen Ländern, und den Zitaten irischer Kirchenmänner im Ohr, erscheint manchem konservativen britischen Politiker eine solche Möglichkeit heute durchaus real.

Die Cuba-Warnung des Nordirland-Ministers war nicht neu in der politischen Diskussion. Wenn nordirische Unionisten vor Irlands Neutralität warnen, treffen sie bei den Engländern einen empfindlichen Nerv. Im Fall einer Vereinigung, so die Protestanten, würde Großbritannien und Westeuropa seine westlichste Basis im Atlantik verlieren, da die Republik neutral und keinem militärischen Bündnis angeschlossen ist. Deshalb, so die Empfehlung, müsse Großbritannien die Union mit Nordirland unbedingt erhalten, damit die Gefahr eines europäischen Cubas vermieden wird.

Die Republik Irland ist ein neutrales Land, Mitglied der EG und eindeutig westlich orientiert. Die geographische Lage der Insel vor England und dem Kontinent könnte sie in den Augen eines westlichen Militärs wie einen riesigen Flugzeugträger erscheinen lassen – eine ideale Basis für den Osten. Daß diese Gefahr sich innenpolitisch durch einen sozialistischen Wahlerfolg entwickeln könnte, befürchtet niemand – in Irland gibt es praktisch keinen Sozialismus. Die beiden dominierenden politischen Parteien sind konservativ. Eher besteht die Möglichkeit, daß Irland seine Neutralität in einem Handel um die Vereinigung der beiden Staaten auf der Insel zum Tauschobjekt machen könnte.

In der Republik wurden in der über sechzigjährigen Geschichte des Staates keine ernsthaften Bemühungen unternommen, die Teilung zu überwinden. Das Thema Vereinigung, die «Four Green Fields», als Anspielung auf die noch fehlende vierte Provinz Ulster, die 32 statt nur 26 Counties der Republik, sind Bestandteil vieler politischer Reden seit Jahrzehnten, ohne daß etwas verändert worden wäre. Die Spaltung vertiefte sich mit der Zeit. Von Toleranz und Freizügigkeit war viel die Rede, doch allen Beteuerungen stand die Tatsache des römisch-katholisch dominierten Staates entgegen.

Als de Valera die Verfassung neu schrieb, fanden die protestantischen Nordiren wenig Einladendes darin, dagegen eine Präambel zur Verfassung, als ob sie von den katholischen Bischöfen selbst entworfen worden sei: Die Verankerung der «special position» der Katholischen Kirche (später revidiert) in der neuen Konstitution und ein Familienrecht, das in Wortlaut und Geist einseitig konfessionell ausgerichtet war. Darüber hinaus beansprucht die Verfassung der Republik ganz Irland – ein Affront gegenüber den Protestanten in Ulster.

In der Republik waren die Anstrengungen seit der Unabhängigkeit vorrangig auf den wirtschaftlichen Aufbau gerichtet. Die Tatenlosigkeit in der nationalen Frage rechtfertigten die Politiker damit, daß Nordirland selbst den Wunsch zur Vereinigung haben werde, sobald es der Republik wirtschaftlich besser ginge als dem Norden. Soweit sich irische Nordirland-Politik auf Rhetorik beschränkte, war England wenig beunruhigt. Dagegen spielte ein anderer Faktor irischer Politik für England eine große Rolle im Zusammenhang mit Nordirlands Zukunft: Die Neutralität der Republik Irland.

Der «Fall Grün»

Vor 350 Jahren hatte England seine Nachbarinsel unterworfen, auch weil es fürchtete, daß Irland als Sprungbrett für die Spanier dienen könnte, um England zu erobern. An diesem Szenario hat sich im Prinzip für Irland wenig geändert. Die Briten fürchten immer noch, Irland könnte einem Feind nützliche Dienste leisten, wenn es auch heute nicht mehr spanische Schiffe sind, sondern eher russische Kreuzer, die – in gebührendem Abstand – Irlands Küsten patrouillieren oder sowjetische Flugzeuge, die in Irland zwischenlanden.

Die EG-Länder versuchen seit einiger Zeit, Irland als EG-Mitglied auch in solche Gespräche einzubeziehen, die sich um «europäische Verteidigungsinteressen» drehen. Die irischen Konferenzteilnehmer haben es schwer genug, jeweils rechtzeitig aufzustehen und zu erklären, daß Irlands Neutralität es nicht zuließe, an solchen Gesprächen teilzunehmen. Dagegen haben irische Europa-Abgeordnete, zum Entsetzen ihrer Partei-Zentralen in Dublin, sogar 1983 im Europa-Parlament für die Stationierung von amerikanischen Cruise Missiles auf dem Kontinent und in England gestimmt. An Irlands militärischer Neutralität und daran, daß die EG eigentlich keine militärische Kompetenz hat, dachten die irischen Abgeordneten im fernen Strasbourg nicht.

Irlands Haltung zu Beginn der Falkland-Krise 1982 offenbarte den Konflikt zwischen Solidarität mit dem EG-Partner England einerseits und seinem Neutralitätsanspruch andererseits. Während die Republik die EG-Sanktionen zuerst mittrug, kündigte die irische Regierung nach vier Wochen die Loyalität auf und verwies auf ihre militärische Neutralität. Vielleicht sahen zu viele Republikaner es als untragbar an, England in seinem Kampf um den Erhalt seiner letzten Kolonien zu unterstützen. Die Diskussion um Irlands Neutralität warf aber auch einige grundsätzliche Fragen auf: Wie ist Irlands Neutralität definiert, seit wann existiert sie? Warum sollte Irland als westliches Land und EG-Mitglied nicht auch Verantwortung im Sicherheitsbereich tragen?

Die Neutralität der Republik Irland war nicht ein formuliertes Prinzip von Beginn der Unabhängigkeit an. Der irische Staatsmann Eamon de Valera hatte Irlands Neutralität während des zweiten Weltkriegs entwickelt, in einer Zeit, in der sie sich täglich bewähren mußte. England fürchtete damals, Deutschland könnte Irland als Zwischenstation zu einer Invasion der britischen Insel benutzen oder in Irland eine zweite Front aufbauen.

Tatsächlich gab es den «Fall Grün», einen geheimen Invasionsplan des deutschen Marinestabs von 1940. Er sah eine deutsche Landung in Südost-Irland vor. Eine Invasionstruppe von 3900 Soldaten sollte von Frankreich mit dem Schiff nach Irland übersetzen, bei Wexford landen und etwa 50 km ins Landesinnere vorstoßen, wobei man «keinen wesentlichen Widerstand» von den Iren erwartete. Luftwaffe und Marine sollten das Landungsunternehmen sichern. Dieser «Brückenkopf» sollte später verstärkt werden. Irlands Küste war bereits von deutschen Spionen fotografiert und kartografiert worden. Außerdem hatte die Wehrmacht schon «Militärgeographische Angaben über Irland» für deutsche Landser gesammelt und gedruckt: Eine Fülle von Informationen, vom Nazi-typischen Portrait der «irischen Rasse», die «eine Mischung westlicher und nordischer Komponenten» vereinige bis zur detaillierten Beschreibung kleinster Orte. Diese Invasionspläne lagen bereit, ob sie jedoch 1941 schon entscheidungsreif waren, ist unklar. Offenbar waren alle Planungen auf England bezogen und eine Besetzung Irlands sollte womöglich zur Bindung englischer Truppen dienen. Die Pläne wurden nie verwirklicht, die Republik Irland war eines der wenigen europäischen Länder, das nicht direkt vom Zweiten Weltkrieg betroffen war.

Wie wenig Irlands Haltung während dieser Zeit von England vergessen worden ist, zeigte kürzlich eine Bemerkung des britischen Verteidigungsministers Michael Heseltine. Auf die Republik bezogen erklärte er bei einem Besuch in Nordirland «die Länder, die nicht ihre Rolle in der Nato übernehmen, sollten sich fragen, wie sie dazu kommen, den Vorteil des militärischen Schutzschirmes zu beanspruchen, den wir stellen.» Er erinnerte an Hitler, der die Neutralität anderer Länder nicht im geringsten beachtet sondern rein militärische Entscheidungen getroffen hatte. Heseltines Bemerkungen führten anschließend zu einem diplomatischen Protest aus Dublin, zumal, so der irische Botschafter in London, diese Bemerkungen «auf irischem Boden» geäußert worden seien.

Auch die Alliierten waren damals verärgert über die beharrliche Weigerung der Republik Irland, sich in irgendeiner Weise in den Zweiten Weltkrieg verwickeln zu lassen. Nicht einmal die

Spionageabwehr der Engländer konnte sich auf der Nachbarinsel frei bewegen. Die deutsche Botschaft in Dublin, in den Augen der Engländer ein einziges Spionage-Nest, blieb unangetastet. Nach dem Krieg kam es darüber zu einer Redeschlacht zwischen Winston Churchill und Eamon de Valera. Churchill beklagte sich in einer vom Rundfunk übertragenen Rede über die Schwierigkeiten, die Großbritannien durch die neutrale Haltung der Republik während des Krieges gehabt hätte, machte einige unfreundliche, persönliche Bemerkungen über de Valera und erklärte, man hätte das Problem leicht gewaltsam lösen können und das wäre auch nur in Großbritanniens natürlichem Interesse gewesen.

De Valera antwortete, dies würde bedeuten, daß die Notwendigkeit aus britischer Sicht nur groß genug sein müsse, um die Rechte anderer Menschen zu mißachten. Es sei völlig richtig, daß auch andere Großmächte an dieses Gesetz glaubten und das genau sei es auch, warum es diese entsetzliche Folge von Kriegen gäbe. De Valera schloß seine Rede nicht ohne Churchill noch einmal freundlich daran zu erinnern, daß Irland bereits jahrhundertelanger Unterdrückung standgehalten habe.

Nach dem zweiten Weltkrieg waren sich alliierte Kreise einig, daß Irland der Nato beitreten sollte. Die Amerikaner sprachen 1949 die «Einladung» an Irland aus, Mitglied der Nato zu werden. Sean McBride, der damalige Außenminister und spätere Friedensnobelpreisträger, lehnte ab. Während des Kalten Krieges übten die Amerikaner sogar direkt wirtschaftlichen Druck auf die Republik aus. Sie hielten Zahlungen aus dem Marshal-Plan zurück und forderten die vorzeitige Rückzahlung von Krediten, um die Republik doch zum Nato-Beitritt zu bewegen. Die Katholische Kirche, so erklärte der damalige irische Erzbischof John Mc Quaid, sei dafür, daß Irland der Nato beitrete. Trotz des Einflusses, den die Kirche zu der Zeit auch unmittelbar auf die Politik ausübte, widerstand Irland der amerikanischen «Einladung». Ein Beamter des US-Außenministeriums erklärte später, die Iren hätten geantwortet, sie wären erfreut, der Nato beitreten zu können, wenn man die Engländer dazu bringen könnte, ihnen die sechs Grafschaften zurückzugeben.

George Orwell, Autor von «1984», bemerkte nach dem Krieg, daß Eire nur unabhängig bleiben konnte, weil England es geschützt hätte. Nordirland war im zweiten Weltkrieg für die

Alliierten sowohl «Puffer gegen Hitler» als auch wichtige Nachschub-Basis und Zwischenlandemöglichkeit auf dem Transantlantik-Flug. Vielleicht war Nordirland auch für den damaligen Freistaat ein Puffer – ein vereinigtes und neutrales Irland wäre der Besetzung von der einen oder anderen Seite möglicherweise nicht entgangen.

Neutral oder Vereinigt?

Für die Republik Irland war ihre Neutralität kein Hinderungsgrund, der EG beizutreten, wie beispielsweise für Schweden Neutralität und EG-Mitgliedschaft unvereinbar schienen. Das hat vielleicht auch mit der irischen Mentalität zu tun, die ohne weiteres mit mehreren Wahrheiten gleichzeitig fertig werden kann. Es wird interessant sein zu beobachten, wie sich Irland, das wirtschaftlich von der EG erheblich profitiert, verhält, wenn die angestrebte «Europäische Union» mit einem europäischen Verteidigungsbündnis oder auch nur gemeinsamer EG-Verteidigungspolitik, diskutiert wird. Die militärische Nutzung von Kommunikationseinrichtungen auf irischem Boden durch die Nato wurde von der Regierung bisher abgelehnt. Skeptiker glauben, daß bei stärkerem europäischen Verteidigungsengagement die Partnerstaaten auf diese Kommunikationsstationen an Europas Westflanke nicht verzichten wollen. Die INLA, eine Splittergruppe der I.R.A., sprengte 1982 eine Radarstation bei Schull in der südirischen Grafschaft Cork in die Luft, weil sie von der Nato genutzt worden sei, wie es in einem INLA-Statement anschließend hieß. Die Dubliner Regierung erklärte dazu, die Radarstation diene ausschließlich der zivilen Luftfahrt.

Die Republik Irland ist politisch eindeutig dem Westen zugeordnet. Durch den Beitritt zur EG wurde diese Haltung noch vertieft. Ihre Neutralität ist also nur militärisch definiert. Sie ist keinem Verteidigungspakt, gleich von welcher Seite, ob multilateral oder bilateral, verpflichtet. In der Republik gibt es dementsprechend auch keine Militärbasen. Der Staat unterhält eine kleine Armee von etwa 15 000 Mann und gibt für Verteidigungsaufgaben nur wenig Geld aus.

Nordirland zum Vergleich ist als Teil Großbritanniens Mitglied der Nato. Der nordöstliche Teil der Insel ist also dem westlichen Militärpakt angeschlossen. Dies genau ist der Punkt: Würden Großbritannien und die Nato-Länder, besonders die USA je ein vereinigtes neutrales Irland akzeptieren, wenn damit gleichzeitig eine Militärbasis auf der Insel verlorenginge?

Während die Unionisten in Nordirland versuchen, dieses Argument gegen die Republik auszuspielen, indem sie die Situation eines zweiten Cuba vor Englands Küste heraufbeschwören, scheint es in der Republik wenig populär zu sein, Irlands Neutralität überhaupt zum Thema zu machen. Nach einer Meinungsumfrage im Frühjahr 1985 sprachen sich zwei Drittel der Befragten gegen einen Beitritt Irlands zu einer militärischen Allianz aus. Nur 25% waren dafür.

England könnte eines Tages die Frage nach der Neutralität jedoch mit einem Rückzugsangebot verbinden. Zwar wird dementiert, daß im Zusammenhang mit den anglo-irischen Gesprächen auch über Verteidigungsfragen gesprochen würde, doch es gibt auch gelegentliche Bemerkungen und «flexible» Antworten aus Dublin könnten anders interpretiert werden. Aus kürzlich publizierten britischen Regierungspapieren aus dem Jahr 1951 geht hervor, daß die Engländer bereits damals Überlegungen im Hinblick auf ein vereinigtes Irland mit der Verteidigungsfrage verbunden hatten. Sean McBride erklärte 1981, nach vertraulichen Informationen, die er erhalten habe, planten die Briten wenigstens 20 Standorte für neue Missile-Raketen in Nordirland, von insgesamt 300 im United Kingdom. Das würde die Insel zu einem Ziel bei einem Atomangriff machen, warnte er. Und wären erst einmal Raketen-Stützpunkte in Nordirland geschaffen, würden weder die Briten noch die Nato-Länder diese aufgeben wollen.

Gibt es demnach nur die Alternative: neutral oder vereinigt? Möglicherweise sehen die Nato-Länder dies so. Die Republik ist in wirtschaftlichen Fragen von dem Goodwill der westlichen Mächte abhängig, besonders dann, wenn der subventionierte Norden mit dem hochverschuldeten Süden der Insel vereint würde. Die EG-Länder müßten einem Gesamt-Irland den inneren Frieden sichern und finanzieren helfen. Insofern spräche einiges dafür, daß Irlands Vereinigung nur dann möglich wäre, wenn es, als Tribut, der Nato oder einem anderen westlichen Verteidigungspakt beitreten würde. Es gibt irische Politiker, die diese Ansicht teilen. Sogar der nordirische stellvertretende SDLP-Vorsitzende Seamus Mallon er-klärte 1985: «Ich tausche Neutralität für Vereinigung. Wenn das einer der Preise ist, die ich zahlen muß, dann werde ich zahlen.»

Andere kleinere Staaten Europas denken heute auch schon laut über Neutralität und einen möglichen Nato-Austritt nach. Ein militärisch neutrales Land in die Nato zu zwingen, dürfte zumin-dest bei diesen Ländern keine Unterstützung finden. Hinzu kommt, daß Irland unterdessen weltweit als neutraler Staat eta-bliert ist und als solcher auch eine Rolle in den Vereinten Nationen spielt. Irlands Beitrag zur UN-Friedenstruppe im Libanon ist ein Beispiel dafür.

Es wird jedoch auf die Politiker der Grünen Insel selbst ankommen, ob die Neutralität der Republik Bestand hat. Da irische Politiker seit einiger Zeit von kurzfristigem Opportunitäts-denken geleitet scheinen, gibt es auch in der Neutralitätsfrage erhebliche Schwankungen: Sobald man sich in Dublin etwas von anglo-irischen Verhandlungen über Nordirland versprach, ließ die Regierung verlauten, Irlands Verteidigung würde im Falle einer Vereinigung neu beurteilt. Noch während des Falkland-Krieges dagegen war von Irlands «fundamentaler Neutralität» und «tradi-tioneller Neutralität» die Rede.

VI
Ein protestantischer Staat
für ein protestantisches Volk

Schon vor der Trennung des Freistaats vom Vereinigten Königreich wollten die Protestanten vor allem eines nicht: als Minderheit in einem römisch-katholischen Staat leben müssen. Sie waren entschlossen, mit allen Mitteln für den Verbleib im United Kingdom zu kämpfen. Ihr Staatsverständnis bezieht sich auf die Teilung Irlands: Katholiken im Süden, Protestanten im Norden. So wie die Republik ein irisch-katholischer Staat ist mit katholischer Bevölkerung, so ist Ulster ein «irisch-protestantischer Staat für ein protestantisches Volk». Dieses Bild eines in Harmonie geteilten Irland hat leider seit Bestehen der beiden Staaten einen so erheblichen Mangel, daß dafür auch heute noch Menschen sterben müssen: Im Gegensatz zur Republik, in der die «Staatskonfession» mit der der Bevölkerung fast hundertprozentig übereinstimmt, leben in Nordirland fast 1 Million Protestanten, die die Existenz der über eine halbe Million Katholiken in ihrem Staat zu lange und zu oft übersehen haben, wenn es um gleiche Rechte ging.

Die Katholiken Nordirlands sind die zahlengrößte Glaubensgemeinde. Sie stellen etwa 39% der Bevölkerung, vor zwanzig Jahren waren es 35%. Die Anglikanische Kirche hat etwa 22%, die Presbyterianer rund 27% und die Methodisten etwa 5% Anteil an der Bevölkerung. Außerdem gibt es weitere 70 kleine Sekten. Genaue Zahlen existieren nicht, weil die Republikaner bei der Volkszählung 1981 zum Boykott aufgerufen hatten. Darüber hinaus weigerten sich 18% ihre Religionsangehörigkeit anzugeben. Nur 255 Personen bezeichneten sich als Atheisten. Durch die Addition der Einwohner protestantischer Religionszugehörigkeit kommt es zu dem Verhältnis von etwa 3:2 von Protestanten zu Katholiken.

Irische Unionisten oder Loyalisten, wie die Radikalen unter ihnen genannt werden, sehen die jüngere irische Geschichte anders als nationalistische Iren. Nach ihrem Verständnis hat sich die Re publik nicht von der Unterdrückung britischer Herkunft befreit sondern ein Teil Irlands hat sich abgetrennt von Großbritannien. Während die Nordiren loyal zur Krone standen und die Union mit dem Vereinigten Königreich verteidigten, wollten die Rebellen die Sezession, waren illoyal und anti-unionistisch.

Das nationale Selbstverständnis der Ulster-Protestanten läßt sich am besten auf die Formel bringen: Wie ein Aberdeen-Nationalist Schotte und britisch ist oder ein Cymru-Mann Waliser und britisch ist, sind Ulster-Folk Iren und britisch. Sie beanspruchen auch genealogisch andere Ursprünge als der Rest der Iren. In Ulster lebten schon in der Frühzeit andere Clans, die mit dem Rest der irischen Stämme oft in Fehde lagen. Da die Verbindung zu Schottland so nah ist, kamen über die Jahrhunderte vor allem Schotten nach Ulster um sich dort niederzulassen. Sie machten sich einen Namen als «Scotch-Irish». Nachdem Irland mit dem Unionsgesetz im Jahr 1800 zu einem Teil des Vereinigten Königreichs wurde, vertieften im Laufe von zwei Jahrhunderten die Nordiren ihre Bindung zu Großbritannien.

Teilung im Herzen und im Geist

Historisch haben sich in Irland drei Kulturkreise herausgebildet: Der gälisch-katholische, der anglo-protestantische und der schottisch-presbyterianische. Die anglo-protestantische und schottisch-presbyterianische Kulturgemeinschaft war überwiegend in Nordirland angesiedelt. Die früher fast 10% anglo-irischen Einwohner der heutigen Republik Irland sind auf 3% gesunken, so daß der größte Teil der gälisch-katholischen Kulturnation heute in einem homogenen irisch-katholischen Staat lebt. In Nordirland jedoch sind die protestantischen Kulturen zwar in verschiedene Traditionen gegliedert, doch in ihrem politischen und staatlichen Nationalverständnis geeinigt: Sie sind irisch und gehören zur Familie der britischen Nationen. Die irisch-katholische Minderheit in Nordirland hat mit ihrer irisch-nationalistischen Staatsvorstellung bisher keinen Platz in diesem protestantisch-unionistischen und britischen Staat gefunden.

Unionismus, so erklärte eine Gruppe moderater nordirischer Politiker 1981 in einem Manifest, verkörpere «theologische, philo-

Würde ein Fremder einen Unionisten fragen, aus welchem Land er kommt,
dann wird er wahrscheinlich antworten: Ulster. Fragt man nach
seiner Staatsangehörigkeit («National Identity»), sagt er sicher: British.

sophische, kulturelle und politische Prinzipien und ... grundlegende Einstellungen gegenüber Regierung, kirchlicher Autorität und Moral», die sich fundamental von denen der römisch-katholischen Nationalisten unterscheide. Deshalb sei die wirkliche Teilung nicht eine Linie, die auf der Karte Irlands sondern in den Herzen und im Geist der Menschen gezogen sei.

Heute argumentieren Protestanten, man könne nicht von einem Teil Großbritanniens verlangen, sich gegen seinen Willen abzutrennen, nur weil ein anderer Teil gewaltsam seine Abtrennung durchgesetzt hat. Aber noch viel weniger könne man verlangen, daß sie sich gerade denen anschließen sollten, die sich illoyal zur Krone verhalten hätten. Und sich deren politischer, weltanschaulicher und religiöser Dominanz zu unterwerfen, erscheint ihnen absurd.

Die Wagenburg-Mentalität nordirischer Protestanten hat ihren Ursprung in der geschichtlichen Erfahrung von 1641, dem Massaker, das aufgebrachte Katholiken an ihren Vorfahren, den protestantischen Siedlern, verübten und in der Belagerung Londonderrys 1689 durch die katholischen Truppen James II. Beide Ereignisse symbolisieren noch heute ihre Angst, als Minderheit in einem vereinigten Irland von einem römisch-katholischen Staat absorbiert zu werden.

Nach der Trennung war die Entwicklung des Freistaates für die Unionisten nur eine Bestätigung ihrer Erwartungen. Die Freistaat-Regierungen brachen einseitig Verträge, die sie zuvor mit England geschlossen hatten, etablierten, wenn auch nicht formell, die Katholische Kirche als Staatskirche, erhoben konfessionelle Doktrin zu Verfassungsartikeln und beanspruchten schließlich auch noch die Hoheit über Ulster.

Für einen Unionisten ist die Frage, warum er nicht für einen Anschluß an die Republik ist, unverständlich: Nur weil Irland als Insel geografisch eine Einheit sei, müsse es nicht ein Staat sein, lautet die Antwort. Und: So wenig Portugal mit Spanien oder Schweden mit Norwegen vereint ist, müsse Ulster mit der Republik Irland vereinigt sein. Stellte man sich vor, Irland sei keine Insel, dann wäre der Vergleich sogar mit Deutschland möglich: Nur weil Österreich, Tirol und ein Teil der Schweiz deutschsprachig sind, müßten sie nicht auch in einem Staat zusammengefügt sein, zumal die Länder weit davon entfernt sind, eine Nation zu bilden.

Die Nordiren erinnern gelegentlich an ihre Opfer im Zweiten Weltkrieg, als sie loyal mit britischen Bürgern gegen Nazi-Deutschland kämpften, während Irland neutral blieb und de Valera sogar persönlich zu Hitlers Tod kondolierte. Tatsächlich war der «Korridor», wie die Alliierten Nordirland nannten, von erheblicher Bedeutung im Zweiten Weltkrieg.

Der Souveränitätsanspruch der Republik auf ganz Irland ist bereits durch internationale Verträge, wie beim EG-Beitritt oder der Unterzeichnung der Helsinki-Akte implizit von Dublin aufgegeben worden. Dennoch liefert er der I.R.A. immer noch eine Rechtfertigung für ihre Terrorkampagne, argumentieren unionistische Politiker.

Bollwerk gegen Provos

Die politische Partei der Protestanten ist erst seit jüngerer Zeit geteilt. Die klassische konservative Partei die «Official Unionist Party» mit ihrem Führer James Molyneaux, ist traditionell mit der englischen Conservative Party verbunden. Die extreme rechte und loyalistische Position wird von Reverend Ian Paisleys «Democratic Unionist Party» besetzt und eine Reihe weiterer kleiner Unionsparteien bemühen sich um protestantische Wähler. Die «Alliance Party» mit ihrem Führer John Cushnahan ist der Versuch einer interkonfessionellen Partei der Mitte, die es schwer hat, sich in diesem polarisierten Land zu profilieren.

Das britische Wahlsystem in Nordirland benachteiligt, nicht anders als in England, die kleinen Parteien. Die 17 Westminster-Sitze für Nordirland sind dementsprechend dominiert von Unionisten: 11 Sitze hatte 1983 die OUP (34%) gewonnen, 3 die DUP (20%) und je einen Sitz die Popular Unionist Party (3%), die SDLP (18%) und Sinn Fein (13%).

Bei den Kommunalwahlen 1985, bei denen die politisch wenig einflußreichen «Local Councils» gewählt wurden, gewann die OUP 30% der Stimmen, die DUP 24%, die SDLP 18% und Sinn Fein 12%. Damit sind 16 Grafschafts- und Stadträte von Unionisten-Mehrheiten besetzt, 6 von Nationalisten (SDLP und Sinn Fein) und in 4 Räten entscheiden Unabhängige und kleinere Parteien.

Die Unionsparteien verstehen sich, bei allen Differenzen, die es zwischen ihnen gibt, als «Bollwerk» gegen die Provos. Die Hoffnung, die einst mit der Teilung der Unionisten verbunden wurde, ist enttäuscht worden: Es gab zu keiner Zeit die Bereitschaft, daß eine der Unionsparteien mit der SDLP koalieren würde und so zu einem «Power Sharing» auf ganz selbstverständlich-demokratische Weise gelangen könnte. Bei den Kommunalwahlen 1985 bildete die OUP gar ein Bündnis mit der Abtrünnigen-Partei des Dr. Paisley, um «Sinn Fein zu zerschmettern», in Wahrheit aber auch gegen die SDLP, um nicht noch in weiteren Kommunalparlamenten die Mehrheit zu verlieren.

Politiker der Unionsparteien gehören meist auch den Orange-Logen an. Die Orange-Order sind in Logen im ganzen Land organisiert und haben etwa 100 000 aktive Mitglieder. Diese Organisation wurde 1795 gegründet und leitet ihren Namen von William of Orange ab, den die «Orangemen» jedes Jahr am 12. Juli in Erinnerung an seinen Sieg über die katholische Armee James II vor 300 Jahren feiern. (Sie haben übrigens nichts mit «Apfelsinen-händlern» zu tun, wie es in der Übersetzung eines Irland-Buches aus dem VEB-Verlag der Kunst heißt.) Sie veranstalten noch heute große Umzüge, wie Volksfeste mit «Kick-the-Pope»-Bands und Paraden. Ihr Ziel ist es, Religion und kulturelles Erbe der Protestanten zu erhalten. Sie sind eine Anti-Katholiken Organisation, deren Existenz geradezu von der «papistischen Bedrohung» abhängt. Der Unionisten-Vorsitzende und sein Vorgänger sind Mitglieder von Orange-Lodges: Reverend Martin Smyth ist zugleich der Großmeister des Orange Ordens von Irland und James Molyneaux ist der Oberste Großmeister der Loge des Königlich Schwarzen Tempels.

In Loughall, in Armagh, liegt an der Hauptstraße das kleine Orange Order-Museum. In einem bescheidenen Raum sind Orange-Memorabilia ausgestellt, wie Schulterbänder, Medaillen, Dokumente, Fahnen – immer wieder mit dem zentralen Motiv von «King Billy», König William III, auf seinem weißen Pferd. Eine alte blaue Seidenweste ist gar über und über mit King Billy-Motiven und «No Surrender» bestickt. Andere Symbole erinnern an Freimaurer, und alte Gewehre machen deutlich, daß die Gründung der Orange Orders ehemals ein Schutz- und Trutzbündnis von Königstreuen in Feindesland war. Auf einer der ältesten Orange Order-

Fahnen kann man das Motto: «Vide, Aude, Tace» lesen – Siehe, Wage, Schweige. Im Gästebuch finden sich unzählige Eintragungen von Besuchern aus Amerika, Südafrika, Australien, England und natürlich aus Nordirland. In dem älteren Gästebuch war noch eine besondere Spalte für die Angabe der Nationalität vorgesehen, in der fast immer «British» steht – teilweise mit Kommentaren versehen wie «Keine Kapitulation» oder «Hoch Paisley».

Ian Paisley – Protestantischer Polit-Prediger

Herausragende Figur unter den Protestanten ist Ian Paisley, der es versteht, seine politische Macht immer weiter auszubauen. Vor 30 Jahren hatte er die «Freie Presbyterianische Kirche» mitgegründet. Er kann dem Volk wie kein anderer religiös-politische Botschaften vermitteln. Sein Fundamental-Protestantismus erinnert eher an Sektentum, wenn er vom «wahren Glauben, der Märtyrer-Glaube» sei, predigt. Ihm ist der «Ulster-Sabbath», im Gegensatz zum kontinentalen oder wie er sagt, republikanischen Sonntag, heilig: Kinos, Gaststätten, Parks sollen sonntags geschlossen bleiben, fordert er.

Die Rolle der I.R.A. sieht Paisley im Rahmen einer weltweiten kommunistischen Verschwörung, die er und seine Anhänger bis zum letzten bekämpfen wollen. Seine politische Position ist die des lautesten, wenn auch nicht von den anderen Parteien anerkannten Führers aller Protestanten. Er ist berüchtigt für seine beleidigenden Äußerungen. So nannte er im englischen Parlament den britischen Nordirland-Minister und den Premierminister Lügner und beschuldigte sie des Betrugs und Ausverkaufs Nordirlands. Seine Reden werden von Gleichgesinnten im Norden bewundert und mit Empörung im Süden verfolgt. Er ist ein unerschrockener Politiker, dessen Sinn für Polit-Publicity ihn stets bei den richtigen Gelegenheiten die passenden Worte finden läßt. So reiste er in die Republik, als dort der Forum-Report präsentiert wurde und demonstrierte öffentlich. Er verteilte in Dublin Poster mit der britischen Flagge, unter der in großen Buchstaben «Ulster is British» zu lesen war und verkündete «No Surrender – keine Kapitulation gegenüber Dublin oder Prior» (dem Nordirland-Minister).

Paisley erklärt, Unionisten wünschten sich die Rückkehr des alten Stormont, würden eine 50% Repräsentation der Katholiken in allen Parlamentskomitees akzeptieren und hofften auf eine Beteiligung der Nationalisten im Parlament, jedoch ohne daß Dublin oder London sich in der einen oder anderen Weise einmischen. Sollte das Volk von Großbritannien Ulster nicht mehr als Teil des Königreichs wünschen, so hätte man das zu akzeptieren. «Aber das heißt nicht, daß wir in ein vereinigtes Irland gehen würden. Ich bin nicht bereit, den Engländern und Schotten zu erlauben, mein Schicksal zu bestimmen. Dazu bin ich zu sehr ein Ulster-Mann.» Als Unsinn bezeichnete er Unterstellungen, daß die Kollekte in seiner Kirche «mit Eimern» durchgeführt würde oder daß sie «still» sei – jeder gäbe seinen Möglichkeiten entsprechend. Die historische Persönlichkeit, die er am meisten bewundere, sei Cromwell. Er ist zutiefst von der protestantischen Identität der Briten und den britischen Institutionen überzeugt: «Die britische Verfassung ist eine protestantische Verfassung, protestantisch im politischen Sinne, das heißt, an die politische Freiheit zu glauben.» So verteidigt er auch die protestantische Monarchie im Gegensatz zu der römisch-katholischen des damaligen James II, die bewiesen habe, daß sie «katastrophal für die Bürgerrechte war.»

Paisleys Stimme dringt offenbar bis in den Buckingham Palast vor. Als der Prince of Wales und Lady Di an einer Messe im Vatikan teilnehmen wollten, protestierte er lautstark, daß der Besuch des Thronerben die «konstitutionelle Position des Thrones unterminieren» würde. Der Papst sei schließlich der «Anti-Christ, dieser Sohn der Verdammnis» und eine Messe mit ihm demnach «gotteslästerlich». Er begrüßte, daß die Königin als Oberhaupt der Anglikanischen Kirche die Teilnahme des Prinzen und der Prinzessin an der Messe in der «Privatkapelle des Papstes» verhindert habe.

Die religiöse und politische Identität von allem Britischen im Gegensatz zum römisch-katholischen Irland ist für Loyalisten Lebensgrundlage: «Sich Rom und Dublin zu unterwerfen, wäre schlimmer als der Tod. Besser ist es deshalb», so Paisley, «gegen die Feinde und für die Freiheit kämpfend zu sterben als unter einem System zu leben, das einen lebendigen Tod bedeutet.»

«Lieber tot als grün»

Nach der I.R.A.-Mordwelle an nordirischen Polizisten 1985 verlangten die Unionisten eine effektivere Sicherheitspolitik auch
gegen Sinn Fein-Mitglieder, da er sie sonst, so der DUP-Abgeord-
nete Graham, «selbst erschießen werde, wenn die Regierung es
nicht tut.» Er ergänzte seine Ausführungen mit der Formel, die die
Grundhaltung der radikalen Loyalisten wiedergibt: «Lieber tot als
grün!»

Nach dem Beginn der Gespräche zwischen London und Dublin, drohte die DUP damit, notfalls ein unabhängiges, protestantisches Nordirland zu schaffen. Diese Drohung hat Tradition:
1913, als es um das «Home Rule»-Gesetz ging, drohten die Protestanten erfolgreich: «If Protestant Georgie (King George V) won't
help us, Protestant Willie (Kaiser Wilhelm) will.» Paisley rechtfertigt heute die gleiche Haltung, indem er erklärt, die Protestanten
wollten das United Kingdom nicht verlassen, wenn man sie aber
ausschließen wolle, würden sie die Unabhängigkeit wählen.

Gefährlich könnte Paisleys Politik werden, wenn die verbale
Radikalität umschlägt in «Aktionen», die er eventuell später nicht
mehr kontrollieren kann. Er hat bereits eine Privat-Armee, die
«Third Force», aufgestellt, die bereit sei, «für Ulster zu kämpfen.»
Sie soll 15 000 bis 20 000 Mitglieder haben, behauptet Paisley.

Die politische Entwicklung der Unionisten ist ungewiß –
vielen Iren erscheint das politische Konzept von Ian Paisley un-
durchschaubar. Der Belfaster Rechtsanwalt und liberale Unionist
Mc Cartney hält ihn gar für einen Faschisten und zählt auf, was
typisch für Faschismus sei und auch auf Paisley und seine Gefolgschaft zuträfe: «Die marschierenden Füße, die Versammlungen, der
einzelne, charismatische Führer mit einem absoluten Monopol auf
Entscheidungen und was rechtens ist. Das ist begleitet von Beschuldigungen wie Ausverkauf und Betrug und die Projektion
aller Probleme des Landes auf eine identifizierbare Minorität.»

Für viele Protestanten gilt immer noch die Regel: «Mehrheit
bleibt Mehrheit», und sie sind nicht bereit, ihre Privilegien zu
teilen. Paisleys Demokratie- und Mehrheitsverständnis ist beispielsweise strikt auf Ulster beschränkt, wo die Unionisten-
Mehrheit gesichert ist.

Nach einer Meinungsbefragung unter Wählern in Nordirland, die 1982 Ulster TV veröffentlichte, wird ein Konzept der Beteiligung der Katholiken an der Regierungsmacht von 64% der Katholiken und von 53% der Protestanten – gegenüber einer Direkt-Regierung von London – bevorzugt. Drei Viertel aller Protestanten und zwei Drittel der Katholiken halten «Power Sharing» für die akzeptabelste politische Option. Dennoch würde diese Form wahrscheinlich, wie bereits 1974, von den Loyalisten boykottiert werden und möglicherweise scheitern, obwohl die Unionisten damit ihr Ziel, im britischen Königreich zu bleiben, vielleicht am ehesten dauerhaft verwirklichen könnten.

Enoch Powell, ein rechtsgerichteter früherer Tory-Abgeordneter, der erst 1973 nach Nordirland kam und sich der Unionist Party anschloß, ist ein exzentrischer und vielleicht der exponierteste Vertreter der «Konspirations-Theorie»: Er behauptet, seit 1920 versuche England, Nordirland in eine gesamt-irische Republik zu stoßen. Mitspieler dieser «Teuflischkeit» seien britische Staatsbeamte, vor allem im Außenministerium, britische Minister, die Regierungen der Republik und der USA. Der Schlüssel läge, so Powell, bei der Nato: Die Lücke im westlichen Verteidigungssystem solle durch den Beitritt Irlands geschlossen werden, auch zum Preis der Vereinigung des nördlichen und südlichen Irlands. Und wenn die Vereinigung erreicht sei, würde der irische Partner sich entziehen und die anderen Parteien prellen. Die Briten seien dumm genug, das nicht zu erkennen und hätten Geheimabkommen mit der Republik getroffen, für das sie im Gegenzug die Kooperation der Republik gegen die I.R.A. erhielten. Am Ende, so Powell, benutzten die USA, die Briten und die Iren die I.R.A., um ihr Ziel zu erreichen und die Menschen in Ulster seien die Opfer. Lord Mountbatten sei, drei Monate nachdem er eine Anti-Atomwaffen-Rede gehalten habe, vom CIA, der sich dabei der I.R.A. bedient habe, in die Luft gesprengt worden, äußerte sich Powell explizit. Aber nicht einmal Ian Paisley folgt dieser Konspirations-Theorie soweit und doch drückt für viele Unionisten Enoch Powell das Unbehagen gegenüber England aus: Die Angst, sie könnten von denen verraten und verkauft werden, denen ihre Loyalität und ihr Vertrauen gilt. So sind die Unionisten heute mehr denn je in ihrer Überzeugung bestärkt, daß Gott die schütze, die sich selbst schützen.

Früher konzentrierten sich die Vorwürfe der Diskriminierung der katholischen Bevölkerung Nordirlands auf die Wahlbezirksmanipulation, die den Protestanten sogar Mehrheiten in Bezirken garantierten, in denen mehr Katholiken als Protestanten leben, wie beispielsweise in Londonderry. Protestanten erhielten staatlich finanzierte Wohnungen, bessere Ausbildung und wurden bei der Vergabe von Arbeitsplätzen bevorzugt. Selbst Sinn Fein erkennt heute an, daß auf diesen Gebieten Fortschritte zu Gunsten der katholischen Minderheit gemacht wurden und das Nordirland-Ministerium ist offensichtlich bemüht, solche einseitigen Bevorzugungen abzubauen, wenn es selbst Einfluß ausüben kann. Wenig ausrichten kann der Staat dagegen, daß protestantische Unternehmer aus Sicherheitsgründen, aus Sympathie oder Solidarität eher Protestanten einstellen – wie auf der anderen Seite ein katholischer Unternehmer eher einen katholischen Arbeitnehmer wählt. So sollen auch in den drei nordirischen Rundfunk- und Fernsehanstalten alle wichtigen höheren Redaktionspositionen, bis auf einen, mit Protestanten besetzt sein. Bei allen Bemühungen um Unvoreingenommenheit bedeutet dies doch, daß Informationen von diesen Medien einseitig-unionstisch gefärbt sein könnten. Die «Fair Employment Agency» untersucht Fälle, in denen beispielsweise ein Arbeitsplatz bevorzugt an einen Protestanten vergeben wird – wenn sie davon erfährt. Diese Behörde wurde von den Engländern geschaffen, um die Diskriminierung von Katholiken in der Wirtschaft einzuschränken. Allerdings mußte sich der von der SDLP gebildete Stadtrat von Derry 1985 von dieser Behörde vorwerfen lassen, daß er sich religiöser Diskriminierung bei der Besetzung einer höheren Beamtenstelle schuldig gemacht habe, als er einen Protestanten zurückwies und einen Katholiken bevorzugte.

Katholiken fühlen sich von der Polizei und im Rechtswesen benachteiligt. Sie halten die Justiz für einseitig pro-unionistisch und lehnen deshalb auch mit Nachdruck die Todesstrafe ab. Für sie ist klar, es würden im Verhältnis weitaus mehr Katholiken hingerichtet als Protestanten.

Zum Bedauern vieler Unionisten ist die Todesstrafe in England und auch in Nordirland abgeschafft. Unionisten sind mit großer Mehrheit für eine Wiedereinführung des Hängens. Dabei müßte die letzte Exekution, die vor über drei Jahrzehnten vollstreckt wurde, noch als Warnung in Erinnerung sein: Tom Williams war für die Teilnahme an einem Polizistenmord zum Tode verurteilt und hingerichtet worden. Anschließend wurde seine Geschichte in einem Lied verewigt und des «Märtyrers Tod» erzeugt noch heute in republikanischen Pubs in Nordirland Rachegefühle. Zwar kann laut Gesetz, für Mord an Angehörigen der Sicherheitskräfte, auch heute noch die Todesstrafe ausgesprochen werden, doch gibt es kaum noch Todesurteile und diese werden, wie zuletzt 1973, dann ausgesetzt. Der Staat im Norden vermeidet eher den unausbleiblichen Märtyrer-Effekt, wie er schon 1916 entstanden war, als die Rebellen des Oster-Aufstands hingerichtet worden waren. Den Loyalisten und manchen Unionisten scheinen dagegen die Politiker, die gegen eine Wiedereinführung der Todesstrafe sind, «mehr um den Tod von I.R.A.-Männern besorgt, als um den Tod gesetzestreuer Bürger.»

Loyalistische Paramilitärs

Typisch für die ungleiche Situation im Norden ist beispielsweise die geduldete Existenz der Ulster Defence Association, die nicht verboten ist, obwohl allen bekannt ist, daß sie oder die ihr verbundenen «Ulster Freedom Fighters» und die «Ulster Volunteer Force» für unzählige Gewaltakte verantwortlich gemacht wird. Als die Verwaltung von Nordirland unter James Prior 1982 die Führer der UDA mit Andy Tyrie, der als «Supreme Commander» gilt, verhaften ließ, reagierten die loyalistischen Paramilitärs schnell. Sie beschlossen, ihre bisher regelmäßig zweimal wöchentlich in ihrem Hauptquartier in Ost-Belfast oder in der Shankill Road stattfindenden Führungssitzungen nur noch geheim und an unbekannten Orten abzuhalten. Die verhafteten Mitglieder wurden durch einen noch militanteren «Inner Council» ersetzt. Die mit der UDA verbundene Ulster Loyalist Democratic Party hat jedoch in den vergangenen Jahren an Bedeutung verloren.

Das Geschichtsbewußtsein der Loyalisten reicht weiter zurück als nur bis zu den sogenannten «Plantations» aus der Zeit Elizabeth I. Sie verstehen sich als Ulster-Iren und ihr Wappen ist die Rote Hand von Ulster – ein Symbol, das zurückgeht auf die nordirische Flagge der normannischen Grafen von Ulster, der de Burgos mit der roten Hand O'Neills.

Die UDA rechnet mit einem offenen Konflikt noch in diesem Jahrhundert und bereitet sich entsprechend vor. Nach dem Muster der I.R.A. teilte sich die UDA in einen politischen und einen militärischen Flügel. UDA-Führer Andy Tyrie: «Wir haben viel von den Republikanern gelernt – und von ihren Fehlern.» Entsprechend wird die neu aufgestellte Ulster Defence Force (UDF) kleiner, ist besser trainiert und ausgerüstet. Sie soll bis zu 6000 Angehörige aufnehmen. Die UDF wurde nach der Ermordung des Unions-Abgeordneten Robert Bradford, im Jahr 1981, geformt. Rat über Gegen-Terrorismus hatte man sich in Europa und im Mittleren Osten geholt, aber auch in Israel und Süd-Afrika. Finanziert werden soll die organisierte paramilitärische Loyalisten-Truppe durch ein Netz kleiner Geschäfte, Gaststätten, Buchmacher, Bauunternehmer und Kooperativen – auch hier eine Anlehnung an die I.R.A.-Struktur.

Die loyalistischen Paramilitärs der Ulster Freedom Fighters (ein Deckname für die radikalen Mitglieder der UDA) oder die Red Hand Kommandos und die Ulster Volunteer Force, die als die protestantische «Geheim-Armee» gilt, haben sich im Laufe der Zeit zu Terror-Organisationen entwickelt, die ebenso unbarmherzig töten wie die I.R.A. Die Opfer der Loyalisten sind I.R.A.-Mitglieder, aber auch unbeteiligte Katholiken, die irrtümlich oder als Vergeltung umgebracht werden. In den Jahren 1972-74 erlebte Ulster einige besonders kaltblütige Mordanschläge, vor allem von Loyalisten. Junge Katholiken wurden gefunden, denen man Kapuzen übergezogen und in den Kopf geschossen hatte, anderen war die Kehle durchgeschnitten worden. Viele der Loyalisten rechtfertigen solche Aktionen mit der Behauptung, I.R.A.-Männer seien nicht anders als Tiere und als solche müsse man sie auch behandeln. Die Zeit der Vergeltungsmorde, als loyalistische Killer Passanten vor einer katholischen Kirche beobachteten und auf die schossen, die sich bekreuzigten, kostete der UDA, selbst unter den überzeugten Unionisten, Sympathien und Unterstützung. Daraufhin wählte sie ihre Opfer sorgfältig aus und ermordete gezielt I.R.A.- und INLA-Mitglieder. Als Antwort auf I.R.A.-Bomben legte sie Bomben in Dublin. Es ist danach zu gelegentlichen Absprachen zwischen UDA und I.R.A. gekommen, die zumindest die wahllosen Vergeltungsmorde einschränkte.

Etwa 200 UDA-Mitglieder sitzen zur Zeit im Gefängnis, viele von ihnen sind Mörder und zu lebenslänglichen Freiheitsstrafen verurteilt. Die meisten Morde wurden in den Jahren 1970-75 begangen. Danach war diese Organisation weniger aktiv und verübte eher gezielte Anschläge auf I.R.A.- und Sinn Fein-Mitglieder. Bis heute hat die UDA ihre Aktivitäten erheblich eingeschränkt. Offensichtlich erkannten Unionisten und Loyalisten, daß es eine weitaus bessere Strategie ist, der I.R.A. allein die Schuld am Terror in Nordirland zu geben.

Aus den ultra-loyalistischen Gebieten Belfasts, in der Sandy Row, der Shankill Road oder Tiger Bay können unionistische Politiker wie Ian Paisley mit uneingeschränkter aktiver Unterstützung ihres Verbal-Radikalismus rechnen. Die großen Aufmärsche der Protestanten sind Ausdruck ihres ungebrochenen Willens, die eigene Tradition und Kultur zu bewahren. Sie sind nicht nur Machtdemonstration sondern auch Ausdruck der Furcht vor der katholischen Mehrheit auf der gesamten Insel. Wenn 100 000 Orangemen in Ulster marschieren oder Ian Paisley mit 30 000 Angehörigen seiner «Third Force» droht und maskierte, paramilitärisch gekleidete Männer auftreten läßt, zeigt das eine ähnliche Entschlossenheit wie vor 300 Jahren als Londonderry belagert wurde und die Antwort der Eingeschlossenen «No Surrender» hieß. Diese Entschlossenheit wird durch jeden weiteren von der I.R.A. ermordeten Kollegen, Freund oder Verwandten verstärkt. So ist in jedem Jahr der 12. Juli ein Tag, an dem es trotz massiven Polizei- und Armee-Einsatzes Verletzte und Tote gibt. Der 12. Juli bedeutet für Orangemen und Unionisten die Bestätigung ihrer protestantisch-britischen Identität: Am 12. Juli 1690 besiegte William of Orange den katholischen König James II, triumphierten Protestanten über Katholiken, wurde die Ausdauer und Standhaftigkeit der protestantischen Belagerten in Londonderry belohnt. «Remember 1690», einer der entzweiendsten Slogans in Nordirland, erhält im Juli 1990 eine neue Brisanz: 300 Jahre sind seit dem Sieg des protestantischen König William of Orange über den katholischen James II vergangen. Werden die Unionisten provozierende triumphale Feiern veranstalten oder, wie der Sekretär des Irischen Kirchenrates wörtlich vorschlug, einen «Kirchentag» an den Ufern des Boyne abhalten, so daß «Katholik, Siedler und Gäle» das Beste ihrer Traditionen vereinen könnten?

Ein «Netzwerk» loyalistischen Widerstands gegen den anglo-irischen Vertrag wurde im Herbst 1985 von der «United Ulster Loyalist Front» geschaffen: In 26 Regierungsbezirken wurden sogenannte «Ulster Clubs» gegründet als eine Infrastruktur-Organisation, in der alle Kräfte und Talente des Loyalismus zusammenkämen – eine Einladung auch an die Paramilitärs.

Genocid im Grenzgebiet?

Wie vor 400 Jahren, zur Zeit der «Plantations», empfinden Protestanten heute die Notwendigkeit, ihren Besitz gegen Katholiken verteidigen zu müssen. Sie wissen, daß die I.R.A. gezielt mordet und wenn sie «Brits out» ruft, eher «Prots out» meint. Als Beweis führen sie die Situation in den Grenzgebieten an, vor allem in Armagh und Tyrone. Etwa dreiviertel aller I.R.A.-Morde wurden 1984 in den Grenzgebieten verübt.

Unter den protestantischen Bauern besteht kein Zweifel daran, daß die I.R.A. gezielt «einzige Söhne» als Opfer auswählt, die sie ermordet, damit so ein Hof nach dem anderen von katholischen Nachbarn übernommen werden kann. Robert Murray ist ein Beispiel für diese Taktik. Er lebte in Clogher Valley als Farmer und suchte sein Einkommen als Teilzeit-UDR-Soldat aufzubessern. Er wurde vor den Augen seiner Frau und seiner kleinen Tochter in den Kopf geschossen. Die Kleidung des Kindes war getränkt von dem Blut seines Vaters. Im Clogher Tal hatten sich die protestantischen Bauern wenige Monate vorher zu einem Gedenk-Gottesdienst für die 14 anderen Ermordeten aus ihrem Tal zusammengefunden, die unter ähnlichen Umständen umgekommen waren. Der Unionisten-Abgeordnete dieses Wahlbezirks nennt es «Genocid – ich finde kein anderes Wort dafür.» Die Zahl der jungen Witwen mit Kleinkindern in den Grenzgebieten, die unfähig sind, den Hof allein zu bewirtschaften, spricht für sich. Dennoch sind diese protestantischen Iren entschlossen, ihre Heimat und ihr Eigentum zu verteidigen. Viele dieser Höfe sind seit Jahrhunderten im Besitz einer Familie, nicht anders als in vielen Gegenden Europas, in denen die vor Generationen Zugezogenen ein selbstverständliches Heimatrecht erworben haben. Manchmal steht die Frau eines Farmers mit dem Jagdgewehr Wache, während ihr Mann mit dem Traktor das Feld pflügt. Ratschläge der Polizei, wie sie sich besser schützen könnten, sind nur zum Teil praktikabel. Als Ivan Hillen in Tyrone von der I.R.A. erschossen wurde, hieß es, er hätte keine Regelmäßigkeit in seinem Alltag entstehen lassen dürfen. Aber er hatte jeden Tag seine Tiere zu füttern. Informanten aus der Nachbarschaft sind leicht in der Lage, Tips für solche Anschläge aus dem Hinterhalt zu geben. Sie profitieren womöglich auch davon, wenn diese Farm anschließend verkauft wird.

Der «innere Feind»

In manchen Gebieten Nordirlands hat sich die historische Situation umgekehrt. Hier müssen protestantische Minderheiten um ihre Existenz und um ihr Leben fürchten. Vielleicht sind es diese Erfahrungen und Beispiele, die Nordirlands Protestanten ihre archaische Unerbittlichkeit verleihen. Manche erkennen in diesen Fällen ein Beispiel dafür, wie es ihnen in einem gesamtirischen Staat ergehen würde. Deshalb ihre Unerbittlichkeit, ihre starre Ablehnung jeglicher «irischen Dimension», wie die von Nationalisten geforderte konstitutionelle Verbindung mit Dublin umschrieben wird. Selbst eine nur konsultative Rolle Dublins, die von den Regierungen erwogen wird, sehen Unionisten als eine Art «Trojanisches Pferd» an, aus dessen Inneren eines Tages lauter grüne Fenier steigen. Deshalb: «Not an inch» – jegliche Konzession an Katholiken schwäche nur die eigene Position, denn das Ziel katholischer Nationalisten sei nun einmal die Vereinigung. Für Unionisten sind Katholiken der «innere Feind», nicht zuletzt, weil diese sich nie mit dem nordirischen Staat identifiziert hätten, stattdessen aber dem Präsidenten der Republik Irland öffentlich ihre Loyalität als ihrem Staatsoberhaupt bekundeten und den Staat, in dem sie leben, ablehnen. Der «innere Feind» will nicht nur, nach unionistischer Definition, den Staat von Nordirland als Teil Großbritanniens zerstören, sondern Ulster mit der römisch-katholischen Republik vereinigen, seine protestantische Bevölkerung zur Minderheit machen, ihnen ein Leben unter unfreien Bedingungen aufzwingen und ihnen ihre Identität als Briten nehmen.

Der blau-weiß-rote Union Jack, die britische Flagge, ist nicht nur Staatsflagge in Nordirland, sondern auch Symbol der Verbundenheit mit England – für Republikaner jedoch ein allgegenwärtiges Zeichen der Unterdrückung. Das Zeigen der irischen grünen-weiß–orange vertikal gestreiften Tricolore ist in Nordirland praktisch verboten. Im Nordirland-Ministerium denkt man aber schon darüber nach, die Beschränkungen beim Zeigen anderer Flaggen als des Union Jack aufzuheben. Die Symbolik bedeutet beiden Seiten viel: In einer Fabrik in Charlemont in der Grafschaft Armagh, die je zur Hälfte eine katholische und eine protestantische Arbeiterschaft hat, führte das Hissen des Union Jack zum Auszug der katholischen Arbeiter, die dies «provokativ» fanden und am Ende sogar zum Schließen der Fabrik. Es wurde argumentiert, daß bei einer gemischten Arbeiterschaft eher überhaupt keine Flagge gezeigt werden solle. Die Protestanten dagegen erklärten, es sei die «Fahne unseres Landes. Warum sollte sie nicht gehißt werden?»

Längst ist die Polizei nicht mehr bei jeder Gelegenheit hinter der Tricolore her, ignoriert sie sogar, wenn sie aus dem Fenster gehängt wird. Einige Male war die irische Fahne mit einer Bombe verbunden, die beim Einholen detonierte. Allerdings konfisziert die Polizei die Tricolore, wenn sie eine Auseinandersetzung aus diesem Grunde befürchtet, beispielsweise wenn sie bei Umzügen mitgeführt wird. Loyalisten und Unionisten wäre es lieber, wenn die Tricolore generell gebannt wäre.

Der Konflikt in Nordirland hat sich seit geraumer Zeit eher zu einem Verteidigungskampf der Protestanten gegen alle, die die Union mit Großbritannien gefährden könnten, gewandelt. Sie kämpfen um ihre britische Identität und sind bereit, eine Zwangsvereinigung mit der Republik zu verhindern. Sie verteidigen ihre Rechte politisch in Ulster, im Londoner Unterhaus, im Straßburger Europa-Parlament und gar im pro-irisch-nationalistischen Amerika. Sie verteidigen sich und ihre Familien gegen Anschläge, ebenso wie sie Polizei, UDR und Armee gegen alle Angriffe und Vorwürfe in Schutz nehmen.

Die Mordkampagne der I.R.A. ist eine ständige Provokation von Staat, Armee, Polizei und den protestantischen Bürgern Nordirlands. Es wird für loyalistische Gruppen schwerer, auf I.R.A.-Morde nicht mit Gegengewalt zu antworten. Unionistische Führer können sich immer weniger radikalen Forderungen entziehen: Es ist soviel leichter, zu reagieren, als zu agieren. Es mangelt allen Unionsparteien an einem realistischen politischen

Konzept, mit dem sie sich selbst und die nordirischen Nationalisten aus der ausweglos erscheinenden Situation befreien könnten.

Die Forderung von Republikanern und der katholischen Hierarchie nach Abzug der Briten wird mit der Ungerechtigkeit der Teilung begründet und damit, daß England kein Recht habe, in Irland zu sein. Die Ulster-Briten verstehen dies als eindeutige Aufforderung, das Land zu verlassen und sie reagieren entsprechend: «Not an inch» und «No Surrender» – nicht vor London, nicht vor Dublin und nicht vor der I.R.A. Das Heimatrecht, das die seit dem frühen 17. Jahrhundert im Norden der Insel ansässigen Familien beanspruchen, kann ihnen niemand nehmen, es sei denn die I.R.A. mit Mord und Terror, wie in den nur dünn mit Protestanten besiedelten Grenzgebieten.

VII
200 000 I.R.A.-
Sympathisanten?

Wer Katholik ist in Nordirland, gilt als Nationalist, der den irischen Einheitsstaat anstrebt und wird deshalb als Bedrohung von
den Unionisten empfunden. Tatsächlich ist nur ein Teil der über
eine halbe Million Katholiken Nordirlands für eine Vereinigung,
aber immerhin genug, daß sich die Überzeugung von Katholik
gleich Nationalist eingebürgert hat. Das nationale Ziel dieser
Minderheit in Nordirland ist damit auch identisch mit dem der
Republikaner, der I.R.A. und ihrer Sympathisanten – für viele
Unionisten Grund genug, die Begriffe Katholik, Nationalist und
Republikaner synonym zu verwenden.

Die katholische Minderheit war ein halbes Jahrhundert in
Nordirland ausgeschlossen von der Regierungsbeteiligung und
dem sozialen Leben, weniger durch diskrimierende Gesetze als
vielmehr durch Gewohnheit und Praxis. Sie waren und sind zum
Teil heute noch, wirtschaftlich definiert die «have nots», die lange
Reihen vor den Arbeitsämtern bilden.

Diese Entwicklung ergab sich teilweise durch enttäuschte
Erwartungen: Die katholische Minderheit in Nordirland fühlte
sich seit der Gründung dieses Staates stets als ein Teil der gesamten
katholischen Bevölkerung der Insel. Der heute von Nationalisten
so häufig beklagten «Entfremdung» ist im Grunde nie eine Identifikation mit dem Staat, in dem sie leben, vorausgegangen. Sie
hatten Nordirland als Staat nie wirklich akzeptiert, eher als eine
temporäre Lösung betrachtet bis es zur Vereinigung käme. Von
den Unionisten wurden sie darum als staatsbedrohend angesehen.
Und am Ende fühlten sich die Katholiken in Nordirland auch noch
von ihren ebenfalls katholischen Brüdern und Schwestern in der
Republik im Stich gelassen und verraten, denn den Reden der
Dubliner Politiker folgten keine Taten. Die Teilung wurde auch
von der südlichen Seite der Grenze her zementiert. So ist erklär-
lich, daß die Katholiken Nordirlands schließlich nach 50 Jahren

versuchten, ihr Schicksal selbst zu verbessern: Die Bürgerrechtsbewegung entstand aus dem Gefühl der Ohnmacht und des Alleingelassenseins. Und aus der Bürgerrechtsbewegung entwickelte sich nicht nur die konstitutionelle Partei der Nationalisten, die SDLP, sondern auch der radikale Republikanismus, die I.R.A. und Provisional Sinn Fein.

Die Bürgerrechtsbewegung (Nothern Ireland Civil Rights Association) organisierte ihre ersten friedlichen Protestmärsche 1968, im Internationalen Jahr der Menschenrechte, um gegen die ungleiche Behandlung von Katholiken in Nordirland zu protestieren. Sie verlangte ein Ende der Wahlbenachteiligung und der Bevorzugung von Protestanten bei der Vergabe öffentlicher Wohnungen, Gleichbehandlung durch öffentliche Behörden, gleiche Chancen bei der Stellenvergabe und die Abschaffung der B-Specials, einer berüchtigten Polizeitruppe. Zu Beginn agierte diese Bewegung friedlich und die Demonstranten sangen, inspiriert von der amerikanischen Bürgerrechtsbewegung, «We shall overcome». Prominente Oppositionspolitiker nahmen am zweiten Demonstrationszug in Londonderry teil, obwohl er verboten war. Bei der folgenden Konfrontation mit der Polizei erlebten sie, wie viele der Demonstranten verletzt wurden. Die Medien im Ausland wurden auf Nordirland aufmerksam und in England erwachte die Sympathie für die «vernachlässigte Minderheit». Die ersten Erfolge der Bürgerrechtsbewegung führten zu radikalen Forderungen. Loyalisten sahen sich bestätigt: «Kommt man ihnen einen inch entgegen, verlangen sie einen yard.» Die bereits vorhandene Unruhe in den Bevölkerungsgruppen entlud sich im Sommer 1969 – dem Beginn des Terrors von beiden Seiten.

Das unabhängige Scarman Tribunal lieferte nach 170 Sitzungen mit 400 Zeugenanhörungen Aufschluß über die Unruhen im Sommer 1969. Es stellte fest, daß es keinen Plan zu einem Regierungsumsturz in Nordirland gegeben habe, wie von Unionisten später behauptet worden war und es bezeichnete die Ausgangslage als komplexe politische, soziale und wirtschaftliche Situation. Der Polizei warf das Tribunal schweres Fehlverhalten bei sechs Gelegenheiten vor, unter anderem als sie «B-Specials» einsetzte und Maschinenpistolen in Belfast gebrauchte. «Überhaupt nicht zu rechtfertigen» war der Schußwaffengebrauch in der katholischen Falls Road, als der neunjährige Patrick Rooney erschossen wurde.

Außerdem wurde die Polizei beschuldigt, den protestantischen Mob nicht daran gehindert zu haben, die Häuser von Katholiken abzubrennen und versäumt zu haben, deren Leben und Eigentum zu schützen. Die Folge war ein völliger Vertrauensverlust der katholischen Bevölkerung in die nordirische Polizei, die, so der Scarman Report, die Armee erst zu Hilfe rief, als sie die Situation in Londonderry schon nicht mehr unter Kontrolle hatte.

Die wesentlichen Forderungen der Bürgerrechtler sind schon kurze Zeit später erfüllt worden. Die «B-Specials» wurden abgeschafft und stattdessen das «Ulster Defence Regiment» gegründet, das sich aktiv um Mitglieder aus der katholischen Gemeinschaft bemühte. Es wurden die Wahlbezirksmanipulationen verboten, in der Wohnungs- und Hausvergabe wurden Katholiken gleichberechtigt behandelt und neue Siedlungen für Katholiken gebaut. Überwachungs- und Beschwerdestellen wurden geschaffen, die für gleiche Arbeitsplatz-Chancen und für gerechte Behandlung durch öffentliche Stellen sorgen.

Die ersten Erfolge der Bürgerrechtsbewegung gaben der nationalistischen Minderheit zwar mehr Selbstvertrauen, aber gleichzeitig provozierten sie die Reaktion der Unionisten. Loyalistische Paramilitärs bedrohten Katholiken, zogen in katholische Wohngegenden und verübten Anschläge auf Katholiken. Polizei und Armee unternahmen, nach Meinung der Betroffenen, auch in dieser Zeit nicht genug, um sie zu schützen. Darum begannen sie, sich zu verbarrikadieren. Aber die Loyalisten stürmten diese Barrikaden und brachen sie nieder. So entwickelte sich bei der katholischen Minderheit das Bedürfnis nach einer eigenen Schutztruppe, die Stunde der I.R.A. war gekommen.

Eine irische Jeanne D'Arc

Eine der bekanntesten Persönlichkeiten aus der Bürgerrechtsbewegung ist Bernadette Devlin, die weltweite Popularität gewann. Sie nahm an den ersten Bürgerrechtsmärschen teil, auch an dem der studentischen People's Democracy von Belfast nach Londonderry 1969, der von Loyalisten an der Burntollet Brücke überfallen wurde. Man wählte sie 1969 in das Londoner Parlament, als jüngstes weibliches Mitglied in der Geschichte Westminsters und als jüngstes Mitglied seit einem halben Jahrhundert überhaupt. An ihrem 22. Geburtstag nahm sie ihren Parlamentssitz ein. Ihre Eröffnungsrede war aggressiv – sie verlangte die Abschaffung des Stormont-Parlaments. Die Parlamentarier und die englische Presse begeisterten sich über ihre «brillante Rede», wie James Callaghan, der spätere britische Premier, zugab. Wenige Monate später war sie in der katholischen Bogside Londonderrys zu sehen, als sie Barrikadenbauer anfeuerte und eine Gruppe mit der republikanischen Fahne anführte, die sie auf dem Dach eines Hochhauses entrollte: Eine irische Jeanne D'Arc. Für ihre Beteiligung an den Unruhen mußte sie 1970 eine sechsmonatige Gefängnisstrafe absitzen. 1972 schlug sie im Unterhaus den britischen Innenminister, den sie der Lüge beschuldigte im Zusammenhang mit den Ereignissen des «Bloody Sunday». Zu der empörten Reaktion in Großbritannien daraufhin äußerte sie, der Zwischenfall habe mehr öffentliche Empörung ausgelöst, als die Erschießung von 13 Menschen in Londonderry.

Bernadette Devlin heiratete 1974 Michael McAliskey und verlor im gleichen Jahr die Wahl zum Unterhaus. Sie wurde radikaler und war Mitgründerin der Irish Republican Socialist Party, der INLA-Partei. Sie unterstützte indirekt die I.R.A., da sie den «Britischen Imperialismus», wie sie erklärte, in der einzigen Weise bekämpfte, die die Briten verstünden. Während der Hungerstreik-Kampagne engagierte sie sich für die H-Block-Gefangenen und kandidierte erfolglos im H-Block-Commitee zur Europa-Wahl. Sie und ihr Mann wurden am 16. Februar 1981 schwer verwundet, als sie im Beisein ihrer drei kleinen Kinder von Loyalisten in ihrem Haus überfallen und angeschossen wurden. Die rasche erste Hilfeleistung einer in der Nähe befindlichen Patrouille der Britischen Armee rettete wahrscheinlich ihnen beiden das Leben.

Während die Civil Rights-Bewegung an politischer Bedeutung abnahm, ihre Führung zerstritten war, kam es zu einer ebenfalls aus dem Volk heraus spontan entstandenen Massenbewegung in Nordirland, deren tragischer Anfang auf den 10. August 1976 fiel: Britische Soldaten verfolgten einen Wagen, der von einem I.R.A.-Mann gefahren wurde, schossen und verletzten ihn so schwer, daß der Wagen außer Kontrolle geriet, auf den Gehweg raste und eine Gruppe von Passanten erfaßte. Vor den Augen der

Mutter, Anne Maguiere, starben ihre drei Kinder Joanna, 8 Jahre, John, 2 ½ Jahre und ihr sechs Wochen altes Baby Andrew.

An diesem Abend sah Betty Williams, eine Protestantin, im Fernsehen eine Tante der getöteten Kinder, Mairead Corrigan, in ihrem Schmerz und Betty Williams entschied, obwohl sie keinerlei Beziehung zu der katholischen Familie der Opfer hatte, Mairead Corrigan anzurufen. Die beiden Frauen verfaßten gemeinsam einen Friedensaufruf, der spontan breite Unterstützung fand. Aus der Initiative von zwei Frauen entstand eine Massenbewegung, die «Peace People». Sie initiierten große Versammlungen und Demonstrationsmärsche, auf denen es zu bewegenden Szenen kam, als beispielsweise protestantische Frauen auf der Straße katholische Nonnen umarmten. Über die Friedensbewegung der Frauen wurde auch im Ausland viel berichtet und es gingen große Geldbeträge zu ihrer Unterstützung ein. Die beiden Gründerinnen erhielten 1977 den Friedensnobelpreis.

Die Bewegung war spontan entstanden, konnte den großen Zulauf jedoch nicht organisieren und in politischen Einfluß umsetzen. Die Führungsgruppe zerstritt sich und löste sich später von der Friedensbewegung. Die Peace People veranstalten immer noch jährlich eine «Friedensversammlung», in Norwegen gibt es religiös gemischte Ferien-Camps und in der Jugendarbeit sind sie ebenfalls aktiv. Von den polarisierten Parteien Nordirlands wird diese auf Ausgleich ausgerichtete Organisation jedoch wenig beachtet.

John Humes SDLP

Aus der Bürgerrechtsbewegung der sechziger und siebziger Jahre entwickelte sich eine neue konstitutionelle Partei, mit frischer Aktivität und neuen Ideen: die Social Democratic and Labour Party (SDLP), die heute von John Hume geleitet wird. Er ist mehrfach gewählter Abgeordneter, nimmt seinen Sitz im Londoner Parlament ein und ist, wie Ian Paisley, Europa-Abgeordneter in Straßburg.

Im Gegensatz zu Provisional Sinn Fein, die als politische Partei der I.R.A. deren Gewaltaktionen rechtfertigt, ist die SDLP gegen jede Gewalt und für politische Lösungen. Sie repräsentiert eher die katholische Mittelklasse und ihre Wähler sind meist mittleren Alters. Sinn Fein hat dagegen mehr junge Wähler, die aus Arbeiterfamilien stammen und vertritt eine aggressive Sozialpolitik. Die SDLP gilt als konstitutionelle Partei der katholischen Minderheit und wird von der britischen Regierung und von Dublin als die legitime Repräsentation der Nationalisten angesehen. Ihr größter Erfolg waren die Verhandlungen, die zum Sunningdale-Abkommen führten und bei dem sie viel erreichten, wahrscheinlich mehr, als sie selbst erwartet hatten. Um so größer war ihre Enttäuschung, als die Briten den Streik der Loyalisten nicht brachen sondern resignierten statt das Abkommen mit Gewalt durchzusetzen.

«Power Sharing» scheiterte vermutlich, weil die Unionisten eine Rolle Dublins im sogenannten «Council of Ireland» ablehnten, die SDLP aber darauf bestanden hatte. Erstmalig nach über 50 Jahren protestantischer Dominanz waren Katholiken an der Regierung in Nordirland beteiligt. Sie bestand jedoch auf der Einbeziehung Dublins und das ging den Loyalisten zu weit. «Power Sharing» innerhalb Nordirlands wäre auch heute noch für die meisten Protestanten akzeptabel – jedoch ohne die Dublin-Achse.

Man hat der SDLP vorgeworfen, sie «misrepräsentiere» die katholische Wählerschaft, wenn sie vorgibt, die Katholiken Nordirlands seien ein Block mit einer Einheitsmeinung, da Umfragen bewiesen, daß die katholische Bevölkerung Nordirlands teilweise nicht einmal an der Vereinigung interessiert sei. Eine Umfrage der Sunday Times vom Juni 1981 unter den Wählern in Nordirland zeigt tatsächlich, daß sie keineswegs der monolithische Block sind, wie es manche irische Politiker und Kirchenvertreter glauben machen wollen. Überraschend ist, daß mindestens ein Drittel von ihnen gegen ein vereinigtes Irland ist. Die Option eines «Bundesstaates Irland» würde in gleicher Weise wie die einer vereinigten Republik von ganz Irland von 58% der Katholiken akzeptiert.

Eine weitere Untersuchung des sicher unverdächtigen «Economic and Social Research Institute» in Dublin brachte 1978 das für manchen republikanischen Politiker schwer in seine Sicht der Dinge einzuordnende Ergebnis, daß dreiviertel der Bevölkerung Nordirlands, einschließlich der Hälfte der Katholiken, die Verbindung mit Großbritannien beibehalten möchte. Aus einer anderen Umfrage geht hervor, daß Frauen, auch katholische, die Situation in der Republik keinesfalls unkritisch betrachten. Sie befürchten

Nachteile in einem Staat, dessen Verfassung von kirchlicher Doktrin geprägt ist. In Nordirland scheinen ihnen die persönlichen Freiheiten größer, Ehescheidung ist erlaubt, Kontrazeptive frei erhältlich und Abtreibung ist in Großbritannien gesetzlich möglich.

Die SDLP hat ihre Sitze in der «Nothern Ireland Assembly», der Nordirland Versammlung, einer Vorstufe zu einem Nordirland-Parlament, nicht eingenommen, obwohl über die Hälfte der Katholiken und eine große Mehrheit ihrer Wähler dafür wäre, daß sie in «Stormont» wieder mit und gegen Unionisten Politik macht. Doch die Chance der SDLP, erneut an der Regierung in Nordirland beteiligt zu sein, ist gering, solange sie auf einer Mitbestimmungsfunktion der Dubliner Regierung besteht. Eine konsultative Rolle Dublins könnte dagegen für die Londoner Regierung wie auch für einen Teil der Unionisten akzeptabel sein.

«Direct Rule» war von London seit 1974 wieder eingesetzt worden und für eine politisch neue Partei gab es in Nordirland wenig Gelegenheit, sich darzustellen. Doch gerade die Tatsache, daß Nordirland nicht zu einer Majoritäts-Regierung zurückkehrte, rechnet sich die SDLP als Erfolg an. Sie glaubt, in dieser Situation – in der Ulster nicht, wie seit 60 Jahren von heimischen Protestanten sondern direkt von London aus regiert wird – seien die Chancen für einen gemeinsamen Anfang günstiger. Dabei bedient sich die SDLP ähnlicher Mittel zur Durchsetzung ihrer Ziele wie ihre politischen Gegner, die Unionisten: des Vetos und der Blockade. Die Verweigerung der Zusammenarbeit mit den Unionisten, zum Beispiel in der «Nordirland-Versammlung», wirkt ebenso als Veto, wie die Haltung der Unionisten, die jede politische Kooperation mit der Republik ablehnen.

Die Empfindlichkeiten der beiden Gemeinschaften in Nordirland sind außerordentlich groß. Banalitäten, wie die unterschiedliche Benennung einer Stadt, führen schon zu Aggressionen: Ein protestantischer UDR-Soldat kontrollierte einen Wagen und fragte den Fahrer, einen katholischen Stadtrat, wohin er fahren wolle. Dieser antwortete «Derry». Darauf der Soldat: «Kenne ich nicht, wo liegt das denn?» Das Katz und Maus-Spiel dauerte so lange bis der Stadtrat, der um keinen Preis den korrekten Namen «Londonderry» aussprechen wollte, schließlich einen Vorort angab und weiterfahren durfte. Auch sind Symbole protestantischer

Herrschaft in Stormont, dem Parlamentsgebäude, für katholische Politiker nicht akzeptabel, wie beispielsweise die Figuren von Lord Carson und Lord Craigavon, beides prominente Unionisten. Man hat den Eindruck, mit etwas Großzügigkeit, gerade bei Symbolen wie Flaggen und Ortsnamen oder der Gewährung von gälischen Namen für Straßen in katholischen Vierteln könnte Goodwill bei den Katholiken aufgebaut werden. Es ist durchaus vorstellbar, daß die britische Regierung bereit ist, solche Zugeständnisse zu machen, selbst wenn sie sich damit den Zorn der Unionisten zuziehen würde.

Eine «Nationale Front» gegen die Union?

Die verschiedenen Vorschläge und Initiativen der Engländer sind in Nordirland immer wieder auf den Widerstand des einen oder anderen Bevölkerungsteils gestoßen. Im Jahr 1982 lehnte die SDLP eine neue Initiative von Nordirland-Minister James Prior ab. Bei den Wahlen zur Nordirland-Versammlung beteiligte sie sich zwar, erklärte aber gleich, ihre Sitze im Parlament nicht einnehmen zu wollen. Ähnlich verhielt sich auch Sinn Fein, die I.R.A.-Partei, die erstmals an allgemeinen Wahlen teilnahm. Diese beiden Parteien teilten sich die Stimmen der Nationalisten. Sinn Fein erhielt etwa 40% aller katholischen Stimmen. Die Unionisten und die I.R.A. interpretierten dieses Ergebnis sofort als eine Zustimmung zur Politik des Terrors – als sei es eine Bestätigung dafür, daß 200 000 Katholiken aktive I.R.A.-Sympathisanten wären.

In Wahrheit ist die Mehrheit der katholischen Bevölkerung eher gemäßigt als radikal. Katholiken haben vor gar nicht langer Zeit ebenso schreckliche Gewaltaktionen erlebt wie ihre protestantischen Nachbarn heute: Familienväter und Freunde wurden brutal ermordet, Bomben explodierten und töteten auch Unbeteiligte. In katholischen Wohnvierteln wurden Polizei- und Armeekontrollen mit besonderer Härte durchgeführt, da jeder Bewohner gleich als I.R.A.-Sympathisant verdächtigt wurde. Die Kinder, die in einer solchen Gegenwart aufwachsen, lernen Gewalttätigkeit als normales Geschehen kennen.

Die Wahlerfolge von Sinn Fein bereiten nicht nur den Regierungen in London und Dublin Kopfschmerzen, vor allem für die

SDLP in Belfast bedeuten sie schwierige Entscheidungsprobleme. Sie will nicht mit der I.R.A.-Partei zusammenarbeiten, um sie nicht aufzuwerten und nicht mit ihrer Terror-Politik assoziiert zu werden. Andererseits findet Sinn Fein immer mehr Unterstützung bei der über eine halbe Million Katholiken Nordirlands, je länger die gegenseitige politische Blockade von Unionisten und SDLP anhält. Die «Lethargie Englands» und «Mrs. Thatchers Kälte» überzeugen ständig mehr Katholiken davon, daß die I.R.A./Sinn Fein-Behauptung, nur Gewalt und Terror bewirke überhaupt etwas in der Haltung der Engländer und dies sei die einzige Sprache, die sie verstünden, am Ende doch richtig sei.

Ein verzweifelter Versuch des SDLP-Führers Hume, vor den Kommunalwahlen 1985 die «Maske vom Sinn Fein-Gesicht zu reißen» und mit den «wahren Entscheidern» zu sprechen, dem I.R.A.-«Armeerat», endete für ihn in einem Fiasko. Trotz der Warnung aller Politiker und der Regierungen in London und Dublin, traf er mit einer dreiköpfigen Delegation der I.R.A. (vermutlich in der Republik) zusammen, nachdem ihn die I.R.A. fast 28 Stunden in Gewahrsam gehalten hatte. Das Treffen selbst dauerte nur drei Minuten und scheiterte daran, daß John Hume eine Video-Aufzeichnung des Gesprächs ablehnte, die die I.R.A. zur Bedingung machte, da sie als verbotene Organisation keinen Medien-Zugang habe. Hume befürchtete jedoch eine Verfälschung und so wurde das Treffen abgebrochen, bevor ein Gespräch überhaupt begann.

Humes Verhältnis zu den übrigen Parteien in Nordirland, vor allem zu den Unionisten, ist durch dieses Intermezzo schwer belastet, die Regierung in Dublin verstimmt und der Nordirland-Minister versucht geduldig, die konstituionellen Parteien zu gemeinsamen Gesprächen über Nordirlands politische Zukunft zu bewegen.

Die Grafschafts- und Kommunalwahlen im Mai 1985 bestätigten die Befürchtungen der Regierungen in London und Dublin: Die I.R.A.-Partei hatte erneut etwa 40% der katholischen Stimmen und 59 Sitze gewonnen. Sie ist damit in 17 Bezirks- und Kommunalparlamenten vertreten. Zum Teil lag ihr Stimmenanteil über dem der SDLP. Die SDLP ist mit der Forderung konfrontiert, eine Nationale Front mit Sinn Fein, wenigstens in einigen Räten, zu bilden.

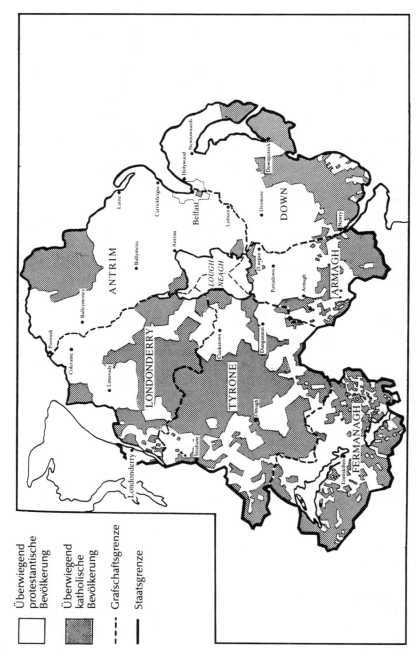

Newtownards

Larne
Carrickfergus
Holywood
Downpatrick

Belfast
DOWN

Dromore
Lisburn
Newry

Ballymena
ANTRIM
Antrim
LOUGH NEAGH
Lurgan
ARMAGH
Portadown
Armagh

Ballymoney
Portrush
Coleraine
LONDONDERRY
Cookstown
Dungannon
TYRONE

Limavady
Omagh

Strabane
Londonderry
Enniskillen
FERMANAGH

Überwiegend protestantische Bevölkerung

Überwiegend katholische Bevölkerung

Grafschaftsgrenze

Staatsgrenze

Karte von Nordirland nach Religionszugehörigkeit (Volkszählung 1971).

Ein Machtwechsel in einigen Stadt- und Grafschafts-Räten wäre vorstellbar. Londonderry, das seit 1613 diesen Namen trägt, wurde von den katholischen Nationalisten stets nur als Derry bezeichnet. 1983 beschloß die katholische Mehrheit des Stadtparlaments, den Namen, zwar nicht der Stadt, aber des Bezirksparlaments um das vorangestellte «London» zu kürzen. Eine Änderung auch des Stadtnamens, hätte eine Petition an die englische Königin verlangt, wozu sich die irischen Nationalisten nicht entschließen konnten. Es ist denkbar, daß sich auch in einigen anderen Bezirks- und Stadträten die SDLP und Sinn Fein-Mehrheiten gegen die Unions-Parteien bilden. Doch erst 1981 hatte Sinn Fein beschlossen, seine Sitze in Grafschafts- und Stadtratswahlen auch einzunehmen und die SDLP lehnte die Zusammenarbeit mit Sinn Fein, zumindest öffentlich, ab. Dies könnte sich ändern: Sinn Fein ist 1985 bereit, die gewonnenen 59 Kommunalratssitze auszufüllen und die SDLP kann sich dem politischen Druck zur Zusammenarbeit nicht mehr lange entziehen.

Auf der anderen Seite ist der SDLP klar, daß sie für die Unionsparteien völlig unglaubwürdig wird, wenn sie mit der I.R.A.-Partei zusammenarbeitet. Doch Seamus Mallon, Humes Stellvertreter in der SDLP, erklärte vieldeutig: «Mehr als die Hälfte des Gebietes von Nordirland ist durch Wahlkreise abgedeckt, in denen Nationalisten eine Mehrheit haben . . . würden sie nicht in dieser schrecklichen Weise ihre Kräfte politisch verzetteln!»

Es gehört übrigens zur irischen Politschizophrenie, daß Sinn Fein nicht verboten ist, sich an Wahlen beteiligen kann, aber die Regierungen in Belfast, London und Dublin die legal gewählten Sinn Fein-Volksvertreter diskriminiert. Abordnungen von Kommunalratskommitees mit Sinn Fein-Mitgliedern werden von den Ministern der Regierungen in Nordirland wie auch in der Republik nicht empfangen.

Kirche und Politik

Offensichtlicher als in der Republik tritt der Klerus in Nordirland auch in der Politik hervor. Die politischen Führer der Protestanten sind oft zugleich auch Pastoren und die Kirchenführer der Katholiken äußern sich regelmäßig zu politischen Themen in der Öffentlichkeit. Eine besondere Rolle kommt den Priestern in katholischen Wohngebieten Nordirlands zu: Sie sind für die Unionisten pauschal Helfershelfer der I.R.A. Tatsächlich ist ihre Haltung bei Begräbnissen von I.R.A.-Mitgliedern, bei denen auch I.R.A.-Ehrensalut gefeuert wird, manchmal nicht eindeutig und könnte als Duldung, wenn nicht als Unterstützung der I.R.A. angesehen werden.

Einer der aktivsten Priester ist Denis Faul aus Dungannon, der alle Möglichkeiten nutzt, auch seine politische Überzeugung zu verkünden. Er wird in Zeitungen zitiert und tritt im Fernsehen auf. Father Faul greift unerschrocken Regierung, Unionisten, aber auch die I.R.A. an, die Unterstützung und Hilfe von seinen Glaubensmitgliedern erpreßt. Er beklagt die Getto-Situation katholischer Siedlungsviertel mit ihrer hohen Arbeitslosigkeit und meint, wenn es keine gesamtirische unterschiedslose Förderung und Entwicklung gäbe, dann solle es eine separate Entwicklung sein. Die katholische Bevölkerung Nordirlands müsse wie ein Dritte Welt-Land betrachtet und unterstützt werden, fordert er.

Father Faul rief sogar zu einer Kampagne gegen die I.R.A. und INLA auf und brandmarkte ihre Erpressungsmethoden. Mit Schutzgeldern und Lotterien beschafften sie sich Geld. Wer nicht teilnehme oder zahle, würde bedroht, Familienmitglieder verprügelt oder Anschläge auf Wohnhäuser verübt. Die Preise solcher Lotterien gingen immer in die Kassen der Organisatoren. Außerdem wies er auf einige der Sinn Feiner in West Belfast hin, die sich «verdammt gute Häuser gekauft» hätten.

Die Repräsentanten der Kirche haben in beiden Teilen Irlands weitaus größeren Einfluß als in mitteleuropäischen Ländern. So ist zu verstehen, daß Meinungsäußerungen eines Kardinals und von Bischöfen erhebliches Gewicht in der Öffentlichkeit zukommt. Ihr Beitrag zu politischen Fragen wird kaum als Einmischung empfunden, da in Irland die Trennung von Staat und Kirche noch nicht vollzogen ist. Dennoch stieß die «Frühjahrsoffensive» des katholischen Klerus sogar in der Republik auf Kritik. Kardinal O'Fiaich hatte in der irisch-amerikanischen Hochburg Boston im März 1985 erklärt, daß die Vereinigung Irlands «unvermeidlich» und ein «Rückzug der britischen Truppen die einzige Lösung» für den Konflikt in Nordirland sei. Die Vereinigung halte er für unvermeidlich, weil die Geburtenrate der Minderheit höher sei, als die der protestantischen Gemeinschaft und die katholische Bevölkerung eines Tages die Mehrheit stellen und Nordirland dominieren würde. Fast gleichzeitig bezeichnete der Bischof von Clogher, Dr. Duffy, in London bei einem Treffen von Iren, die in England Arbeit fanden und dort leben, die Teilung Irlands als «eklatante Ungerechtigkeit». Der Bischof, der gerade in der Woche davor einen katholischen Polizei-Sergeant, der von der I.R.A. im Vorhof seiner Kirche, vor den Augen von Frau und Kindern, erschossen worden war, beerdigt hatte, zeigte gar Verständnis für den Mörder. Er verurteilte zwar die Tat, meinte aber: «Die Verantwortung für dieses schreckliche Verbrechen reicht weit über den fehlgeleiteten jungen Mann, der auf den Abzug drückte, hinaus – sie geht viel weiter zurück.»

Daraufhin beschuldigte der nordirische Peer Lord Brookeborough den Kardinal, durch solche Äußerungen die Todesurteile für Mitglieder der Sicherheitskräfte zu unterzeichnen, insbesondere für die wenigen katholischen Mitglieder, die dort ihren Dienst tun. Er bemerkte, daß der Kardinal, nachdem vier Menschen seiner Gemeinde ermordet worden waren – zwei davon im Bereich der Kirche und eines der Opfer gar auf den Stufen seiner eigenen Kathedrale – sich nicht einmal dazu entschließen konnte, einem der vier Trauergottesdienste beizuwohnen. Aber auch der Vorsitzende der Presbyterianer Dr. Cromie bezeichnete in Gegenwart von Kardinal O'Fiaich bei der Ankündigung eines ökumenischen Gottesdienstes dessen Äußerung als eine «kalkulierte Schmähung» und indirekte Unterstützung der I.R.A.: Einen britischen Rückzug zu fordern, könne nur als Aufforderung verstanden werden, daß alle sich zurückziehen sollten, die sich als britisch verstünden. Dr. Cromie kommentierte die Erklärung O'Fiaichs, es habe sich bei seinen Worten um eine eher «hingeworfene Bemerkung» gehandelt, mit dem Hinweis: «Achtloses Gerede kostet Menschenleben.» Kurze Zeit später erklärte der katholische Primas von ganz Irland: «90% der Bigotterie ist unter Protestanten zu finden.»

Die Macht der Minorität

John Kelly, Dubliner Abgeordneter und früherer Minister ist der Meinung, das 50 Prozent-Katholiken-Argument sei «ziemlich schwach»: Selbst wenn man eine deutlich höhere Geburtenrate der katholischen Bevölkerung Nordirlands und damit ein schnelleres Anwachsen dieses Teils der Bevölkerung annähme, wäre eine Parität noch viele Jahrzehnte entfernt. Bisher habe, trotz höherer Geburtenrate, der Bevölkerungsanteil der Katholiken keineswegs proportional zugenommen. Außerdem sei es einfach nicht wahr, daß die Beendigung der Teilung die höchste Priorität der Katholiken sei. Eine Meinungsumfrage nach der anderen beweise dies. Die Vorstellung, daß an dem Tag, an dem die Katholiken in Nordirland 50% erreicht hätten, sie sofort in eine 32-Grafschaften-Republik eilen würden, gleich mit welchen Opfern in ihrem Lebensstandard, erscheint ihm absurd. Ferner hält der Politiker eine politische Kalkulation mit demografischen Faktoren für extrem gefährlich: Wenn 50 Prozent Katholiken in Nordirland tatsächlich das Ende der Grenze bedeuten würden, dann könnte es sehr entschlossene und gewaltsame Bemühungen extremer Unionisten geben, zu verhindern, daß diese Zahl je erreicht würde.

In keiner der letzten Umfragen wählten mehr als 40% der Katholiken die Vereinigung als bevorzugte Lösung. Zwei Drittel fanden ein vereinigtes Irland «akzeptabel». Für beinahe die Hälfte war das Gegenteil auch noch «akzeptabel», nämlich: eine völlige Integration Nordirlands in das Vereinigte Königreich. Tatsächlich ist also ein erheblicher Teil der katholischen Bevölkerung durchaus nicht an einer Vereinigung interessiert sondern ein Teil hätte sogar nichts dagegen, wenn Nordirland voll im britischen Königreich integriert wäre.

Dennoch argumentiert die SDLP und die irische Regierung, die katholische Minorität sei «entfremdet»: Je länger diese Entfremdung vom Staat und seinen Institutionen andauere und je tiefer sich dieses Gefühl in den Menschen festsetze, um so schwerer sei es, die katholische Minderheit zu versöhnen. Die Kombination von I.R.A.-Terror und SDLP-Boykottpolitik isoliert aber auch die Mehrheit der Bevölkerung Nordirlands. Nach dem Sinn Fein-Wahlerfolg vom Mai 1985 kommentierte ein Unions-Politiker, es sei zuviel von der Entfremdung der katholischen Minorität die Rede, aber nie von der Entfremdung der Majorität, die ihre Opfer begrabe und sich frage, ob die Prinzipien der Demokratie in Nordirland noch Gültigkeit hätten.

Die katholische Minderheit lebt in der Regel in Counties mit überwiegend protestantischer Bevölkerung. Nur in den Grafschaften Fermanagh und Tyrone gibt es eine katholische Mehrheit. Würde man diese beiden Grafschaften der Republik angliedern, wie gelegentlich gefordert, um 100 000 katholische Nordiren zufriedenzustellen, dann müßte dies um den Preis geschehen, die 85 000 dort ansässigen protestantischen Nordiren zu «entfremden». Selbst wenn das Gebiet «westlich des Bann», eines nord-südlich verlaufenden Flusses, der Republik übergeben würde, müßten 230 000 Protestanten zwangsweise Republik-Iren werden. Eine Völkerwanderung von dieser Größenordnung stellt keine akzeptable Lösung dar und man kann eine freiwillige Umsiedlung von Menschen, die ein so starkes Nationalbewußtsein haben, kaum erwarten. Außerdem würden dann im übrigen protestantischen Staat immer noch 27% Katholiken leben – Grund genug für die I.R.A. ihren Kampf fortzusetzen.

Wenn man davon ausgeht, daß ein Teil der Katholiken Nordirlands in einem Staat lebt, der gegen ihren Willen zu Großbritannien gehört, dann wäre eine Vereinigung Irlands nichts anderes als eine Umkehrung: Dann würden eine Million Protestanten gegen ihren Willen in der Republik leben müssen. Kann man wirklich erwarten, daß London eine Million britischer Staatsbürger «ausweist», um einen Teil der katholischen Minderheit in Nordirland den Wunsch nach einem vereinten Irland zu erfüllen?

VIII
Die I.R.A. – Terror
im Namen der Freiheit

Als Patrick Pearse zu Ostern 1916 auf den Stufen des General Post Office in Dublin die Republik im Namen eines «Provisional Government» ausrief, schuf er einen Begriff, der bis heute verwendet wird: In Erinnerung an diesen Aufstand, dessen Ziel eine Republik von ganz Irland war, bezeichnet sich noch heute die I.R.A. als «Provisional Irish Republican Army». Impliziert ist damit auch, daß die «Armee» eines Tages den provisorischen Status gegen den der offiziellen Armee tauschen soll. Die Notwendigkeit ihrer Existenz rechtfertigt die I.R.A. mit der unvollendeten politischen Aufgabe von 1916, mit der Präsenz der Engländer, dem Schutz der katholischen Minderheit vor loyalistischer Gewalt und (wie sie es nennt) der Tatenlosigkeit der «Verräter von 1916», die den Vertrag über den Freistaat unterzeichnet hätten und heute mit nur einem irischen Rumpfstaat zufrieden seien.

Die «Official I.R.A.» ist heute bedeutungslos geworden. Sie soll nach 1972, nach der Abspaltung des radikalen, auf gewaltsame Veränderung zielenden I.R.A.-Flügels, der «Provisional I.R.A.», aufgelöst worden sein. Im Sprachgebrauch wird die Provisional I.R.A. heute als I.R.A., die Provisionals oder kurz als Provos bezeichnet. Sie ist im Norden wie in der Republik verboten.

Für die politische Publizität sorgt die «Provisional Sinn Fein»-Partei, der politische Arm der I.R.A. Sie übernimmt die Öffentlichkeitsarbeit für die I.R.A., ihre Führer sind selbst nicht unmittelbar in Gewaltaktionen verwickelt, um «clean» zu bleiben. Provisional Sinn Fein ist nicht verboten und nimmt neuerdings auch an Wahlen teil. Sie spielt unter den politischen Parteien Nordirlands eine entscheidende Rolle, wenn sie auch von den anderen «konstitutionellen» Parteien geächtet wird.

Nach dem Bürgerkrieg 1922 und dem späteren I.R.A.-Verbot im Freistaat verlor die Bewegung an Bedeutung. Nur im Norden der Insel fand sie noch eine Rechtfertigung für ihre Aktionen. Die Gewaltkampagne in Nordirland in den Jahren 1956 bis 1962, die keine nennenswerte Veränderung der Situation auf der Insel brachte, – die Briten waren immer noch präsent, die Unionisten eher gestärkt und die Republik beschäftigte sich mehr mit der Entwicklung ihrer Wirtschaft als mit Nordirland – war die I.R.A. mehr nostalgische Erinnerung, als eine politische Kraft in Irland. Aber es gab auch keine großen Sympathien und Unterstützung in der Bevölkerung mehr. Was hatte dazu geführt, daß die Bewegung wieder auflebte?

Die Unruhen Ende der sechziger Jahre in Nordirland brachten den protestantischen Mob auf die Straßen und in die katholischen Wohnbezirke. Die Menschen dort hatten Angst und waren ohne Vertrauen in die Armee und die nordirische Polizei. Der Ruf nach einer eigenen katholischen Schutztruppe wurde laut und so fühlte sich die I.R.A. zu dieser Aufgabe berufen.

Wie wenig die I.R.A. für diese Rolle vorbereitet war, zeigt am besten ihr Bestand an Waffen: Im August 1969 standen ihr nur 10 Gewehre zur Verfügung. Erst später begann die schwierige Beschaffung von Waffen, die oft erst einmal ins Land geschmuggelt werden mußten. Jack McCabe war einer der ersten, die 1969 Waffen schmuggelten. Er sprengte sich 1971 selbst in die Luft, als er in seiner Garage Explosivstoff mit einer Schaufel mischte – als sei es Zement und Sand. Ein Funken von der Schaufel, die den Boden zu hart traf, ließ das Gebäude und McCabe hochgehen. Aber noch auf dem Sterbebett teilte er seinen Freunden mit, was falsch gelaufen war, damit ihnen nicht ähnliches geschähe.

Die berühmte Waffenschmuggel-Affäre von Dublin, in der Mitglieder der Regierung Lynch verwickelt waren, vor Gericht gestellt und teilweise freigesprochen wurden, wie beispielsweise Charles Haughey, der spätere Premierminister, war gescheitert. Während die Regierung offiziell von nichts wußte, war doch in I.R.A.-Kreisen, wie sich vor Gericht herausstellte, der Eindruck entstanden, der Süden würde den bedrängten Katholiken im Norden helfen (Premier Lynch damals öffentlich: «Wir können nicht untätig zusehen . . .»). John Kelly, ein Belfaster I.R.A.-Mann erklärte: «Wir haben nicht um Decken und Baby-Flaschen gebeten. Wir wollten Gewehre – und keiner, von Lynch angefangen, hat unsere Forderung abgelehnt oder uns gesagt, daß dies gegen die Politik der Regierung verstoße.»

Zu der Aufgabe der Verteidigung der katholischen Bevölkerung kam später noch das Motiv der Vergeltung hinzu. Aber erst nach 1971 entwickelte sich die I.R.A. aus der Defensive und ging zur Offensive über. Es dauerte also immerhin bis 1971, bis die I.R.A. sich reorganisiert hatte und in stärkerem Umfang aktiv und offensiv wurde. Der erste britische Soldat wurde 1971 erschossen. Die Aktivitäten der I.R.A. wurden danach aggressiver: Sie erschießen seither Mitglieder der Sicherheitskräfte, der Polizei, des Ulster Defence Regiments, plazieren Bomben in Gebäuden und Autos, die vor Geschäften, Pubs und anderen Unternehmen parken, ermorden bekannte Politiker und nehmen dabei kaltblütig den Tod unbeteiligter Zivilisten in Kauf.

Sean Mac Stiofain (englisch: John Stephenson) wurde nach 1969 zur führenden Persönlichkeit in der I.R.A. Er wurde in England geboren, aber seine Mutter war Irin. Später diente er in der Royal Air Force, entwickelte jedoch bald irisch-nationalistische Bindungen und kam so zur republikanischen Bewegung. Dort arbeitete er sich von niedrigem Rang abwechselnd durch aktiven Einsatz und anschließende Gefängnisaufenthalte empor. Einer der Vordenker der I.R.A. zu dieser Zeit war Daithi O'Connell (David O'Connell), der die Auto-Bombe entwickelte und zusammen mit Rhuadri O'Bradaigh (Rory Brady), dem späteren Präsidenten von Provisional Sinn Fein, aus dem Gefängnis ausbrach.

Zwischen Mac Stiofain und seinen eher militanten Anhängern auf der einen und O'Connell und O'Bradaigh als «politische Köpfe» auf der anderen Seite, entwickelten sich Meinungsverschiedenheiten über die Stategie zur Erreichung ihrer Ziele, die die Politiker der Bewegung für sich entschieden. Danach war 1971 mit der «Eire Nua», die «Politik für ein Neues Irland» verabschiedet. Seither kämpfte die I.R.A. für ein vereinigtes förderatives Irland mit vier Provinz-Parlamenten. Ulster sollte wieder aus seinen ursprünglich neun Grafschaften bestehen und ein eigenes Regional-Parlament, wie die drei anderen Provinzen haben. Danach hätte Nordirland drei überwiegend katholische Grafschaften hinzubekommen, um die Majorität der Protestanten in Ulster einzuschränken, ohne sie ihnen ganz zu nehmen. Ein weiteres Fünf-Punkte-Programm, das vor dem Treffen des englischen Premier Heath mit dem Dubliner Regierungschef Lynch 1971 veröffentlicht wurde, nannte die Forderungen der I.R.A.:

1. Beendigung der Gewalt gegen das irische Volk.
2. Abschaffung von Stormont, dem nordirischen Parlament.
3. Freie Wahlen für ein regionales Parlament von Ulster, als erster Schritt zu einer neuen Regierung der 32 Grafschaften von ganz Irland.
4. Entlassung aller politischen Gefangenen in England und Irland.
5. Entschädigung aller, die unter britischer Gewalt gelitten haben.

Außerdem hatte O'Bradaigh als Präsident von Sinn Fein die Vorstellung, daß die Briten stufenweise abziehen sollten, um in Nordirland nicht eine «Kongo-Situation» entstehen zu lassen. 1980/81 wurden auf dem Sinn Fein-ard fheis, der Jahreshauptversammlung der Partei in Dublin, die Politik und die führenden Persönlichkeiten gewechselt. Mit der Machtübernahme der jungen I.R.A.-erprobten Garde um Gerry Adams verlangte Sinn Fein den sofortigen britischen Rückzug und die frühere, gegenüber den Unionisten für eher konziliant gehaltene Idee eines förderativen Irland mit einem Ulster-Parlament wurde aufgegeben.

Der «Zermürbungskrieg»

In ihrem «Zermürbungskrieg», wie die I.R.A. ihre Terror-Politik gegen Briten und Unionisten, aber auch gegen Katholiken, die ihre Rolle und ihren Beruf in staatlichen Funktionen gefunden hatten, wie Richter, Polizisten, Gefängniswärter, nennt, gibt es kein Erbarmen. Gezielte Ermordungen prominenter Persönlichkeiten aus Kreisen der Unionisten und der Engländer und zwischendurch ein besonders spektakulärer Anschlag in Nordirland oder England sollen den Nordirland-Konflikt aktuell erhalten, auch im Bewußtsein der britischen Öffentlichkeit auf der Nachbarinsel.

England wird von der I.R.A. und von Sinn Fein bei jeder Gelegenheit der Verletzung der Menschenrechte in Nordirland beschuldigt. Die beiden Organisationen appellieren erfolgreich an das Mitleid der Öffentlichkeit, besonders im Ausland, und sie fordern Humanität für die Angehörigen ihrer Gruppe in den Gefängnissen, während die Mitglieder der gleichen Organisation andere Menschen vor den Augen ihrer Familien, in der Kirche beim Gottesdienst und Väter mit ihren kleinen Kindern an der Hand, erschießen.

Das Ziel der I.R.A. ist es, Nordirland unregierbar zu machen, was ihr teilweise gelungen ist, und die Briten zum Rückzug zu zwingen, was offensichtlich nicht so einfach für sie ist. Nach Auffassung der I.R.A. befindet sie sich mit Großbritannien im Kriegszustand. Mitglieder ihrer Organisation verstehen sich demnach nicht als Terroristen, sondern als Angehörige einer Befreiungsarmee und die als Kriminelle und Mörder verurteilten I.R.A.-Männer fordern den Status von Kriegsgefangenen.

Nach eigenen Angaben ermorden die Provos heute Protestanten, nicht weil sie Protestanten sind sondern weil sie Unionisten seien und somit den britischen Status Nordirlands erhielten. Wenn sie den «Rückzug der Briten» verlangen, schließen sie auch die Protestanten ein, die sich als «britisch» verstehen.

Loyalistische Politiker wie Paisley oder Seawright sind relativ sicher vor I.R.A.-Anschlägen, weil sie der I.R.A. eher nützlich sind mit ihren provozierenden Reden und Reaktionen. Sie machen den «Feind» für die katholische Minorität so leicht identifizierbar und liefern der I.R.A. Argument und Rechtfertigung für ihre Mordkampagnen.

Die I.R.A. ist gegen jede Form der Entspannung in Nordirland zwischen den verschiedenen Parteien und Interessengemeinschaften, da sie damit die Unterstützung in der Bevölkerung verlieren würde. Sie braucht eine isolierte Minderheit und ein provokantes Klima, in dem Rechtfertigung für Mord und Vergeltungsaktionen akzeptiert werden. Auch versöhnliche Gesten der Regierung kommen ihr nicht gelegen, wie beispielsweise die vorzeitige Entlassung junger Häftlinge. Für die I.R.A. sind ihre im Gefängnis sitzenden jungen Mitglieder wie Geiseln, mit denen sie die Unterstützung der katholischen Gemeinschaft psychologisch erzwingen kann. Der katholische Gefängnisgeistliche Denis Faul warnte die Regierung gar davor, Entlassungsdaten von solchen Häftlingen bekanntzugeben, da sonst die I.R.A. «eine Reihe von Greueltaten ausführen würde, um die vorzeitigen Entlassungen zu verhindern».

Da sich I.R.A.-Mitglieder als Angehörige einer Armee betrachten, die sich in einem legitimen Freiheitskampf befindet, wird nach ihrer Moral nicht gemordet, sondern «exekutiert», «getroffen» und «erledigt». Ihre Opfer belegt sie stets mit Feindklischees – nordirische Soldaten oder nordirische Polizisten werden dann zu Mitgliedern der «Streitkräfte der Krone».

Gerry Adams, Präsident der I.R.A.-Partei Sinn Fein, erklärte 1985, der «bewaffnete Kampf» sei eine «harte und blutige Notwendigkeit, denen aufgezwungen, die die irische Unabhängigkeit von einem unbarmherzigen und ausbeuterischen Kolonial-Regime anstreben». Adams Adjudant Danny Morrison versicherte gleichzeitig, ein Staatsumsturz der Republik sei nicht das Ziel der I.R.A. sondern vielmehr das «unvollendete Geschäft», das mit der Gründung des 26-Grafschaften-Staates hinterlassen wurde: Die «Befreiung» ganz Irlands. Ohnehin hätte das Volk in den 26 Grafschaften keinen Staat, auf den es stolz sein könne – es sei nicht einmal eine «Kartoffel-Republik». Es sei eine Tatsache, daß nicht die I.R.A. den ersten Schuß abgegeben habe. Und erst nachdem viele unschuldige Zivilisten ihr Leben verloren hätten, sei ein britischer Soldat von der Republikanischen Bewegung in Belfast erschossen worden. Die I.R.A. würde nie ihre Waffen niederlegen, bevor nicht der letzte britische Soldat Irland verlassen hätte.

Keine Verhandlungen mit Terroristen?

Obwohl es in London und Belfast stets hieß, mit Terroristen würde die Regierung nicht reden, haben dennoch solche Gespräche, ja sogar Verhandlungen, stattgefunden. Tim Pat Coogan hat darüber in «The I.R.A.» berichtet. Im März 1972, als Harold Wilson in Dublin war, traf er führende I.R.A.-Mitglieder. Im Juli des gleichen Jahres empfing der damalige Nordirland-Minister William Whitelaw eine I.R.A.-Delegation mit Sean Mac Stiofain, Daithi O'Connell, Seamus Twomey und Gerry Adams sowie anderen I.R.A.-Führern. Das Treffen war im Geheimen vorbereitet und die I.R.A.-Männer wurden in Belfast von einem Hubschrauber abgeholt. Die schlimmste Situation während der ganzen Mission, sei, wie die I.R.A.-Leute später sagten, die verzögerte Landung gewesen, bei der der Hubschrauber einige Warterunden drehen mußte und sie fürchteten, daß er jeden Augenblick von einer I.R.A.-Rakete abgeschossen werden könnte. Die Gespräche waren für die

I.R.A. enttäuschend, weil die Engländer nicht, wie die I.R.A. gehofft hatte, gegen die militanten Loyalisten vorging. Es wurde jedoch ein Waffenstillstand ausgehandelt bis weitere Gespräche stattfinden sollten. Zwei Wochen später wurde ein banaler Zwischenfall zum Alibi für die I.R.A. dies als Ende des Waffenstillstands zu interpretieren. Der Terror begann erneut.

Die Briten wußten offenbar genau, wen sie zu den Verhandlungen einluden: Mac Stiofain war I.R.A.-Stabschef und O'Connell soll 1973 die Nachfolge von Seamus Twomey als I.R.A.-Chef angetreten haben. 1977, am Tag als der britische Botschafter in Dublin von der I.R.A. ermordet wurde, verhaftete ihn die irische Gardai wegen I.R.A.-Mitgliedschaft und er wurde verurteilt. Nach seiner Entlassung war er einer der führenden Männer in Sinn Fein. Seamus Twomey war zum Zeitpunkt des Geheimtreffens mit den Engländern I.R.A.-Kommandant und wurde im März 1973 Stabschef. Drei Monate später verhaftete ihn die Polizei in der Republik und er wurde wegen I.R.A.-Mitgliedschaft zu drei Jahren Gefängnis verurteilt. Doch im Oktober des gleichen Jahres wurden er und zwei Mitgefangene per Hubschrauber von der I.R.A. aus dem Gefängnis befreit. 1977 wurde er erneut verhaftet und 1982 aus dem Gefängnis entlassen. Er engagiert sich seither offenbar in der politischen Arbeit bei Sinn Fein. Gerry Adams war in Belfast interniert und wurde freigelassen, um an den Geheimgesprächen teilnehmen zu können. 1973 soll er einer der drei I.R.A.-Führer gewesen sein, die nach der Verhaftung Mac Stiofains die I.R.A. leiteten und 1977 soll er Stabschef geworden sein. Er konzentrierte sich später auf die politische Arbeit und wurde Sinn Fein-Präsident.

Nach dem Scheitern des Sunningdale-Abkommens 1974 fanden in den folgenden zwei Jahren weitere Gespräche zwischen Briten und Provos statt, die zu einem längeren Waffenstillstand führten. In den katholischen Wohngebieten Belfasts und Londonderrys wurden Beobachtungsposten mit Sinn Fein-Männern besetzt, die von den radikalen Republikanern, die ihre Waffen nicht niederlegen wollten, als RUP, Royal Ulster Provisionals, bezeichnet wurden. Unionisten waren alarmiert, da I.R.A.-Terroristen nach ihrer Meinung sich frei bewegen konnten und nicht verhaftet wurden. In wieweit die I.R.A. diese Zeit nutzte, sich zu regenerieren, ist nicht klar. Der Waffenstillstand bestand nur noch offiziell, längst bombten und mordeten I.R.A.-Kommandos wieder. Zwar kamen 1975 weniger Soldaten und Polizisten um, dafür ermordete die I.R.A. offenbar mehr Protestanten als Vergeltung für loyalistische Anschläge auf Katholiken. Republikaner behaupteten, die britische Regierung wollte eine Absichtserklärung für einen Rückzug abgeben und deshalb habe die I.R.A. so lange verhandelt.

Die militanten Kräfte unter den Republikanern gewannen danach die Oberhand, zumal die Sicherheitskräfte erfolgreicher waren mit ihrem Konzept, soviel Informationen über die I.R.A. zu sammeln wie möglich. Als es ihr auch noch gelang, die 13 Mitglieder einer aktiven I.R.A.-Einheit in Strabane auf einen Schlag zu verhaften, geriet die I.R.A. immer mehr unter Druck.

I.R.A.-Reorganisation

Die Erfolge von Polizei und Armee veranlaßten die I.R.A. ihre Position und Struktur grundsätzlich zu überdenken und die vielleicht wichtigste Entscheidung für ihr Weiterbestehen zu treffen: Die Reorganisation. Sie wandelte sich vom früheren klassischen Armee-Modell zur kleinen, in Zellen gegliederten Guerilla-Truppe. Ihr war klar, daß sie die britische Armee nicht militärisch aus dem Land zwingen kann, sondern wenn überhaupt nur dadurch, daß sie Nordirland für die Engländer so unpopulär und so teuer in jeder Beziehung macht, daß die englische Regierung eines Tages gezwungen wäre, den Rückzug aus Nordirland zu erklären. Als neue Taktik wurden Anschläge auch im Ausland und in England verübt, da sie dort sehr viel mehr Aufmerksamkeit erregen als in Nordirland.

Nach der Reorganisation bilden jeweils drei bis fünf Mitglieder eine militärische Zelle. Die klassische I.R.A.-Führungsorganisation einer Armee wurde umgebildet in ein «Northern Command», das die Zellen direkt führt. Das Prinzip der Minimum-Information dient dem besseren Schutz. So erfährt beispielsweise nur ein Mitglied der Einsatzgruppe vorher den Aktionsplan und jedes andere Mitglied kennt so wenig andere I.R.A.-Mitglieder wie möglich. Seither ist die I.R.A. kleiner, aber effektiver geworden. Die politische und publizistische Arbeit übernahm «Provisional Sinn Fein».

Die I.R.A. kann es sich heute leisten – wie sie behauptet – die Kandidaten für ihren Nachwuchs auszuwählen. Angeblich sollen nur zwei von zehn bis fünfzehn Bewerbern akzeptiert und in Trainings-Camps gesandt werden. Das Alter der «Rekruten» soll bei 18 oder 19 Jahren liegen. Tatsächlich sind aber auch jüngere Teenager bereits aktiv, Jugendliche, die außer Gewalt und Haß in ihrem Leben nichts kennengelernt haben. Man schätzt die Stärke der I.R.A. auf nicht mehr als 300 «Zellen»-Mitglieder und vielleicht 3000 aktive Sympathisanten, die Unterkunft, Transport und mehr zur Verfügung stellen. Die Überlegenheit der neuen Organisation ist die Unabhängigkeit der kleinen Gruppen, die sich untereinander nicht kennen.

Zugleich ist die größere Geheimhaltung auch die Schwäche der neuen Organisationsstruktur: Gelänge es den Sicherheitskräften, eine kleine Zahl von Führungskräften festzunehmen, dann wären die einzelnen Zellen zunächst ohne Leitung.

Die I.R.A. finanziert ihren Bedarf von geschätzt etwa zwei Millionen Pfund pro Jahr aus Banküberfällen, Spenden oder sogenannten «Schutzbeiträgen» und von Geldern, die aus Amerika kommen, wo «Noraid» erhebliche Beträge von Irisch-Amerikanern erhält. Bis 1978 war die I.R.A. ausschließlich in Irland und England aktiv. Mit ihrer neuen Struktur und Strategie änderte sich dies: Heute legt sie auch Bomben an Stützpunkte der britischen Rheinarmee in Deutschland, erschießt den englischen Botschafter Sir Richard Sykes in Holland und ermordet «versehentlich» einen belgischen Bankangestellten statt des britischen Botschafters bei der Nato. Verbindung zu europäischen Terror-Gruppen soll es dabei nicht gegeben haben. Für die Anschläge sollen unabhängig von einander handelnde I.R.A.-Zellen verantwortlich gewesen sein.

Nachdem sich die neue Organisationsstruktur der Provos bewährt hatte, fanden die Engländer es schwer, der I.R.A.-Strategie zu folgen. General Glover, Kommandant der englischen Armee in Nordirland, kam in einer Geheimstudie über die I.R.A. für die Regierung zu dem Schluß: «Die Kampagne der Provisionals wird wahrscheinlich so lange andauern, wie die Briten in Nordirland bleiben.» Die I.R.A. kam in den Besitz dieses Dokuments, veröffentlichte und feierte es als Bestätigung von höchster Stelle für den Erfolg ihrer neuen militärischen Strategie.

Die Doppelstrategie von «Kandidatur und Kugel»

Die politische Strategie der I.R.A. entwickelte sich bald darauf ebenfalls weiter: Provisional Sinn Fein rückte mehr nach links. Gerry Adams, unterdessen zum Präsidenten von Provisional Sinn Fein aufgestiegen, verkörperte den Wandel zur sozialistischen Partei. Danach genügt es der I.R.A. jetzt nicht mehr, die Briten zum Abzug zu bewegen und auch ein vereinigter föderativer Staat in Irland würde nicht mehr den Zielen entsprechen, wäre allenfalls als Übergangslösung akzeptabel – das heute angestrebte Ziel ist eine sozialistische Republik.

Es ist schwer vorstellbar, wie die überwiegend rechtskonservativen Protestanten Nordirlands aber auch die Bevölkerung der Republik bereit sein sollten, einen solchen Weg freiwillig mitzugehen. Andererseits finden sich in der Sinn Fein-Politik mehr liberale Auffassungen wieder als in mancher etablierten irischen Partei. Die wachsende Unterstützung der I.R.A.-Partei Sinn Fein in Nordirland läßt sich ziemlich genau erfassen: Bei den Wahlen zur «Northern Ireland Assembly» 1982, der jüngsten gescheiterten britischen Nordirland-Initiative, erzielte Provisional Sinn Fein ein überraschendes Wahlergebnis von über 10% – das ist ein Drittel der katholischen Stimmen. Doch wenig später schon sollte Sinn Fein weitere Wahlerfolge verbuchen, bei den Unterhauswahlen und bei Kommunalwahlen.

Die kombinierte Strategie von I.R.A.-Terror-Kampagne und Sinn Fein-Wahl-Kampagne ist erfolgreich: Bestätigung für die bekannte I.R.A.-These, daß es bisher Mord und Bomben waren, die englische Politiker zum Handeln veranlaßte, auch wenn es nicht immer die Art von Reaktion war, die die Provos sich erhofft hatten. Seit der ersten Wahlerfolge von Provisional Sinn Fein ist die I.R.A. indirekt zur politischen Macht geworden, mit der das politische Establishment noch nicht zurechtkommt. Die konstitutionellen Parteien und die Regierung lehnen Kontakte mit gewählten Sinn Fein-Abgeordneten ab.

Die Bevölkerung in den überwiegend katholischen Wohngebieten Nordirlands dagegen ist von den «boys» begeistert: In den etwa 30 ganztägig geöffneten Beratungsstellen helfen junge Mitarbeiter, oft arbeitslose Sozialarbeiter und Lehrer, mit wenig Lohn und viel Enthusiasmus, den Ratsuchenden bei praktischen Alltagsproblemen. Behördenformulare werden ausgefüllt, Anträge gestellt und Briefe formuliert, bei Umzügen geholfen, Reparaturen öffentlicher Wohnungen organisiert oder auch selbst ausgeführt. Der Erfolg blieb nicht aus. Die bisherige Monopol-Partei der katholischen Minderheit, die SDLP, verlor erheblich an Einfluß, weniger durch Stimmenverluste an Sinn Fein, als vielmehr dadurch, daß es Sinn Fein gelang, bisherige Wahlabstinenzler für sich zu gewinnen und die Bedeutung der SDLP zu mindern. In der Wahl zum britischen Unterhaus gewann Sinn Fein 13,4 Prozent der Stimmen obwohl sie nur in 14 von 17 Wahlkreisen kandidiert hatte. Die SDLP erzielte bei der Kandidatur in allen Wahlkreisen 17,9 Prozent. Mit anderen Worten über 40% aller katholischen Wähler hatten für Sinn Fein gestimmt. Beide Parteien konnten jeweils einen Sitz im Unterhaus gewinnen: John Hume und Gerry Adams, der ihn jedoch nicht einnahm.

Zwei der stärksten Persönlichkeiten nordirischer Politik, der Provisional Sinn Fein-Chef Gerry Adams und der frühere SDLP-Chef und Westminister-Abgeordnete Gerry Fitt standen sich bei den Wahlen 1983 gegenüber. Fitts kompromißloser Stand gegen die Provos machte ihn jedoch in den eigenen Reihen unbeliebt. Er verlor immer mehr Unterstützung und später auch den Parteivorsitz an John Hume. Fitt wurde mehrfach persönlich bedroht. Schließlich wurde sein Haus in West Belfast angezündet. Bei den Parlamentswahlen kandidierte der Sinn Fein-Vorsitzende Gerry Adams gegen «Fitt the Brit», wie er diskriminiert wurde. Gerry Fitt verlor seinen Parlamentssitz. Die englische Regierung gab ihm daraufhin Sitz und Stimme im Oberhaus und machte ihn zum Lord Fitt of West Belfast.

Nach dem überraschenden Wahlergebnis von 1983 war man sehr gespannt, ob Sinn Fein den Stimmenanteil von 40% der katholischen Wähler bei den Kommunalwahlen im Mai 1985 würde halten können. Obwohl die Provisionals nicht in allen Wahlbezirken Kandidaten aufgestellt hatten, erzielten sie erneut etwa das gleiche Ergebnis, so daß man in Zukunft mit I.R.A.-Sinn Fein als politischer Partei rechnen muß. Die SDLP und Sinn Fein teilen sich die Stimmen der katholischen Wählerschaft im Verhältnis von etwa 60:40. Ihre Doppelstrategie von «Kandidatur und Kugel» offenbarte sich drei Tage nachdem die Ergebnisse verkündet wurden. Die I.R.A. sprengte in Newry einen Polizeiwagen in die Luft, der einen Geldtransport begleitet hatte. Vier nordirische Polizisten wurden dabei getötet – 19, 22, und 28 Jahre jung waren die drei Polizisten, 21 Jahre ihre Kollegin. Der Anschlag wurde von den Regierungen und allen anderen Parteien verurteilt als «Provisional I.R.A.s mörderische Feier ihres Wahlerfolgs».

Unionistische Politiker haben nach der Wahl darauf hingewiesen, daß Sinn Fein nun Zugang zu den Kommunalparlamenten hat, in denen auch Sicherheitsfragen diskutiert würden. Außerdem könnten sie Informationen über Unions-Abgeordnete gewinnen, die dadurch als Ziel der Terroristen noch gefährdeter würden. Während die Minister es ablehnten, mit Sinn Fein-Abgeordneten zu sprechen, verlangten sie von den gewählten Abgeordneten, mit ihnen im Bezirks- und Stadtrat zurechtzukommen. Ferner betonten sie, daß für Sinn Fein zwar 40% der katholischen Wählerschaft gestimmt hätten, doch seien dies nur 12% aller Stimmen während 70% der Wähler für die Union mit Großbritannien gestimmt hätten.

Der Unions-Abgeordnete Harold McCusker verlangt, wie viele andere, ein Sinn Fein-Verbot: «Sinn Fein-Angehörige sind nicht politisch Aussätzige, sie sind politische Vampire. Sie leben vom Blut ihrer Gegner. Am Tag ruhen sie natürlich auf einem Bett von Wahlzetteln, aber bei Nacht schlagen sie ihre Fänge in die Kehlen oder Herzen . . . ihrer Opfer.» Aber die Regierungen in Belfast und Dublin wollen Sinn Fein nicht verbieten und in den Untergrund treiben, da sie sie dann noch schwerer beobachten könnten.

Die Doppelstrategie der Provos könnte sogar in der Republik ihre Wirkung nicht verfehlen. In politisch gespannten Zeiten, wenn «Brit-Bashing», ein irisches Vergnügen besonders zu Wahlzeiten, auf dem Redemanuskript nationalistischer Politiker steht, steigt die Sympathie für die Provos. Nach einer Untersuchung des Economic and Social Research Institut (ESRI) aus dem Jahr 1980 unterstützen bis zu 20% der Bevölkerung in der Republik die Ziele der I.R.A. Die Untersuchung wurde von der Dubliner Regierung scharf kritisiert, die das Projekt als «politisch taktlos» bezeichnete, da es kurz nach dem Attentat auf Lord Mountbatten veröffentlicht wurde.

Die neue Formel von «Kandidatur und Kugel» wurde von dem Adams-Vertrauten Danny Morrison geprägt. Auf dem Kongress der Provisional Sinn Fein 1981 in Dublin fragte er provozierend die Delegierten: «Hat jemand etwas dagegen, die Macht in Irland mit dem Wahlzettel in der einen und dem Schnellfeuergewehr in der anderen Hand zu gewinnen?» Der neuen Doppelstrategie des bewaffneten Kampfes und der «Politisierung der Massen» wurde mit großer Mehrheit zugestimmt. Man hatte nach dem Hungerstreik erkannt, daß die Unterstützung der Bevölkerung nicht in erwartetem Maße in politische Erfolge umgesetzt werden konnte und die I.R.A. möglicherweise ihren «Krieg gewinnen und den Frieden verlieren» könnte, weil keine eigene politische Partei etabliert wäre, die mit ihrer Organisation den Sieg eines britischen Abzugs beanspruchen und in politische Macht umsetzen könnte.

Der Ehrenwerte Gerry Adams, M. P.

Auf dem Parteitag von Sinn Fein 1983 wurde der 35jährige Gerry Adams zum Präsidenten gewählt. Damit ist er an die Spitze des politischen Teils der Organisation getreten, in der er groß wurde. Als junger I.R.A.-Aktivist in Belfast war er bald zu einem der I.R.A.-Kommandanten aufgestiegen, wurde häufig verhaftet, saß einige Male im Gefängnis und überstand alle bisherigen Anschläge auf sein Leben.

Im gleichen Jahr, in dem er zum Sinn Fein-Präsidenten gewählt wurde, erreichte er den bisher größten Erfolg seiner Karriere: Er wurde als Sinn Fein-Abgeordneter in das Londoner Unterhaus gewählt, nahm seinen Sitz jedoch nicht ein, da Sinn Fein die Britische Regierung und das Parlament nicht anerkennt. So blieb den übrigen britischen Volksvertretern die Peinlichkeit erspart, Gerry Adams, «The Honourable Member for West Belfast», den sie noch als Terroristen kennen, in ihre Reihen aufnehmen zu müssen.

Das respektable Ulster TV-Magazin «World in Action» beschuldigte Gerry Adams, als Kommandant einer Belfaster I.R.A.-Einheit im Jahr 1972 für die Explosion von 19 Bomben im Stadtzentrum verantwortlich gewesen zu sein. Adams Leben wurde beschrieben als das eines Mannes, der Massenmord in Irland und England geplant habe und dennoch siegreich aus der Parlamentswahl hervorgegangen sei. Er soll schon 1965, mit 17 Jahren, der

I.R.A. beigetreten sein und den radikalen Provisionals gefolgt sein, als es zum Bruch innerhalb der I.R.A. kam. Dort soll er kommandierender Offizier des zweiten Belfaster Batallions geworden sein. Ein ehemaliger I.R.A.-Mann, der nach Amerika geflüchtet war, sagte, Adams sei ein kluger Taktiker gewesen, der seinen Leuten viel Bewegungsfreiheit gegeben habe. Er sei für alles verantwortlich gewesen, was in dem Gebiet des Batallions passiert sei, einschließlich Erschießungen, Bomben und Raubüberfälle. Er habe die Bomben-Kampagne geplant, die in einem «Wirtschaftskrieg» Nordirlands Wirtschaft lahmlegen sollte. Während seiner Zeit als Kommandant von 1971-72, so stellte das Magazin fest, seien 19 Soldaten und 27 Zivilisten in Adams Bereich getötet worden. Ebenso sei Adams bei einer «Strafaktion» gesehen worden sein, bei der ein Jugendlicher zum Krüppel geschossen wurde. Im März 1972 wurde er unter dem Namen Joseph McGuigan verhaftet und nach drei Monaten freigelassen, um an Waffenstillstands-Verhandlungen mit den Engländern teilzunehmen. 1977 soll er Stabschef der I.R.A. geworden sein, bevor er sich auf Sinn Fein konzentrierte, deren Vizepräsident und späterer Präsident er wurde.

Im März 1984 wurde ein Anschlag auf Gerry Adams verübt, als er mit drei anderen Sinn Fein-Mitgliedern das Belfaster Magistratsgericht verließ. Dabei wurde er verletzt, erschien jedoch nach drei Wochen Krankenhausaufenthalt wieder in der Öffentlichkeit. Die Ulster Freedom Fighters, eine Gruppe, die der loyalistischen UDA nahesteht, bekannte sich zu dem Anschlag. Ian Paisley kommentierte: «Wer das Schwert nimmt, der soll durch das Schwert umkommen» und es sei «Gottes Gesetz, daß man erntet, was man sät.» Drei UFF-Mitglieder wurden für den Anschlag auf Adams zu Gefängnisstrafen zwischen 12 und 18 Jahren verurteilt.

Mit Gerry Adams hat Sinn Fein einen eloquenten Präsidenten erhalten, der es intellektuell mit seinen politischen Gegnern aufnimmt. Er verordnete seiner Partei das soziale Engagement, das sie aus der Isolation und zu unerwarteten Wahlerfolgen führte. Er kennt keinerlei verbale Schwierigkeiten, die Terror-Anschläge der I.R.A. moralisch zu rechtfertigen. Die Morde an Polizisten und britischen Soldaten bezeichnet er als «legitim». Solange die britische Regierung ihre Herrschaft durch den Gebrauch ihrer bewaffneten Macht aufrechterhalte, un den Kolonialstatus der sechs Graf-

schaften zu verteidigen, hätten Menschen das Recht zum bewaffneten Freiheitskampf. Er würde zwar nie jemand empfehlen, der
I.R.A. beizutreten, würde es aber begrüßen, wenn junge Leute
beiträten – viel deutlicher kann er nicht zum Beitritt der I.R.A.
auffordern ohne eine Gerichtsverfolgung zu riskieren und gleichzeitig vermeidet er es, seine militante Gefolgschaft zu enttäuschen.
Auf die Frage, ob er selbst bereit sei, einen RUC-Polizisten zu
töten, antwortete er, wenn seine Rolle in der I.R.A. läge, hätte er
keinerlei Bedenken.

Unter anderem kommentierte er den Tod eines I.R.A.-
Mitglieds, das als angeblicher Informant von seinem Kameraden
erschossen wurde: «Alle Armeen im Krieg exekutieren ihre
Spione.» Als der katholische Bischof Daly zur Aufgabe der Gewalt
aufforderte, fragte ihn Adams, ob er eine Alternative wüßte, wie
man die Unabhängigkeit erzielen könne.

«Des einen Freiheitskämpfer sind des anderen Mörder», erklärte Adams die Sicht der I.R.A. der nordirischen Verhältnisse
und natürlich seien I.R.A.-Mitglieder Freiheitskämpfer und, den
Gedanken weiterführend, seien die Britische Armee und die Polizei die Terroristen. Stets betont er auch, daß er jegliche Aktion
verurteile, in der Protestanten als Mitglieder einer religiösen
Gruppe umgebracht würden. Es käme für den Ausgang des bewaffneten Kampfes darauf an, daß selbst Loyalisten eines Tages
ihren Platz in einem säkularen, wenigstens aber pluralistischen
Staat finden könnten.

Die jungen Anhänger um Gerry Adams und Danny Morrison, seinem Weggefährten, drängen auf die Durchsetzung der
Doppelstrategie von Kandidatur und Kugel. Dabei soll Provisional Sinn Fein in Zukunft auch in der Republik politisches Gewicht
gewinnen und an Wahlen teilnehmen. Bei der jährlichen Gedenk-
feier in Bodenstown in der Grafschaft Kildare, erläuterte Gerry
Adams nach seinem Wahlsieg 1983 die neuen Ziele, am Grab von
Wolfe Tone, der als Vater der republikanischen Bewegung, auch
von der Fianna Fail-Partei angesehen wird. So wie Politiker ihre
Zuhörer mit «Liebe Mitbürger und Bürgerinnen» ansprechen, rief
Gerry Adams bei dem Treffen seinen mit maskierten I.R.A.-
Männern und uniformierten Frauen durchsetzten Publikum zu:
«Fellow Gunmen and Fellow Gunwomen!» Er forderte den Auf-
bau einer stabilen und starken politischen Bewegung in allen 32

Grafschaften, da das Volk der sechs Grafschaften allein die Unabhängigkeit nicht erreichen könne. Obwohl jegliche Gewalt gegen die «Freistaat-Kräfte» in der I.R.A. verboten sei, würde die Dubliner Regierung das Gewaltproblem im Norden mißbrauchen, um ihre «Kollaborationsrolle» zu verdecken. Je mehr das Volk mit den etablierten Parteien unzufrieden werde, desto intensiver müsse Sinn Fein im «Freistaat», wie er die Republik Irland regelmäßig nennt, eine politische Strategie entwickeln. Vermutlich sieht Adams in der I.R.A.-Sinn Fein-Doppelstrategie eine Chance, Einfluß auf die Politik der Dubliner Regierung nehmen zu können, wenn Sinn Fein als Koalitionspartner oder bei Duldung einer Fianna Fail-Minderheitsregierung, zum Zünglein an der Waage würde. Tatsächlich bestünde diese Möglichkeit, da in den vergangenen Parlamentswahlen in der Republik keine der beiden großen Parteien eine absolute Mehrheit erreichte und auf eine Koalition oder die Kooperation von unabhängigen Abgeordneten angewiesen war. In einem solchen Fall könnte eine Dubliner Regierung zu einem stärkeren anti-britischen Kurs gedrängt werden.

Bisher herrscht in der Republik jedoch eine strikte Anti-Sinn Fein-Politik. Im staatlichen Rundfunk und Fernsehen dürfen I.R.A.- und Sinn Fein-Mitglieder nicht einmal interviewt werden. Die Regierung boykottiert Sinn Fein-Politiker und Minister und weigern sich beispielsweise, die Delegation eines Grafschaftsrates zu empfangen, in dem ein gewählter Sinn Fein-Abgeordneter Mitglied ist.

«Prestige-Ziele»

Auch die militärische Strategie der I.R.A. ist bereits angepaßt worden. Nicht mehr die allgemeinen Terror-Anschläge stehen im Vordergrund sondern gezielte Aktionen mit hohem politischen Wirkungsgrad. Die Mordstrategie wurde um «Prestige-Ziele» ergänzt: Auf der Todesliste der I.R.A. stehen seither Prominente des öffentlichen Lebens in Nordirland und im Ausland. Bekannte Unionisten in Nordirland wurden erschossen, der britische Botschafter in Dublin und sein Kollege in Holland. Das schockierendste Ereignis des Jahres 1979 war der Anschlag auf Lord Mountbatten. Earl Louis Mountbatten of Burma kam in jedem Jahr mit seiner Familie an die irische Nordwestküste, um auf seinem Schloß, Classiebawn Castle, seinen Urlaub zu verbringen. An einem August-Tag des Jahres 1979 lief die «Shadow V», Mountbattens Yacht, etwa 300 Meter aus der Mullaghmore-Bucht aus, als eine unglaubliche Explosion das Schiff in Stücke zerriß. Von der siebenköpfigen Ausflugsgesellschaft überlebten nur drei Menschen. Lord Mountbatten war sofort tot, ebenso sein 15jähriger Enkel und ein gleichaltriger Junge, Lady Brabourne starb später im Krankenhaus. Die I.R.A. erklärte, Mountbattens Tod habe das britische Establishment getroffen und deutlich gemacht, daß ein Preis bezahlt werden müsse, für die Besetzung der sechs Grafschaften.

Wenige Stunden nach dem Anschlag auf Mountbatten, tötete die I.R.A. 18 englische Soldaten, ebenfalls durch einen Bombenanschlag im Nordosten der Insel bei Warrenpoint. Die I.R.A.-Männer zündeten zwei Bomben nacheinander, wobei die erste nur dazu diente, eine noch größere Zahl Soldaten anzulocken. Von den 18 Soldaten waren 16 Mitglieder des Fallschirmjäger-Regiments, dessen Soldaten am «Bloody Sunday» 1972 auf unbewaffnete Demonstranten geschossen hatten.

Die Ermordung Lord Mountbattens traf ganz England, weil er nicht nur ein Cousin der Königin, sondern auch einer der großen englischen Heroen war, der unter anderem als Vizekönig die englische Kolonie Indien in die Unabhängigkeit geführt hatte. «An Phoblacht», das Organ der Provisionals, brachte die Nachricht mit einem Foto des Opfers – quer darüber gedruckt das Wort «Executet». Gleichzeitig erklärte ein Provo-Sprecher in einem Interview mit der Irish Times, daß die Organisation genau das gleiche wiederholen würde – gegen «Prestige-Ziele».

Inwieweit die «Gunmen» bereit sind, sich zurückzuhalten, um die Wahlchancen von Provisional Sinn Fein nicht zu beeinträchtigen, ist nicht zu sagen. Nach Gerry Adams Wahl zum Sinn Fein-Präsidenten war die I.R.A. keineswegs zurückhaltend in ihren Aktionen. Auf seine Kandidatur wurde wenig Rücksicht genommen: Zwei Wochen vor der Parlamentswahl explodierte eine 1000 Pfund-Autobombe vor der RUC-Station in Andersonstown – nur knapp entgingen mindestens ein Dutzend Menschen dem Tod und Gerry Adams hätte die Wahl zum Unterhaus in seinem Wahlbezirk wahrscheinlich verloren. Die Beziehungen zwischen Provos und «Politicos» sind offenbar zeitweise gespannt und es scheint, daß die Sinn Fein-Führer keineswegs den bestimmenden Einfluß auf die Aktionen der I.R.A. haben. So wurde schon einen Tag, nachdem Adams auf dem Sinn Fein-Kongress 1983 erklärt hatte, die I.R.A. würde nicht mehr ohne Vorwarnung bomben, der Bezirksratsvorsitzende von Armagh, Charles Armstrong, durch eine «booby trap»-Bombe, die wie eine Minenfalle wirkt, in seinem Auto getötet. Zur Zeit der ersten Wahlbeteiligung von Sinn Fein, bei einer Nachwahl in Dublin, wurde Don Tidey, der Chef einer großen Supermarkt-Kette, entführt — am Tag der Stimmauszählung. Als Tidey befreit wurde, erschossen I.R.A.-Männer einen Polizisten und einen Soldaten der Republik, was allen Versicherungen der Provos, keine «Freistaat-Kräfte» zu töten, widersprach.

Bomben in England

In London ging in der Vorweihnachtswoche 1983 vor Harrods, dem großen Kaufhaus im Zentrum der Stadt, eine I.R.A.-Bombe hoch, mit falscher und viel zu kurzer Vorwarnung. Dieses Attentat forderte 5 Menschenleben und 91 wurden verletzt. Höchst ungewöhnlich für I.R.A.-Gewohnheiten, erklärte das I.R.A.-«Army-Council» anschließend, der Anschlag sei nicht «authorisiert» gewesen. Daraus schloß man, daß das Killer-Kommando offensichtlich auf eigene Verantwortung gehandelt habe. Ein bekanntes I.R.A.-Mitglied erklärte gegenüber einem französischen Journalisten, es hätte sich um einen «rein logistischen und technischen Fehler» gehandelt. Weiter erläuterte er: «Jede I.R.A.-Einheit weiß, daß sie komplette Freiheit hat, britische Soldaten, Milizangehörige der UDR oder Männer der RUC zu töten.» In England jedoch werden «die Ziele sehr sorgfältig gewählt und wir hatten uns entschieden, keine ökonomischen Ziele anzugreifen, bei denen Zivilisten getötet würden.» Er versicherte, daß ein Fall wie Harrods nicht wieder vorkommen würde, «Woolwich wird natürlich wieder passieren». Damit bezog er sich auf einen Bombenanschlag einen Monat zuvor auf die britische Woolwich-Kaserne.

Anschläge in England verübt die I.R.A. aus zwei Gründen: Erstens wissen ihre Führer, daß eine Bombe in England gezündet ein mehrfaches an Aufmerksamkeit in den Medien, der Öffentlichkeit und bei Politikern erzeugt als ein Anschlag in Nordirland. Zweitens dienen manche Anschläge, noch dazu besonders spektakuläre Aktionen, häufig der inneren «Aufrüstung» ihrer Mitglieder, beweisen sie doch, daß die Organisation in der Lage ist, «den Feind jederzeit und überall empfindlich zu treffen». Der frühere Nordirland-Minister Whitelaw soll bei den Geheimgesprächen mit der I.R.A.-Delegation 1972 gesagt haben, die Briten könnten die Verluste in Nordirland akzeptieren – sie verlören etwa gleichviel Soldaten durch Unfälle in Westdeutschland. Dies brachte möglicherweise die I.R.A. auf den Gedanken, daß Bomben-Attentate direkt in Großbritannien wesentlich effektiver sein würden in ihrer Wirkung, denn dort sind die Verluste eben nicht «akzeptabel».

In den Jahren 1973 bis 1975 wurde beinahe wöchentlich ein Anschlag in England verübt. In den 12 Jahren seit 1973 starben dadurch fast 100 Menschen, meist Zivilisten und Hunderte wurden teilweise schwer verletzt. Ein direktes Ergebnis der I.R.A.-Bombenkampagne war die Einführung des Anti-Terrorismusgesetzes in England.

Durch Zufall entdeckten Waldarbeiter ein Waffenversteck in einem Wald in Oxfordshire, das 112 Pfund Sprengstoff, Funkgeräte und Zeituhren als Auslöser, Drähte, Autoschlüssel und eine Liste der Ziele enthielt. Dieser Fund führte zur Festnahme von drei I.R.A.-Männern, die einige der schlimmsten Bombenanschläge in England verübt haben. Beispielsweise als am 10. Oktober 1981 ein Bus der Irischen Garde auf dem Weg zur Chelsea-Kaserne in London einen bärtigen Straßenarbeiter passierte, der einen einfachen Schalter betätigte und damit eine 30 Pfund-Bombe zur Explosion brachte. Diese Bombe war mit 1000 Nägeln von 15 cm Länge bestückt, die wie ein Sturm durch die Luft flogen und zwei Zivilisten tötete und 37 Menschen verletzte. Einer der beiden Toten war der 18jährige John Breslin, dessen Vater fassungslos sagte: «Ihre eigenen Leute töten sie. Sie sind Iren. Ich bin Ire und sie haben meinen Sohn getötet!»

In einem Wimpey-Restaurant in Oxford Street hatte das gleiche I.R.A.-Killer-Kommando kurze Zeit darauf in der Damen-Toilette eine Bombe deponiert. Ein Experte, der die Bombe entschärfen wollte, kam dabei ums Leben. Im folgenden Monat explodierte eine Bombe am Haus des britischen Generalanwalts, der, so die Polizei, getötet worden wäre, wenn er zu Hause gewesen wäre.

Die drei Angeklagten Thomas Quigley, Paul Kavanagh und Natalino Vella wurden von einem Londoner Schwurgericht nach langer Beratung der Schöffen für schuldig befunden und zu 15 bis 35 Jahren Gefängnis verurteilt.

Nagel-Bomben töteten 1982 bei zwei Attentaten auf eine Militärkapelle im Regents Park und auf eine Kavallerie-Parade am Hyde Park 10 Soldaten und verletzten 50 Menschen. Sieben Pferde kamen um und viele weitere waren verletzt. Die Bilder von toten und verstümmelten Menschen inmitten von zerfetzten Pferdeleibern, wild um sich schlagenden Tieren, empörte ganz England gegen die I.R.A. und die Iren.

«Wir müssen nur einmal Glück haben»

Den bisher provokativsten Anschlag unternahm die I.R.A. am 13. Oktober 1984, als im englischen Seebad Brighton die Konservativen ihre Parteikonferenz abhielten. Die Regierungschefin und die meisten ihrer Minister wohnten im Grand Hotel an der Seepromenade. Margaret Thatcher überarbeitete nachts in ihrem Hotelzimmer noch einmal ihre Rede, die für den nächsten Tag geplant war. Wenige Minuten später erschütterte eine Explosion das Hotel, ein Teil des Gebäudes brach zusammen. Frau Thatchers Badezimmer, das sie kurz darauf aufgesucht hätte, wurde zerstört. Vier Menschen wurden getötet, viele verletzt, darunter auch der Industrie-Minister Tebitt, Nummer zwei im Thatcher-Kabinett und dessen Frau. Beide waren unter dem Schutt begraben und hielten ihre Hände bis sie nach Stunden befreit werden konnten. Tebitt war ein halbes Jahr mit schweren Verletzungen im Krankenhaus, seine Frau ist seither querschnittgelähmt.

Vermutlich hatte eine «schlafende» I.R.A.-Zelle, deren Mitglieder sich schon lange in England aufhielten und die bei Bedarf «geweckt» und für solche Aktionen eingesetzt wird, die Bombe von 20 Pfund (die I.R.A. behauptete später es seien 100 Pfund gewesen) im sechsten Stockwerk des Hotels schon Wochen zuvor während Renovierungsarbeiten plaziert. Über einen Zeitzünder konnte der Zeitpunkt der Explosion ziemlich genau bestimmt werden. Wahrscheinlich hatten sie sogar damit gerechnet, daß Mrs. Thatcher und die meisten ihrer Minister, wie vor zwei Jahren, im siebten Stockwerk wohnen würden.

Historisches Vorbild für das Attentat war laut I.R.A. der Bombenanschlag der israelischen Irgun-Organisation des späteren israelischen Ministerpräsidenten Begin auf das King David Hotel im Jahr 1948. Kurz darauf hatten die Briten ihre Truppen aus Palästina abgezogen. Auch der Anschlag 1984 im Libanon, bei dem 80 amerikanische Soldaten umkamen und die Regierung ihre Truppen abzog, schien der I.R.A. ein Zeichen dafür zu sein, daß man die Briten auf gleiche Weise zur Aufgabe zwingen könnte. Die I.R.A. hatte mit 50 Toten oder mehr gerechnet. Ihr unmittelbares Ziel war es, Margaret Thatcher, ihre wichtigsten Minister und in den unteren Stockwerken weitere Staatsminister und Tory-Abgeordnete zu töten. Das anschließende Statement der I.R.A. lautete: «Die I.R.A. trägt die Verantwortung für die Zündung der 100 Pfund-Bombe in Brighton gegen das Britische Kabinett und die Tory-Kriegstreiber. Frau Thatcher wird nun erkennen, daß Großbritannien nicht unser Land besetzen, unsere Gefangenen foltern, unser Volk in seinen eigenen Straßen erschießen kann und damit davonkommt. Heute hatten wir kein Glück, aber denkt daran, wir müssen nur einmal Glück haben – Ihr müßt immer Glück haben. Gebt Irland Frieden und es gibt keinen Krieg mehr.»

England war durch dieses Attentat geeint wie selten zuvor. Der fast einjährige Streik der Bergleute, der sich zu einem Machtkampf zwischen Gewerkschaften und Regierung entwickelt hatte, trat in den Hintergrund. Die Haltung der Falkland-Siegerin war auch diesmal Churchill-like. Am nächsten Morgen hieß es nach einer Gedenkminute auf der Parteikonferenz: «Business as usual».

Der Anschlag auf Englands Regierung fand kurz nachdem die irische Regierung ihre Vorschläge zur Lösung des Nordirland-Problems im «Forum-Report» präsentiert hatte, statt. Möglicherweise wollte die I.R.A. auch jede Friedensinitiative zwischen der Republik und England, an der die Provos nicht beteiligt sind, auf diese Art verhindern.

Danny Morrison sagte nach dem Bombenanschlag auf die englische Regierung: «Großbritannien wird nur dann abziehen, wenn die I.R.A. durch eine lang anhaltende Kampagne, den politischen Willen (Englands) bricht, in Irland zu bleiben – und sie hätte es fast geschafft. England hat absolut kein Recht, in Irland zu sein.» Die Frage nach dem Verbleib der irischen Protestanten handelte er kurz ab: «Ich glaube nicht, daß wir etwas tun können, um ihnen zu versichern, daß wir ihnen in einem vereinigten Irland kein Leid zufügen wollen. Sie glauben uns nicht.»

Die INLA

Die relativ kleine Irish National Liberation Army, INLA, ist eine Splittergruppe der Provisional I.R.A. Sie ist in Nordirland und in der Republik, wie die I.R.A., verboten. Sie hatte sich als noch radikalerer Flügel von den Provos 1974 getrennt und wurde damals von Sean Costello, der auch die IRSP (Irish Republican Socialist Party) als politischen Arm der INLA gegründet hatte, geführt. Costello wurde in Dublin 1977 getötet – von der I.R.A., wie die INLA behauptet. Ihre erste große Publizität erhielt sie durch den Anschlag auf Airey Neave, den politischen Freund und Berater Margaret Thatchers, der beim Verlassen des britischen Parlaments in London ermordet wurde. Die UDA und ihre loyalistischen Verbündeten hatten im Jahr 1980 die zahlenmäßig kleine INLA und deren Partei durch die Ermordung der früheren IRSP-Vorsitzenden Miriam Daly, die in ihrem Haus erschossen wurde und die Erschießung von Ronnie Bunting, dem vermutlichen INLA-Kommandanten von Belfast, erheblich geschwächt. Für die UDA ist die INLA eine Art irischer Filiale einer weltweiten marxistischen Verschwörung. Opfer der INLA sind vor allem RUC-Polizisten. Seit dem Hungerstreik ist die INLA noch stärker als eigenständige Guerilla bekannt geworden: Drei der zehn geopferten Hungerstreiker gehörten ihrer Organisation an und beim Begräbnis von Hungerstreiker Patsy O'Hara zeigten sich nicht weniger als 32 paramilitärisch gekleidete Männer in der Öffentlichkeit.

Provisional Sinn Fein verkündet 1982 die neue Doppelstrategie der Provos: «Mit dem Schnellfeuergewehr in der einen und dem Wahlzettel in der anderen Hand siegen.» (Sinn Fein-Führer: Danny Morrison, Gerry Adams, Martin McGuinness, Owen Carron)

Bernadette McAliskey (früher Devlin), zweite von rechts, die Jeanne d'Arc der Bürgerrechtsbewegung von 1969, engagiert sich erneut bei Demonstrationen für die Hungerstreiker: «Zerschmettert die H-Blocks».

▼ In der Belfaster Falls Road werden Nachrichten traditionell durch das Scheppern von Mülleimer-Deckeln verbreitet – wie hier als ein weiterer verurteilter Terrorist während der Hungerstreik-Kampagne gestorben war.

Begräbnisse können in Nordirland zu politischen Massenveranstaltungen werden:
I.R.A.Männer feuern Ehrensalut über dem Sarg eines Mitglieds und verschwinden
unerkannt in der Menge, bevor die Polizei eingreifen kann.

▼ Wieviel mehr Menschen hätte die I.R.A. mit diesem Bomben-Depot in der Nähe von
Dungannon töten können: Die Polizei fand 1,5 t Sprengstoff in Säcke abgefüllt.

Die Öffentlichkeitsarbeit von I.R.A./Sinn Fein ist der der britischen und nordirischen Regierung überlegen. Ein beträchtlicher Teil ihrer Finanzen wird für die Wochenzeitung «An Phoblacht» ausgegeben. Das Propagandablatt dient der Aufrüstung der eigenen Mitglieder und Sympathisanten, der Rechtfertigung von Mord und Gewalt sowie der Unterstützung der Wahlbezirksarbeit und Kampagnen von Sinn Fein-Kandidaten. I.R.A.-Statements werden regelmäßig darin veröffentlicht. Die Zeitung ist weder in der Republik noch in Nordirland verboten.

Unter britischer «Gewaltherrschaft» möglich: I.R.A.-Werbeplakat in einem Republikaner-Viertel in Belfast.

Die soziale Rolle der I.R.A.: Zwei junge Mädchen («Geständige Verräter») werden nach einer I.R.A.-Strafaktion von der Polizei befreit.

▼ Ein Terrorist (rechts) in Londonderry hat gerade eine Brandbombe auf einen Panzerwagen geworfen, der ausbrennt.

Waffen-Demonstration von zwei I.R.A.-Angehörigen in West-Belfast – umgeben und bewundert von Kindern und Jugendlichen.

▼ «Wenn es die Unruhen nicht gäbe – das Leben wäre todlangweilig» – Jugendliche werfen Brandbomben im Schutz eines von ihnen bereits zerstörten Fahrzeugs.

Während sich 1982 die I.R.A. wegen der Teilnahme der Sinn Fein-Partei an den «Assembly»-Wahlen mit Anschlägen eher zurückhielt, machte die kleinere INLA um so mehr Schlagzeilen. Sie war verantwortlich für die Ermordung von 29 Menschen in Nordirland, darunter die 16 Opfer des Bombenanschlags auf ein Pub in Ballykelly. Als zwei ihrer Mitglieder von der RUC im Dezember 1982 erschossen wurden, versprach die INLA in einem Statement, «die Toten mit gnadenloser Grausamkeit zu rächen».

Die INLA kämpft, wie die I.R.A., für eine vereinigte Republik Irland und sieht in der Präsenz britischer Soldaten die Rechtfertigung für ihre Gewaltaktionen. Einer der schrecklichsten Anschläge auf Protestanten in letzter Zeit geht auf das Konto der INLA: Am 21. November 1983 rissen zwei maskierte Männer die Tür der kleinen protestantischen Pentecostal Kirche in Darkley auf und schossen wahllos auf die versammelte Gemeinde, die gerade einen Choral sang. Drei Männer brachen sofort tot zusammen, sieben Menschen wurden verletzt, die Wände der Kirche waren mit Blut bespritzt. In einem bereitstehenden Wagen flohen die Mörder Richtung Grenze.

Der 30jährige frühere INLA-Chef Dominic McGlinchey bekannte in einem Interview mit einer Dubliner Sonntagszeitung, während er auf der Flucht war und von der Polizei auf beiden Seiten der Grenze gesucht wurde, daß seine Organisation mit dem Kirchenmord in Darkley zu tun habe. Er habe einen seiner Leute mit einer halbautomatischen Waffe ausgerüstet für einen Anschlag auf einen Loyalisten. Selbst McGlinchey, der sich mit «um die 30» Mordanschlägen und etwa 200 Bombenanschlägen brüstet, meinte, der Täter müsse «aus dem Gleichgewicht» gewesen sein. Allerdings sei er nicht dafür, daß er deswegen «exekutiert» würde, weil dessen Bruder einige Zeit zuvor getötet worden sei und der «Junge unter Streß» gestanden habe. McGlinchey verteidigte alle paramilitärischen Morde für die Sache eines vereinten Irland und fügte hinzu: «Ich lasse mich nicht erpressen durch das Leid der Kinder.» Nach einer wochenlangen intensiven Jagd von Gardai und Special Branch Agenten in der Republik wurde McGlinchey festgenommen.

Man glaubt heute, daß allein in den zehn Jahren ihres Bestehens die Führung der INLA sechsmal gewechselt hat. Meist vollzog sich ein solcher Wechsel gewaltsam. Der interne Machtkampf wurde vor- und nachher von Schießereien begleitet. Heute soll die INLA eine kleine Gruppe von 20 bis 30 aktiven «gunmen» in Belfast und Derry haben und eine genügend große Zahl von Sympathisanten, die ihnen sichere Unterkunft und andere Unterstützung gewähren.

Die Beziehungen zwischen INLA und I.R.A. sind gespannt. Seit die I.R.A. ihre Doppelstrategie von Wahlbeteiligung bei gleichzeitiger Fortsetzung einer «gemäßigteren» Bomben- und Mordkampagne praktizierte, kamen die INLA-Bomben ohne Vorwarnung so ungelegen wie wahllose Mordanschläge auf Protestanten. Im Grenzgebiet haben INLA-Gangs eigene Methoden der «Mittelbeschaffung» entwickelt. Sie kidnappen beispielsweise die Lastwagen eines Fuhrunternehmens, der in Schmuggelgeschäfte verwickelt ist und erpressen ein Lösegeld. Etliche Mitglieder der INLA wurden von der I.R.A. ausgestoßen, weil sie unter anderem sogenannte «private Mittelbeschaffung» betrieben hatten, mit anderen Worten Banken auf eigene Rechnung ausraubten.

Die mit der INLA assoziierte Irish Republican Socialist Party IRSP hat sich 1984 den Lehren von Marx, Engels und Lenin zugewandt und erklärt, «mit den starken Waffen des Marxismus-Leninismus» könne sie den Imperialismus besiegen und den Sozialismus in Irland aufbauen. Sie unterstütze den «bewaffneten Kampf gegen den Britischen Imperialismus».

Der zehnfache Hungerstreik

Zehn republikanische Gefangene hungerten sich 1981 im Maze-Gefängnis bei Belfast zu Tode. Von der I.R.A. befohlene Propaganda-Kampagne, sagen die einen. Von den Gefangenen selbst bestimmt, als Mittel im Kampf um ihre Rechte, sagen die anderen. Was ist der Hintergrund, warum opfern sich 10 junge Männer? War der gescheiterte Hungerstreik dennoch ein Erfolg – für wen?

Auf den Ausbruch der Gewalttätigkeiten antwortete die britische Regierung mit einer verstärkten Sicherheitspolitik: Im Jahr 1972 begann eine Welle von Hausdurchsuchungen und Verhaftungen in den katholischen Vierteln. Waren es 1971 etwa 17 000 Hausdurchsuchungen, so verdoppelte sich die Zahl im folgenden Jahr auf 36 000 und 1973 und 1974 noch einmal auf 74 000 und

72 000. Entsprechend viele Verhaftungen gab es auch. Die Anklagen, allein für schwere Sicherheitsverbrechen wie Waffen-, Bomben- und Sprengstoffbesitz, Mordversuch und Mord betrugen in den Jahren 1972 bis 1977 in jedem Jahr zwischen 1200 und 1400 – in manchen Jahren waren es etwa 700. Das Maze-Prison, außerhalb Belfasts, dessen Zellenblock aus der Luft gesehen in H-Form angelegt sind, wurde das modernste und teuerste Gefängnis in Großbritannien. «H-Block» wurde zum Symbol für einen Widerstand, der bis zur Selbstaufgabe, zum freiwilligen Tod reichte – in britischen Gefängnissen gibt es keine Zwangsernährung.

Bereits 1972 hatte es einen Hungerstreik gegeben, der jedoch nach 35 Tagen beendet wurde, nachdem der britische Nordirland-Minister den verurteilten Terroristen einen Sonderstatus («Special Category Status») einräumte, den man in den folgenden Jahren versuchte, wieder abzuschaffen.

Damals hatten die Gefangenen erreicht, was sie forderten: eine Quasi-Anerkennung als politische Gefangene, obwohl dieser Ausdruck nicht offiziell auftauchte. Doch statt die politischen Gefangenen mit einem speziellen Begriff zu belegen, nannte die Anstaltsleitung die übrigen Häftlinge die «ODCs» (Ordinary Decent Criminals), die «Gewöhnlichen anständigen Kriminellen».

Der damalige Sonderstatus gab den Häftlingen der I.R.A. und den gefangenen loyalistischen Paramilitärs Vergünstigungen, wie zum Beispiel großzügige Besuchsregelung und freie Kommunikation untereinander. Für die Anstaltsleitung wurde diese Nachgiebigkeit von 1972 zu einer peinlichen Angelegenheit. Die I.R.A.-Gefangenen nutzten die Vergünstigungen und schulten im Gefängnis in «praktischen Fächern» wie Waffentechnik und in psychologischer Guerilla-Taktik. Aus diesem Grund wurde der Sonderstatus 1976 wieder abgeschafft. Als Gegenleistung gaben die Briten das Versprechen, den Häftlingen die Hälfte der Strafe zu erlassen, wenn die Anstaltsordnung beachtet würde. Die Gefangenen wurden in kleinere Zwei-Mann-Zellen innerhalb der H-Blocks untergebracht, um die Kommunikation einzuschränken. Alle Häftlinge, deren Straftaten vor dem 1. März 1976 lagen, behielten übergangsweise den Sonderstatus.

Diese Regelung programmierte den nächsten Streik. Die Gefangenen verweigerten zunächst das Tragen von Anstaltskleidung und waren «on the blanket», nur mit Decken bekleidet, manche fast ein Jahr lang. Sie verweigerten die Arbeit, zerstörten Zelleneinrichtungen, wuschen sich nicht mehr und beschmierten schließlich die Wände ihrer Zellen mit den eigenen Exkrementen. Ein Film, der die Zustände in den H-Blocks zeigte, wurde aus dem Gefängnis geschmuggelt und in vielen Ländern im Fernsehen gezeigt. In Irland und Amerika war die Empörung groß.

Außerdem klagten die Häftlinge über Brutalität von Gefängniswärtern, die – obwohl nicht bewiesen – Glauben fanden. Die Engländer waren entschlossen, in diesem Fall nicht nachzugeben und wiederholten stereotyp ihre Formel, wonach die Häftlinge ihre Situation selbst herbeigeführt hätten und auch nur sie dem ein Ende setzen könnten. Es war die gleiche Formel, die später, im Jahr 1981 zur Rechtfertigung der englischen Haltung während des zehnfachen Hungerselbstmords diente.

Bobby Sands, der neue Anführer der republikanischen Gefangenen, forderte:

1. Das Recht, eigene Kleidung tragen zu dürfen
2. Keine Gefängnisarbeit leisten zu müssen
3. Freie Zusammenkunft im Gefängnis untereinander, jedoch Trennung von loyalistischen Gefangenen
4. Fortbildungsmöglichkeiten
5. Halbierte Haftdauer bei guter Führung

Die Briten lehnten ab, erklärten sich aber bereit, über humanitäre Maßnahmen zu sprechen. Der Hungerstreik initiierte in Nordirland und in geringerem Maße auch in der Republik eine politische Bewegung. Bobby Sands wurde als Kandidat für die Nachwahl in einem Wahlkreis Nordirlands aufgestellt und am 10. April zum Mitglied des Londoner Parlaments gewählt. Im ganzen Land bildeten sich H-Block-Komitees unter der Leitung von Bernadette McAliskey, die sich als Bernadette Devlin einen Namen in der Bürgerrechtsbewegung gemacht hatte.

Doch Margaret Thatcher blieb hart: «Murder is Murder is Murder» – keinen politischen Status für Kriminelle. Bobby Sands starb am 66 Tag seines Hungerstreiks, morgens am 5. Mai 1981. Die Nachricht verbreitete sich sofort durch das entnervende Geräusch der Mülltonnendeckel, mit denen aufgebrachte Katholiken auf das Straßenpflaster schlugen. Das war der Start für verstärkte Gewaltaktionen und 25 Menschen starben allein im Mai.

Die H-Block-Kampagne der I.R.A.- und INLA-Gefangenen im Maze Prison bewirkte eine internationale Sympathie-Bewegung. Weitere Hungerstreiker starben. Einer von ihnen, Kieran Doherty, war zuvor in der Republik Irland, in der Wahlen stattfanden, zum Abgeordneten in das irische Parlament gewählt worden. Auch andere Hungerstreiker erzielten hohe Stimmgewinne.

Die Katholische Kirche versuchte einerseits zu vermitteln, andererseits wurde ihre Rolle kritisiert, weil sie keine eindeutige Haltung zum Hungerstreik hatte, den Tod der Hungerstreiker nicht als Selbstmord bezeichnete und bei den Begräbnissen nicht verhindern konnte, daß uniformierte und maskierte I.R.A.-Männer Ehrensalut schossen. Der Papst versuchte zu helfen, indem er einen persönlichen Botschafter entsandte, dessen Mission allerdings erfolglos war. Seine Empfehlung lautete: «Beten».

Die Unionisten qualifizierten den Tod der Hungerstreiker als Selbstmord. Der britische Nordirland-Minister meinte, die Hungerstreiker würden auf Befehl der I.R.A. sterben und wies darauf hin, daß der RUC-Polizist Ellis, der nach Bobby Sands Tod erschossen worden war, mindestens ebensoviel Sympathie verdiene: «Der Unterschied ist, daß *er* nicht sterben wollte!»

Im Ausland erwartete man den Ausbruch eines Bürgerkrieges in Nordirland. Zahllose Journalisten waren bereit, nach Belfast zu eilen oder hielten sich schon dort auf. Aber die europäischen Staaten und die amerikanische Regierung blieben zurückhaltend. Die östlichen Staaten veranstalteten Solidaritätskongresse und die DDR gab sogar einen formalen Protest bei der britischen Regierung ab.

Unterdessen war ein neuer Nordirland-Minister ernannt worden, der Verbesserungen der Haftbedingungen sofort nach Beendigung des Streiks zusicherte, nicht jedoch, während gestreikt würde. Die Verzweiflung über die Aussichtslosigkeit ihrer Lage wuchs unter den Streikenden im Gefängnis und gelegentlich gab einer der Hungernden auf oder wurde, wenn er bereits im Koma lag und nicht mehr selbst entscheidungsfähig war, von den Angehörigen gerettet, indem sie ihre Zustimmung zu medizinischer Behandlung gaben. Der Gefängnispriester, Father Faul, von der Nutzlosigkeit des Streiks überzeugt, schaffte den Druchbruch bei seinen Bemühungen um ein Ende des Hungerstreiks mit Hilfe der Verwandten der sechs noch im Hungerstreik befindlichen Häftlinge am 3. Oktober 1981 – ohne daß ihre Forderungen erfüllt worden wären. Drei Tage später durften die Gefangenen ihre eigenen Kleider tragen und der 50%-Hafterlaß wurde auch den protestierenden Gefangenen wieder gewährt.

Außer den 10 Hungerstreikern starben durch Terroranschläge während dieser Monate 64 Menschen, davon mehr als die Hälfte Zivilisten. Sieben Menschen wurden durch Plastik-Geschosse von Polizei oder Armee getötet, unter ihnen zwei Mädchen im Alter von 11 und 14 Jahren.

Von den Gefangenen, die schon vor 1976 Haftstrafen verbüßten, hatten 1984 immerhin noch 184 den «Special Category Status»: 83 Republikaner und 101 Loyalisten. Bobby Sands und die neun anderen Hungerstreiker hatten mit ihrem Tod auch für ihre loyalistischen Feinde im Gefängnis den Sonderstatus erhalten.

Die verstärkte Polarisierung der beiden Gemeinschaften und die politischen Konsequenzen der Wahlbeteiligung und der Etablierung von Sinn Fein als politischer Kraft in Nordirland sind die Folgen der H-Block-Kampagne, die über die Ziele der Hungerstreiker weit hinausreichten.

«Nur unsere Flüsse fließen frei»

Bobby Sands ist in Belfast nicht vergessen. In der «Ballad of Bobby Sands» wird seiner ebenso gedacht wie in jährlichen Gedenkumzügen. Noch am vierten Jahrestag seines Todes wurde er 1985 mit einem Umzug durch die Falls Road zum Sinn Fein-Hauptquartier in Andersonstown von mehreren tausend Menschen geehrt.

Der Hungerstreik hat gezeigt, daß die Provos die Mittel ihrer Propaganda für ihre Zwecke geschickt einzusetzen wissen. Sie stellen einen beachtlichen Teil ihrer Einnahmen für die Subvention ihrer Zeitung «An Phoblacht» und anderer Magazine mit «Kriegs-Neuigkeiten» zur Verfügung. Gleichzeitig produzieren sie Informationsmaterial für den Einsatz in Irland und mehrsprachige Broschüren für das Ausland. Teilweise dient dieses Material der moralischen Aufrüstung von Mitgliedern und Sympathisanten. Wichtig sind dabei die «Widerstands-Lieder», die nicht nur in nordirischen Pubs gesungen werden, sondern auch in irisch-amerikanischen Clubs oder von jungen Franzosen und Deutschen, die kaum etwas wissen vom tödlichen Geschäft der glorifizierten Mörder. Es paßt scheinbar so gut in die irische Balladen-Tradition, wenn Provos neue Songs drucken und verbreiten, von dem Land, in dem «Nur die Flüsse frei fließen» und der Mitsänger von «Meinem kleinen Gewehr» träumt, das er zum Gnadenschuß an das Gehirn eines jungen britischen Soldaten setzt während er gleichzeitig seiner Mama das «Versprechen des Heckenschützen» gibt, nämlich das Gewehr wegzulegen, wenn die Freiheit gewonnen sei.

«Sag Hallo zu den Provos, setz' Deinen Glauben in sie und Irland wird errettet werden» – und wer sein Leben dafür geben muß, wird vielleicht sogar als Held Unsterblichkeit gewinnen und wie im «Provo Lullaby» versprochen wird, direkt in den «Himmel kommen, wo es keine Polizei mehr gibt, die ihn verfolgt». Wie schon früher in der irischen Geschichte, unterschätzen die Briten die Wirkung republikanischer Agitation und der emotionalen Kraft von Irish Songs haben sie schon gar nichts entgegenzusetzen. Der Mythos vom «Freiheitskampf» und die Gewaltverherrlichung können in Nordirland frei und öffentlich gepflegt werden.

Waffenschmuggel

In der Sicherheitspolitik legen London und Dublin seit 1984 einen Schwerpunkt auf das «Trockenlegen» von Geld- und Waffenquellen der republikanischen Paramilitärs in Nordirland aus Spenden von Irisch-Amerikanern. So wie vor über 150 Jahren die Unterstützung für die «United Irishmen» in Form von Waffen und Geld aus Amerika kam, finden sich noch heute genügend Sympathisanten aus Übersee, die die I.R.A. direkt oder indirekt unterstützen. «Noraid», das Hilfskomitee Nordirland, sammelt unter den 20 bis 40 Millionen Amerikanern irischer Abstammung Geld für die I.R.A. Angeblich sollen die Spenden für soziale Zwecke verwendet werden, zur Linderung der Not irischer Familien, «zum einzigen Zweck, die Obdachlosen, die Hungernden und Nackten zu nähren und zu kleiden», wie einst Noraid-Chef Michael Flannery behauptete. Tatsächlich wurden die in den letzten 25 Jahren gespendeten 10 Millionen Dollar für den Kauf von Waffen für die I.R.A. verwendet. Mehrere amerikanische Gerichte haben die Aktivitäten von Noraid untersucht und festgestellt, daß sie eine Hilfsorganisation der I.R.A. ist. Es fällt ihr leicht, Spenden zu sammeln, da die Irisch-Amerikaner auch im Exil stark nationalistisch geprägt sind und meist eine simplifizierte Sicht des Nordirland-Problems haben: Danach sollen die Briten endlich auch diesen Teil Irlands freigeben und wer sich für den Freiheitskampf einsetzt, dient einer guten Sache. Daß im nördlichen Teil der Insel noch eine Million Protestanten leben, die nicht in einem vereinten Irland mit einer konfessional geprägten Verfassung leben möchten, wird kaum bedacht. Auch daß die Iren in der Republik nicht um jeden Preis Nordirland und seine Probleme übernehmen möchten, wird gern vergessen. Auf irischen Spenden-Banketten in Boston dominieren noch die Freiheitsideale und der Britenhaß des vorigen Jahrhunderts, der die Dollars locker macht. Der Hungerstreik 1981 brachte der I.R.A. ganz besonders in Amerika große Sympathie. Margaret Thatchers unerbittlicher Standpunkt, daß sich der Staat nicht von verurteilten Mördern erpressen lassen könne, bewies in der Meinung der Irisch-Amerikaner nur, daß sich seit der Hungersnot vor anderthalb Jahrhunderten nicht viel geändert habe.

Noraid-Delegationen aus Amerika, die Nordirland besuchen, werden von Provisional Sinn Fein betreut und bekommen auf ihrer Reise auch ein Stück I.R.A.-Guerilla vorgeführt, das ihnen zeigt, wie ihre Spenden unter anderem verwendet werden: Zwei Busse mit solchen Polit-Touristen wurden 1983 in der nordirischen Provinz Armagh von einer I.R.A.-Gruppe gestoppt. Begleitende Journalisten und die übrigen Noraid-Sympathisanten durften bei dieser Gelegenheit die I.R.A.-Patrouille mit ihren amerikanischen Schnellfeuergewehren und Maschinenpistolen fotografieren.

Eine jüngst entdeckte größere Ladung Waffen wurde nicht – wie früher ziemlich regelmäßig – über Shannon Airport nach Irland eingeschmuggelt, wo sympathisierende Zollbeamte beide Augen fest zugedrückt haben sollen, wenn lange Holzkisten aus Amerika ausgeladen wurden, sondern per Schiff verfrachtet. Im Oktober 1984 konnte die irische Marine vor der Südküste Irlands, bei den Skelligs, die «Marita Ann», ein schlichtes Fischerboot, abfangen. Es hatte kurz vorher in internationalem Gewässer von einem amerikanischen Frachter eine Ladung Waffen, Granaten und Munition übernommen. Die irische Garda Siochana war vermutlich vom britischen Geheimdienst informiert worden. Das Waffenarsenal an Bord war beachtlich: 164 Schußwaffen aller Art,

Maschinenpistolen und schwere Maschinengewehre, die es der I.R.A. ermöglicht hätten, damit sogar britische Hubschrauber abzuschießen, außerdem 71 000 Patronen und Handgranaten, kugelsichere Westen, Geräte zum Entdecken von Abhöreinrichtungen, Stimmverzerrer und «Kriegshandbücher». Die fünf Mann Besatzung ergab sich nach einer kurzen Jagd auf hoher See ohne weiteren Widerstand. Es konnte keinen Zweifel geben, mit wem die Polizei es zu tun hatte: In großen Buchstaben stand I.R.A. an der Breitseite der Marita Ann. Warum der letzte Teil dieser Waffenbeschaffungs-Aktion so amateurhaft ausgeführt wurde, blieb ein Rätsel. Die englische Regierung dankte Dublin für das entschlossene Eingreifen.

Danny Morrison von Provisional Sinn Fein wies im Zusammenhang mit dieser Affäre auf eine geschichtliche Parallele aus dem Jahr 1916 hin. Denn nur einen Tag, nachdem die Marita Ann von der irischen Marine aufgebracht worden war, enthüllte Irlands stellvertretender Premierminister am Banna Strand ein Monument zur Erinnerung an Sir Roger Casement, der 1916 Waffen aus Deutschland an Irlands Südwest-Küste landen wollte, nicht weit entfernt von dem Ort an dem das I.R.A.-Fischerboot entdeckt worden war. Dazu meinte Morrison: «Gibt es etwas Scheinheiligeres als einen Minister, der die Aktivitäten eines Mannes lobt, der versuchte Waffen zu landen für den Einsatz gegen die Besatzungsmacht in Irland – 24 Stunden nachdem seine Regierung Männer verhaftet hat, die versuchten, Waffen zu landen für den Einsatz gegen die Besatzungsmacht in Irland?» So hatte auch 10 Jahre zuvor, bei einem ebenfalls entdeckten Versuch, Waffen für die I.R.A. bei Helvich Head zu landen, einer der Beteiligten vor Gericht erklärt, er leugne nicht daß es die Liebe zu seinem Land war, die ihn nach Helvich Head gebracht habe, so wie es die Freiheitsliebe war, die Roger Casement an den Banna-Strand gebracht habe.

Waffenschmuggel hat für manchen Geldgeber im fernen Amerika noch etwas Romantisches, erinnert an die Zeiten irischen Freiheitskampfes und weniger an die blutigen Anschläge, bei denen unbeteiligte Menschen ermordet, Polizisten in die Luft gesprengt werden und junge britische Soldaten in Londonderrys Straßen verbluten, weil sie das Los getroffen hat, in diesem Teil des Königreichs ihren Dienst zu leisten.

Aber die Denkschablone vom irischen Freiheitskampf gegen britische Unterdrückung macht es leicht, selbst Mord zu rechtfertigen, wenn er nur auf der «richtigen Seite» geschieht. Noraid-Mann Martin Galvin, dem die Einreise nach Großbritannien verweigert worden war, tauchte 1984 bei einer Sinn Fein-Veranstaltung mit Gerry Adams auf und hielt vor etwa 2000 Menschen eine Rede. Als die Polizei ihn wegen illegaler Einreise festnehmen wollte, wurde er von den Zuhörern über die versammelten Menschen gehoben und weitergereicht bis er in der Menge verschwinden konnte. Bei dem Tumult, der anschließend ausbrach, schloß die aufgebrachte Menschenmenge einen Polizisten ein, der sich von einem jungen Mann, der mit einem Stock auf ihn zulief, bedroht fühlte und ein Plastikgeschoß aus kurzer Entfernung abfeuerte. Sean Downes, 22 Jahre, starb an der Verletzung. Anschließend beschuldigte der entkommene Galvin die Briten, für den Vorfall verantwortlich zu sein und wies jeden Vorwurf zurück, diese Situation provoziert zu haben. Im Sommer 1985 trug er gar, umgeben von maskierten I.R.A.-Männern den Sarg eines I.R.A.-Bombenlegers, der sich selbst in die Luft gesprengt hatte, als er einen Anschlag verüben wollte.

Die amerikanische Verbindung

Außer Noraid existieren noch andere pro-irische Organisationen in Amerika. Sogar prominente Politiker, wie Edward Kennedy, treten für Irlands Interessen ein. Doch Ronald Reagan, nach seiner Irland-Tour kurz vor den Präsidentschaftswahlen 1984, hat sich nicht auf das Wagnis eingelassen, an den anglo-irischen Beziehungen zu rühren und die Verbindung zu seinem engsten europäischen Verbündeten, Großbritannien, zu gefährden.

Besuche der englischen Königin oder ihrer Premierminister in Amerika werden manchmal mit TV-Spots vorbereitet, die britischen Diplomaten und ihren amerikanischen Gastgebern höchst unlieb und peinlich sind. So verkündete ein Sprecher des «America Irish Unity Commitee», einer weiteren pro-irischen Gruppe, mit makellosem englischen Upper Class-Akzent auf amerikanischen Bildschirmen täglich eine Woche vor dem Besuch der englischen Queen 1984: «Nordirland ist ein Land, in dem unschuldige Menschen in ständiger Angst leben. Das Nordirland von heute ist besetzt von britischen Truppen und wird terrorisiert von der Polizei. Wenn Sie heute in Nordirland leben würden – dies könnte Ihnen passieren: Ihr Haus durchsucht um drei Uhr in der Frühe. Sie, Ihre Eltern, Ihre Kinder verhaftet ohne Haftbefehl, völlig grundlos. Festgehalten ohne Anwalt und vor ein Spezialgericht gebracht ohne Recht auf eine Jury. Der einzige Beweis gegen Sie – Ihr eigenes Geständnis, aus Ihnen herausgeprügelt. Oder das eines Informanten, bezahlt von den Briten für sein Zeugnis gegen Menschen, die er nie kannte. Kein Schutz gegen unmenschliche Behandlung. Keine Verfassungsrechte. Keine Menschenrechte. Wegen britischer Politik lebt Nordirland in Angst.» So, etwas verkürzt, lautete die Erklärung des Rechtsdozenten Richard Harvey, der mit englischer Seriosität diesem Statement viel Glaubwürdigkeit verlieh. Die Veranstalter der Medien-Kampagne erhielten eine Flut von Telefonaten interessierter Zuschauer. Die TV-Aktion brachte den gewünschten Erfolg.

Im Verhältnis zu anderen kleineren ethnischen Gruppen in Amerika, spenden die Irisch-Amerikaner nicht allzu hohe Beträge. Angeblich sollen heute nicht mehr als 300 000 Dollar jährlich eingehen, die von Noraid gesammelt werden. Dennoch sagt Sir Hermon, oberster RUC-Polizist in Belfast: «Ohne die amerikanischen Waffen wäre alles viel einfacher». Wohl mit der gleichen Überzeugung hatte Mrs Thatcher vor ihrem Besuch in Amerika zu Anfang 1985 in einem Interview des amerikanischen Fernsehens gutgläubige Noraid-Sympathisanten gewarnt: Wer Noraid Geld sende, unterstütze die Lieferung von Waffen und Munition, mit denen unschuldige britische Soldaten, unschuldige britische Polizisten und unschuldige britische Bürger ermordet würden.

Sogar Jack Lynch, der ehemalige irische Taoiseach, sagte einmal, das Geld der Sympathisanten komme nicht Witwen und Waisen zugute, sondern diene in Wirklichkeit dazu, aus Ehefrauen und Kindern Witwen und Waisen zu machen.

I.R.A.-Finanzen waren natürlich nie öffentlich und es gibt nur eine Quelle aus jüngerer Vergangenheit, die zumindest eine I.R.A.-Bilanz, aus Sicht der englischen Armee, gibt. Der geheime Glover-Report, benannt nach dem britischen Armee-Kommandanten in Nordirland, gelangte 1979 in den Besitz der I.R.A., die ihn in ihrer Parteizeitung publizierte. Danach soll die I.R.A. im

Jahr etwa eine Million Pfund Sterling Einkommen gehabt haben, über die Hälfte aus Banküberfällen und Diebstählen in beiden Teilen Irlands. Ein Viertel aus organisiertem Verbrechen (Schutzgelder, Erpressung) und der Rest durch Spenden aus Irland, England und Übersee. Auf der Ausgabenseite wurde der Hauptposten «Personal», die Bezahlung von I.R.A.-Männern und Sinn Fein-Mitarbeitern mit 40% veranschlagt. Zeitungen und Propaganda mit 15%, Unterhalt für Angehörige von Gefangenen mit 18%, 5% für Reise und Transport und nicht einmal 20% für Waffenkäufe.

Eine beträchtliche Zahl «einarmiger Banditen» soll in nordirischen Pubs für die I.R.A. arbeiten. Der Umsatz aus republikanischen «Drinking Clubs» soll an die 10 Millionen Pfund heranreichen. Aber die «guten alten Zeiten» der I.R.A.-Banküberfälle, die hauptsächlich in der Republik so einfach ausgeführt werden konnten, sind seit den achtziger Jahren vorbei. Viele Banken haben moderne Sicherheitsanlagen einbauen lassen und in Alarmsysteme investiert. Auch die Geldtransporte werden heute nur noch in gepanzerten Fahrzeugen und mit Polizei- und Armee-Begleitung durchgeführt. Soldaten mit Schnellfeuergewehren und Maschinenpistolen im Anschlag sichern die Umgebung einer Bank gegen I.R.A.-Überfälle.

Die finanzielle Unterstützung aus Libyen, die Oberst Gadafy noch vor nicht zu langer Zeit für die I.R.A. bereithielt, scheint ebenfalls unsicher geworden zu sein. Aber der Geldbedarf der I.R.A. ist größer geworden und so mußten sich die I.R.A.-Führer nach anderen Einnahmequellen umsehen. Sie verlegten sich immer öfter auf die für sie im Erfolgsfall wesentlich effektivere Art der Entführung und Erpressung von Lösegeld, eine Methode, der sich bereits die Mafia und amerikanische Gangsterorganisationen erfolgreich bedienen.

Mehrere spektakuläre Entführungsfälle gehen auf das Konto der I.R.A. So die Entführung von Don Tidey, Chef einer Supermarkt-Kette, im November 1983, der von irischer Polizei und Armee befreit wurde. Ob ein Teil der Lösegeldforderung der I.R.A. in Höhe von 5 Millionen Pfund nicht bereits von der englischen Muttergesellschaft vorher bezahlt worden war, blieb offen. Zwei Jahre zuvor war der Sohn des Inhabers einer Supermarkt-Kette entführt und nach fünf Tagen freigegeben worden –

vermutlich gegen 300 000 Pfund Lösegeld. Direktoren von Bankfilialen oder deren Angehörige wurden häufiger festgehalten und gegen Lösegeld oder Safeschlüssel freigelassen. In zwei Fällen waren sogar Ausländer Opfer der I.R.A.: Der holländische Industrielle Tiede Herrema war 1975 gekidnappt worden, um die Freilassung von I.R.A.-Gefangenen durchzusetzen. Seine Kidnapper gaben nach siebentägiger Belagerung auf und ließen ihn frei. Herrema plädierte später für eine Strafverkürzung seine Entführer. Zwei Jahre zuvor wurde der deutsche Konsul und Grundig-Chef in Nordirland, Thomas Niedermeyer, entführt. Seine Leiche fand man erst 1980. Er soll in I.R.A.-Gefangenschaft einen Herzschlag erlitten haben.

I.R.A.-Millionen, die beispielsweise im Ausland gezahlt worden sind, werden über eine Anzahl anderer Konten mehrfach «gewaschen» und landen wieder auf irischen Konten – als respektable Investmentgelder bei Banken in der Republik. Die Dubliner Regierung erließ 1985 im Schnellverfahren ein Gesetz, das es ihr ermöglicht, solche Konten und Vermögen zu beschlagnahmen.

Eigene Waffenproduktion

Die Waffenbeschaffung ist für die I.R.A. nicht nur ein finanzielles sondern auch ein logistisches Problem, seit sie ihre Ladungen nicht mehr ohne weiteres durch die Republik schleusen kann. Wie groß die Schwierigkeit ist, schwere Waffen wie Minen, Granatwerfer, Flakgeschütze zu beschaffen, ist daran erkennbar, daß sie teilweise solche Waffen selber baut, die später bei Attentaten hauptsächlich auf Armee und Polizei eingesetzt werden.

Am Abend des 28. Februar 1985 steuerte im nordirischen Grenzort Newry ein I.R.A.-Kommando einen Lastwagen mit Republik-Kennzeichen, dessen Pritsche mit einer Plane bedeckt war, durch die Hauptstraße auf eine Anhöhe, von der aus man die RUC-Station des Ortes gut übersehen kann. Im Innenhof des alten Backsteingebäudes sind provisorische Mannschaftsgebäude und Kantinen für die Polizisten aufgestellt. In einem dieser Kantinen-Leichtbauten sitzen abends um 6.30 Uhr die Polizeibeamten beim Essen zusammen. Zwei Minuten später erschüttern neun schwere Explosionen das dichtbebaute Stadtzentrum. Anschließend existiert die Kantine nicht mehr. Der Polizeihof ist verwüstet, neun junge Polizisten, darunter eine Frau, sind tot, 37 Menschen verletzt. Auf der Pritsche des Lastwagens waren zehn selbstgebaute Granatwerfer montiert, von denen neun gezündet wurden und über die Dächer der umliegenden Häuser in den Innenhof der Polizeistation flogen. Von den neun gezündeten 50-Pfund-Bomben explodierten sieben. Dies war der bisher schwerste Verlust der nordirischen Polizei durch einen I.R.A.-Anschlag, seit Beginn der Unruhen 1969. Die I.R.A. feierte ihn anschließend als einen Beweis für ihre Fähigkeit «jederzeit und überall», wann und wo sie wolle, zuschlagen zu können. Sie rechtfertigte ihn als Vergeltung dafür, daß drei ihrer Mitglieder, die fünf Tage zuvor mit schweren Waffen, unter anderem einem ähnlichen, selbstgebauten Granatwerfer, mit dem Wagen unterwegs waren, von der Polizei erschossen wurden. Damals gab es von republikanischer Seite Proteste und Vorwürfe einer «shoot-to-kill»-Politik. Hätte die Polizei das I.R.A.-Kommando dieses Lastwagens in Newry entdeckt und Minuten vor dem Angriff erschossen, hätte es sicher ebenfalls wieder Empörung gegeben, kommentierte Lord Fitt aus West-Belfast.

Die I.R.A.-Attacke auf die Newry-Polizeistation war für die Organisation deshalb so erfolgreich, weil zum einen ihre Do-it-yourself-Granatwerfer erstmals überwiegend ihr Ziel erreichten und zum anderen, weil diese Polizeistation noch nicht bombenfest gemacht worden war. Der verwendete Typ des Granatwerfers wurde von den Provos erstmals 1979 entwickelt und bis 1985 «nur» bei 18 Gelegenheiten eingesetzt, da er aufwendig in der Herstellung und Vorbereitung für den Einsatz ist. Die «Mark 10-Granatwerfer», so benannt, weil sie meist aus zehn nebeneinander montierten Rohren bestehen, feuern die Granate durch eine Explosion in Richtung ihres Ziels und die Bomben werden einzeln gezündet. Bis 1985 galten sie als ungenau und ihr Einsatz durch die I.R.A. kostete bis dahin zwei Menschenleben.

Nach dem Schock in Newry beruhigte die Polizei die Öffentlichkeit und ihre eigenen Beamten damit, daß sie den Erfolg der Provos als «Glückstreffer» bewertete. Wäre Newry schon befestigt gewesen, wie andere moderne oder umgebaute Polizeistationen, hätte dieser Angriff nicht so tragische Folgen gehabt. Pro Jahr muß die RUC umgerechnet fast eine Milliarde Mark für den Bau neuer, sicherer Polizeistationen ausgeben. Sie bestehen aus stahlverstärktem Beton mit bombenabweisenden Mauern und Einfassungen, kugelsicheren Scheiben und sind zusätzlich durch breite hohe Mauern geschützt.

In der dem Anschlag folgenden Nacht versammelten sich Hunderte von Bürgern zu einem Schweigemarsch und zogen mit Fackeln durch die Stadt als Sympathiekundgebung für die jungen Polizisten-Opfer und um für den Frieden zu demonstrieren. Sämtliche Parteien Nordirlands verurteilten den Anschlag, mit Ausnahme von Sinn Fein. Die Regierung betonte, daß eine «robuste Sicherheitspolitik» notwendig sei, bis normale Verhältnisse in Nordirland wieder hergestellt seien. Mit der «robusten Sicherheitspolitik», der Dublin ausdrücklich zustimmte, sind Sondergesetze, Einsatz von Spezialeinheiten der Polizei, Supergrass-Prozesse und Diplock Gerichte gemeint.

Gefängnisausbrüche

Die «Supergrass»-Methode bei der Verurteilung von I.R.A.-Angehörigen war erfolgreich. Die I.R.A. verlor viele ihrer wichtigen Männer. Nur durch die Befreiung einer größeren Zahl erfahrener und erprobter Aktivisten aus den Gefängnissen konnte sie ihre Organisation einsatzbereit halten. Das war der Hintergrund für den größten Gefangenenausbruch in der britischen Geschichte: Im September 1983 überwältigten bewaffnete I.R.A.-Gefangene des Blocks sieben im Maze Prison die 12 Gefängniswärter, rannten durch die Korridore, öffneten drei Eisentore und überwältigten weitere drei Wärter. Außerhalb ihres Blocks bestiegen die 38 Gefangenen einen Lastwagen, der täglich das Essen lieferte, entluden ihn und fuhren damit durch zwei Sicherheitstore in den Außenbezirk des Gefängnishofs. Kurz vor dem letzten Tor erkannte ein Wärter einen der I.R.A.-Gefangenen am Steuer des Lastwagens und löste den Alarm aus. 11 der Gefangenen stiegen aus und hielten etwa 20 Gefängniswärter in Schach. Das Tor zur Freiheit war dem Lastwagen jedoch durch zwei Autos verstellt. Daraufhin entschieden sich die übrigen 27 I.R.A.-Männer, ebenfalls den Wagen zu verlassen und sich in alle Richtungen zu verteilen. Einige verschwanden in bereitstehenden Autos, andere entführten Privatwagen und stahlen Autos. Ein Teil versuchte zu Fuß über die Felder zu entkommen. 15 Flüchtlinge wurden am gleichen Tag wieder eingefangen, drei weitere am folgenden Tag. Fast alle waren im Alter zwischen 20 und 30 Jahre und wegen schwerer Verbrechen zu lebenslänglich oder jahrzehntelangen Gefängnisstrafen verurteilt. Patrick Kerr, ein höherer Gefängnisbeamter, wurde daraufhin mit der Reorganisation der Sicherheitsmaßnahmen im Maze Gefängnis beauftragt. Am Sonntag, den 17. Februar 1985, an seinem 37. Geburtstag, verließ er mit seinen beiden Kindern, fünf und sieben Jahre alt, die St. Patricks Kathedrale in Armagh, als er auf den Stufen der Kirche von zwei I.R.A.-Männern erschossen wurde. Daß Patrick Kerr auch Katholik war, schützte ihn nicht vor dem Anschlag der I.R.A., die Katholiken in ähnlichen Positionen als Kollaborateure auf ihre Todesliste setzt.

Fluchtversuche waren schon immer I.R.A.-Tradition, wie das Waffenschmuggeln. Es scheint zum Ehrenkodex von I.R.A.-Gefangenen zu gehören, mindestens einmal einen Fluchtversuch zu wagen. Dabei dienen auch Filmhandlungen als Vorlage. Eine beliebte Methode ist es, in Wärteruniform verkleidet das Gefängnis zu verlassen. So wurden zum Beispiel 12 Gefangene, als englische Armee-Patrouille verkleidet, nur wenige Meter vor dem letzten Tor angehalten, weil ihr Akzent zu auffällig klang. Die gleichen Männer flohen dann einige Wochen später aus der Gerichtszelle, als sie wegen ihres Ausbruchversuchs verurteilt werden sollten. Tunnel-Projekte waren nur zweimal erfolgreich – einmal wurde ein Versuch entdeckt, nicht etwa, wie es offiziell hieß, durch Bodensensoren, sondern weil ein Gefängniswärter Geräusche unter seinen Füßen hörte. Die ständigen Fluchtversuche waren mit ein Grund, den neuen Sicherheitskomplex, die «H-Blocks» zu bauen.

Leben in Gettos

So wie Protestanten und Katholiken in Nordirland geistig, sozial und politisch voneinander getrennt sind, hat eine immer stärkere auch räumliche Trennung der beiden Bevölkerungsgruppen stattgefunden. Ehemals gemischte Wohnbezirke sind oft durch die eine oder andere Seite «bereinigt» worden, indem ungeliebten Nachbarn zuerst gedroht und schließlich die Möbel vor die Tür gestellt

werden. Die Regierung hat die Separierung der Wohnviertel hin-
genommen, zumal die Sicherheitskräfte geschlossene katholische
oder protestantische Wohngebiete leichter kontrollieren können.
Durch Mauerbau und Straßenführung zwischen den Wohngebieten wurde die Trennung gar zur offiziellen Politik in Nordirland.
Diese Situation dient in einer Weise aber auch der I.R.A. Denn sie
ist dadurch in der Lage, «ihre» Wohngebiete zu kontrollieren.

Das Gettoleben ist ein Teufelskreis, dem kaum einer entrinnt.
Wenn beispielsweise einem Bewohner in seinem katholischen
Viertel das Auto gestohlen wird, kann er nicht viel mehr tun als
zusehen. Auch wenn die Diebe nur 15jährige sind, die behaupten,
den Wagen für die Provos abzuholen, wird er sie gewähren lassen
– es könnte ja stimmen. Ebenso wird er den Verlust kaum der
Polizei melden. Denn niemand möchte beim Betreten einer
RUC-Wache beobachtet werden oder möchte, daß die Polizei –
nach einer Einbruchsmeldung – sein Haus erst nach längerer Zeit
wieder verläßt. So wird verständlich, daß die Betroffenen eher in
das nächste Wahlbezirksbüro von Sinn Fein gehen und um Hilfe
beim Ausfüllen des Versicherungsformulars bitten, um auf diese
Weise mitzuteilen, was bei ihnen in der vergangenen Nacht geschehen ist. Waren die Täter Kriminelle, dann wird die I.R.A.
wahrscheinlich sogar Selbstjustiz üben.

Ähnlich wie bestimmte Wohngebiete in Belfast und Londonderry sind manche Grenzgebiete in Nordirland Provo-Land, «ban-
dit country», wie einmal der frühere Nordirland-Minister Merlyn
Rees Süd-Armagh bezeichnete. Dort wird nicht nur gebombt und
gemordet, die Polizei, Armee und vor allem die UDR betrachten
einige Bezirke als «no go-areas». Das Transportmittel für die Armee ist hier häufig nur der Hubschrauber. Aber die Bedrohung
spüren nicht nur die Sicherheitskräfte und die in diesen Gebieten
lebenden Protestanten. Auch Katholiken sind in Gegenden mit
stark republikanischem Einfluß unter sozialem Druck. Wer gegen
die Provos ist, wird dies nicht verlauten lassen – er könnte sich
selbst zum Opfer machen.

Die RUC hat deshalb das «Vertrauliche Telefon» eingerichtet
und fordert in Zeitungsanzeigen unter Schlagworten wie «Mord»
oder «Sprengstoff» auf, eine Telefonnummer zu wählen, unter der
vertraulich und wenn gewünscht anonym Informationen an die
Polizei gegeben werden können.

Die I.R.A. fühlt sich seit dem Beginn der Unruhen für die Polizei-, Gerichts- und Exekutivfunktion in katholischen Wohnbezirken zuständig. Einige ihrer Strafaktionen erinnern an grausame mittelalterliche Bestrafung, zum Beispiel für «antisoziales Verhalten». Diese Strafformen haben jedoch irische Tradition, die sehr viel weiter zurückgeht. Häufig finden mehrere solcher Strafaktionen nacheinander statt. Sie sind in der Härte abgestuft. Wenn Teenager bestraft werden sollen, werden die Eltern vorgewarnt. Die erste Strafe ist ein Verprügeln mit dem Hurley-Stock. Da er ein Symbol des gälischen Sports ist, soll er neuerdings nicht mehr dazu verwendet werden. Die Opfer bleiben manchmal mit gebrochenen Knochen zurück und müssen ins Krankenhaus. Wer nach dieser «Behandlung» seine kriminelle Karriere fortsetzt, wird als nächstes für ein «kneecapping» gesucht: Läßt er sich irgendwo in einem katholischen Viertel sehen, geht die Nachricht gleich an die Provos weiter, die ein Strafkommando aussenden, das seine Kniescheibe zerschießt. Manchmal wird auch in beide Beine geschossen und die Opfer sind Krüppel für den Rest ihres Lebens. Damit sollen sie als Gezeichnete auch allen anderen in der Gemeinschaft eine lebenslange Warnung sein. Für geringere Vergehen, bei Kindern oder bei Mädchen, die mit englischen Soldaten und in deren Lokalen gesehen werden, war früher als Warnung und Strafe das Teeren und Federn vorgesehen. «Brit-Lover» ist noch die harmloseste Bezeichnung, die vielleicht eines Morgens in großen Lettern an ihre Haustür geschmiert ist. Im allgemeinen betrachtet die katholische Gemeinschaft die soziale Rolle der I.R.A. als nützlich.

Priester und Provos

Selbst Priester sollen schon bei notorischen Fällen die I.R.A. um Strafaktionen gebeten haben. Die Zusammenarbeit im sozialen Bereich zwischen Priester und Provo zeigt sich auch in der Haltung der Kirche zur I.R.A.

Gerry Adams erklärte in seiner neuen Funktion als Sinn Fein-Parteivorsitzender 1984 im britischen Fernsehen: «Wir unterstützen die I.R.A.» Provisional Sinn Fein ist eindeutig für Gewaltanwendung und erklärt sie offiziell für eine «notwendige und moralisch korrekte Form von Widerstand». Die in moralischen

Fragen so empfindlichen Kirchenmänner halten jedoch für Sinn Fein eine doppelte Moral bereit: Kardinal O'Fiaich befand öffentlich, daß es moralisch falsch wäre, für Sinn Fein zu sein, um die I.R.A. zu unterstützen. Wer sich aber Sinn Fein anschließe oder seine Wählerstimme für sie abgäbe, aufgrund ihrer Aktivitäten für die Gemeinschaft, der könne moralisch gerechtfertigt sein. Man stelle sich vor, ein deutscher Kardinal hätte auf dem Höhepunkt der Terrorwelle in Deutschland öffentlich erklärt, es sei zwar moralisch verdammenswert, mit der RAF wegen ihrer Mordanschläge zu sympathisieren, dagegen sei jedoch derjenige gerechtfertigt, der sie wegen ihrer brüderlich-sozialistischen Ziele aktiv unterstütze. Abgesehen von der Fragwürdigkeit solcher Doppelmoral, ist es gewiß höchst unglücklich und absolut unverständlich für Protestanten, wenn ein katholischer Kirchenführer Provisional Sinn Fein, die sich zur I.R.A. bekennt und Mord für «notwendig und moralisch korrekt» hält, für seine Gemeinde akzeptabel zu machen versucht. Es scheint, in Irland werden die schlimmsten aller Sünden immer noch unter der Bettdecke begangen.

Ganz anders äußert sich Bischof Cahal Daly. Er verteidigt zwar Kardinal O'Fiaich, doch seine Ansichten sind eindeutig: Die I.R.A.-Sinn-Fein-Erklärung, durch Gewalt den Rückzug der Briten erzwingen zu wollen, hält er für «geisteskrank wie auch unmoralisch». Den «bewaffneten Kampf» und das Recht zur Selbstbestimmung entlarvt er als «gut klingende Phrasen» und «Slogans». Er forderte stattdessen seine Gemeindemitglieder auf, das Blut auf dem Straßenpflaster zu sehen, bevor sie für Sinn Fein stimmten.

Kinder im Krieg

Selbst wenn es den Regierungen in London und Dublin gelänge, auf dem Gebiet der Sicherheitspolitik gemeinsam Erfolge zu erzielen und den Geld- und damit Waffenfluß an die I.R.A. erheblich zu veringern – gegen den ständigen Nachwuchs von jungen Menschen für die Organisation der I.R.A. können sie unmittelbar wenig ausrichten. Bilder von maskierten Kindern, oft erst 10 Jahre alt, die Brandbomben gegen Panzerwagen werfen, sind Wirklichkeit in Nordirland. Die I.R.A. setzt Kinder in ihrem Guerilla-Kampf bewußt ein. Sie weiß, daß Polizei und Armee nicht auf

Kinder schießen und wenn es dennoch geschähe, wäre auch dies der I.R.A. nützlich: Dann könnte sie im Ausland einen weiteren Propaganda-Erfolg gegen «britische Unterdrückung in Nordirland» verzeichnen. Zudem erhält die I.R.A. aus dieser Gruppe von Kindern «erprobte Kämpfer» als Nachwuchs für den aktiven Einsatz und zur Unterstützung für Provisional Sinn Fein bei ihrer politischen Arbeit im Wahlkampf.

Wie offensichtlich es ist, daß die Kinder nicht nur aus jugendlichem Übermut handeln sondern «eingesetzt» werden, zeigt folgendes Beispiel, das ein Journalist in Londonderry beobachtet hatte: Drei Jungen, keiner älter als 11 oder 12 Jahre, stahlen in der Stadt einen Bus, um ihn anzuzünden. Ein Priester kam vorbei, schickte sie weg und rief die Verkehrsgesellschaft an, damit sie ihren Bus wieder abholen könnte. Eine Stunde später stahlen zwei ältere bewaffnete Jugendliche in der gleichen Gegend einen anderen Bus, der dann tatsächlich verbrannt wurde. Offenbar war entschieden worden, daß an diesem Tag in jenem Viertel ein Bus brennen sollte – und er brannte.

Seit einiger Zeit werden Kinder auch als «sandbags» benutzt, das bedeutet, sie werden gut sichtbar im Auto plaziert. Fahrer und Beifahrer können dann damit rechnen, daß bei einer Verfolgung nicht auf ihren Fluchtwagen geschossen wird. Beim Werfen von Brandbomben verläßt sich die I.R.A. ebenfalls darauf, daß Polizei und Armee nicht auf Kinder schießen. In letzter Zeit werden immer öfter sogenannte «Super Jobs» als Brandbomben eingesetzt, das sind große Bonbon-Gläser oder Wein-Gallonen, die fast fünf Liter Benzin fassen können. Diese Benzin-Brandbomben, gemischt mit Spülmittel und anderen Substanzen, die eine haftende Konsistenz ergeben, lassen einen gepanzerten Landrover sofort in einem Flammenmeer versinken. Dabei wird so viel Sauerstoff in der Umgebung des Fahrzeugs vom Feuer aufgebraucht, daß der Motor des Wagens ausgeht. Wenn Soldaten oder Polizisten schließlich aus Luftmangel aussteigen müssen, erleiden sie schwere Brandverletzungen und sind in ihrer augenblicklichen Hilflosigkeit einem Angriff aus dem Hinterhalt preisgegeben.

Es ist eines der traurigsten Kennzeichen des nordirischen Alltags, daß bereits Kinder und Jugendliche Gewalttätigkeit als normal empfinden. Was in anderen europäischen Ländern als jugendlicher Übermut angesehen und milde geahndet würde, ist in

Ulster gefährlich und manchmal auch tödlich: Drei Jugendliche durchbrachen im Januar 1985 mit einem gestohlenen Wagen eine Straßensperre der Polizei, die daraufhin das Feuer eröffnete. Dabei starb einer der «joyrider» im Kugelhagel.

Im Juni 1985 trat ein 17 Jahre alter Jugendlicher eine zehnjährige Gefängnisstrafe an. Verurteilt wurde er unter anderem für den Mordversuch an einem Polizisten in Londonderry. Die Verhandlung zeigte wie es zu der Tat kommen konnte: Am 6. August 1984 erhielt der Junge die Nachricht, er solle in die Roseville Siedlung gehen. Dort traf er eine Gruppe Maskierter. Einer der Männer gab ihm etwas in die Hand, nachdem es zuvor «Klick» gemacht hatte: «jetzt werfen» lautete der Befehl. Die Explosion verletzte einen Polizisten. Bei der Gerichtsverhandlung bezeichnete der Verteidiger den 17jährigen Angeklagten als «Kanonenfutter».

Wer an Demonstrationen, Umzügen oder Unruhen beteiligt ist, weiß, daß er sich unmittelbar in Lebensgefahr begibt. Dies gilt besonders für junge Menschen, die bereits für die Organisation aktiv sind: Im Februar 1985 warteten Polizeibeamte, vermutlich aufgrund eines Informantentips, auf eine I.R.A.-Gruppe. Sie stellte die Terroristen und die drei jungen Männer im Alter zwischen 16 und 21 Jahren starben im Gewehrfeuer. Es wurden schwere Waffen bei ihnen gefunden.

Wenige Tage später starben als «Vergeltung» durch einen I.R.A.-Anschlag auf eine Polizeistation neun junge Polizisten im Alter zwischen 19 und 30 Jahren. Ein 17jähriger wurde kurz darauf gefaßt und für seine Mitbeteiligung an diesem Anschlag angeklagt.

Viele Jugendliche in Nordirland kennen nur das Leben während der Unruhen. In ihrer Erinnerung gibt es keine Zeit des Friedens. Manche von ihnen werden für die nächsten Jahrzehnte im Gefängnis leben und ob sie je Nordirland im Frieden sehen werden, ist fraglich. Sie sind nicht nur um ihre Jugend betrogen, ihr Leben ist verpfuscht. Tod und Gewalt sind in Nordirland für die junge und die heranwachsende Generation – ganz besonders in den Arbeitervierteln – der «Way of Life». Ein Jugendlicher aus Londonderry äußerte sich dazu: «Wenn es die ‹troubles› nicht gäbe – das Leben wäre todlangweilig.»

Nach einem Report des Britischen Kinderschutz-Bundes sind Kinder in Nordirland weniger freundlich zueinander und aggressiver, vor allem in den Gebieten, die von den Unruhen am stärksten betroffen sind. Eine Spielgruppenleiterin sagte dazu: «Wir müssen ihnen zeigen, wie man spielt. Es ist üblich, daß Kinder aus Bausteinen, Bomben basteln – wir müssen ihnen erst zeigen, daß man damit baut.» Sie betont, wie wichtig es für die Mütter sei, ihren Kindern zu erklären, daß man nicht mit den Terroristen gemeinsame Sache mache. Aber wie schwer das ist, berichtet eine Mutter, die selbst aktives Sinn Fein-Mitglied ist: «Wir wollen nicht, daß unsere Kinder in diese Dinge verwickelt werden. Aber wenn die Armee einen 16jährigen erschießt und am nächsten Tag kommt in den Nachrichten, daß ein Soldat von einer Provo-Bombe in die Luft gesprengt wurde – wie will man verhindern, daß sie dann «Hurra!» rufen?»

Kinder, die in ihren 12 jungen Jahren jeden Tag physische Gewalt auf den Straßen erleben, die Polizei und Armee, die Unruhen, die Bomben, die Begräbnisse und die tradtionellen Songs und Symbole ihrer Gemeinschaft lernen, haben später kaum eine Chance, sich von den Erlebnissen der Gewalt zu lösen. Der Terror gehört für solche Kinder zum Alltag. Ein 12jähriges Mädchen bevorzugte zum Beispiel ihr altes Zuhause in Andersonstown gegenüber der neuen Wohnung in der Falls Road. Sie kehrte öfter dorthin zurück, «weil ja hier nichts los ist. Neulich ging ich nach Andersonstown und sah wie ein Mann in ein Auto gezwängt wurde, der für einen Knieschuß weggeholt wurde. Es ist viel aufregender dort.»

Opfer des Terrors sind oft auch Kinder, deren Eltern ermordet wurden, wie der 12jährige Sammy. Er fand seinen Vater sterbend vor dem Haus – von einem I.R.A.-Mann in den Kopf geschossen. Der Vater war vor 20 Jahren Angehöriger der B Special-Polizei gewesen.

Terroristen benutzen die Kinder und Jugendlichen: Als Botschafter und Kundschafter, als Helfer und Handlanger und als Alibi-Beifahrer bei I.R.A.-Transporten, um Polizei oder Soldaten daran zu hindern, scharf zu schießen. Die Jungen werden gefaßt oder sterben, die erfahrenen Alten entkommen und überleben. Die «Rekrutierung» junger Menschen, die meist irgendwann ein Schlüsselerlebnis innerhalb ihrer Familien oder im Freundeskreis hatten, fällt nicht schwer. Die Radikalität, der ausgeprägte Gerechtigkeitssinn junger Menschen, ihre Opferbereitschaft und ihre Suche nach einem Lebensinhalt treiben den Terroristen die Teenager zu. Und wer schon als Kind Hausdurchsuchungen erlebt hat oder mit ansehen mußte, wie morgens um 3.00 Uhr der Vater von der Polizei abgeholt wurde und möglicherweise erst nach Tagen zurückkehrte, erschöpft von Intensiv-Verhören und voller Haß auf «die Briten» oder wessen Bruder oder Vater das Opfer eines politischen Mordes wurde, ist als Jugendlicher vorbereitet auf den Eintritt in die eine oder andere Terror-Organisation. Welche Generation wird sich aus diesem Bannkreis der Gewalt befreien können?

IX
Schrecken ohne Ende

Seit Beginn der Unruhen 1969 bis Mitte 1985 starben 2450 Menschen als Opfer des Terrors in Nordirland. Mehr als 25 000 Menschen wurden verstümmelt, verloren ihr Augenlicht oder erlitten andere Verletzungen – bei einer Bevölkerung von 1,5 Millionen Menschen. 1700 Todesopfer wurden als «Zivilisten» bezeichnet, 220 waren nordirische RUC-Polizisten oder Polizei-Reservisten. 381 Soldaten der Britischen Armee und 149 Soldaten des Ulster Defence Regiments verloren ihr Leben.

Diese Bilanz des Terrors geht nicht allein auf das Konto der I.R.A. und ihrer Verbündeten. Sie hat über 1400 Menschen in den vergangenen Jahren ermordet. Die I.R.A. selbst verlor 250 Mitglieder, teilweise im «Einsatz», wenn beispielsweise die selbstgebauten Bomben zu früh explodierten, zum anderen wurden sie bei Fahndungen der Sicherheitskräfte erschossen.

Die loyalistischen Paramilitärs, vor allem die UDA und ihre Verbündeten ermordeten mehr als 600 Menschen. Über 400 unbeteiligte Zivilisten starben durch Aktionen der republikanischen und loyalistischen Terroristen und der Sicherheitskräfte – sie standen zufällig im Kreuzfeuer, hielten sich gerade in einem Geschäft oder Pub auf, das in die Luft gesprengt wurde oder waren verwechselt worden mit dem ausgewählten Opfer. Durch die Sicherheitskräfte in Nordirland wurden in den vergangenen 15 Jahren 265 Menschen getötet.

Am meisten gefährdet sind die Bewohner von Londonderry und Belfast. Aber auch in Armagh, Strabane, Portadown, Dunganon, Lurgan und Newry gab es zahlreiche tödliche Anschläge.

In 400 englischen Familien wird der Tod ihrer überwiegend jungen Söhne, Männer und Väter, die in der englischen Armee dienten und in Nordirland starben, beklagt. Über 70 Politiker und Privatleute sind in den letzten 10 Jahren durch Anschläge in England umgekommen.

In der Republik wurden im gleichen Zeitraum 45 Menschen getötet und 8 irische Polizisten im Dienst von Terroristen ermordet.

Aber die Statistiken geben keine Auskunft über das Ausmaß der Brutalität, mit der auf beiden Seiten gemordet wird: Ein Familienvater wird im Beisein seiner Frau und Kinder beim Fernsehen von einem Trupp maskierter Männer, die ins Zimmer stürzen, ermordet. Auf dem Weg zur kirchlichen Trauung einer Verwandten wird ein Familienangehöriger, der ein kleines Mädchen an der Hand führt, von vorbeifahrenden Motorradfahrern mit einem Schnellfeuergewehr erschossen. Vor den Augen der Schulkinder wird ihr Lehrer im Klassenzimmer niedergeschossen. Einem notorischen Dieb werden die Kniescheiben zerschossen und das Teeren und Federn gehörte bis vor kurzem mit zum Terror-Alptraum in Nordirland.

Um sich vorzustellen, welche Auswirkungen die Mordanschläge auf die Bevölkerung eines kleinen Staates von nur 1,5 Millionen Menschen hat, müßte man sich vergegenwärtigen, welche Wirkung es beispielsweise auf einen Staat wie die Bundesrepublik hätte, wenn innerhalb von 15 Jahren allein durch Terrorismus etwa 100 000 Deutsche sterben müßten und eine Million Menschen in diesem Zeitraum durch Terroranschläge verletzt würden.

Nach jedem Anschlag gibt es die unterdessen schon üblichen Kommentare von Politikern und Kirchenmännern. Bei besonders grausamen Mordanschlägen und vielen Opfern wird eine Sicherheitsdebatte gefordert und Regierungen und Parteien wiederholen ihre Verdammungsformeln. John Hume sagte resigniert nach dem Anschlag auf die Newry-Polizeistation, bei dem neun Menschen starben: «Was soll man noch sagen? Alle Worte sind schon einmal benutzt worden. Neue Worte lassen sich nicht mehr finden, um auszudrücken wie Menschen jene betrachten, die auf ein Massenabschlachten aus sind.»

Der I.R.A. ist es gelungen, die internationalen Medien für sich zu gewinnen. Auf den Bildschirmen in Amerika, Asien und Europa werden die Briten oft als Kolonialisten und die Mitglieder der I.R.A. als Freiheitskämpfer dargestellt. Die englische Regierung dagegen unternimmt wenig zur Aufklärung, nicht einmal im eigenen Land. Allenfalls fordert sie die Medien auf, «den Terrori-

sten den Sauerstoff der Publizität zu entziehen», in dem sie gedie-
hen. Das Unverständnis der komplexen Situation führt anglophile
Kommentatoren allenfalls zu dem Schluß, es handle sich um einen
Religionskrieg in Irland. Tatsächlich ist die religiöse Dimension in
diesem Konflikt unübersehbar, jedoch nur ein Teil in einem Mo-
saik sehr unterschiedlicher Interessen.

Die Unterschiede der kirchlichen Lehren in Nordirland erhalten im Alltag der Familien ein stärkeres Gewicht. Nach Meinung der Protestanten führt zum Beispiel das Kontrazeptive-
Verbot der katholischen Kirche zu der hohen Geburtenrate und
der Armut in den großen katholischen Familien, deren Kinder-
reichtum, so protestantische Kritiker, auch noch vom Staat finanziert würde. Weiteren Druck empfinden Protestanten durch die
unnachgiebige Haltung der katholischen Kirche in der Frage der
Mischehen, die den protestantischen Partner zwingt, einer katholischen Erziehung der gemeinsamen Kinder zuzustimmen.

Wenn in Irland von «Religionsmord» die Rede ist, wird meist
die Ermordung eines Katholiken durch einen Protestanten damit
bezeichnet. Umgekehrt, wenn ein Protestant das Opfer und der
Mörder Katholik ist, wird man in den Medien oft lesen oder hören,
daß es sich um einen Mord an einem Soldaten, einem UDR-Mann,
einen Polizisten oder einen Unionspolitiker handelte. Diese Tat ist
dann «politisch motiviert» und leicht mit einem Etikett zu versehen, das die Erklärung impliziert. Nur bei Gelegenheiten wie 1976,
als die I.R.A. in Süd-Armagh einen Mini-Bus stoppte, zehn protestantische Arbeiter zwang, sich in einer Reihe aufzustellen und sie
mit der Maschinenpistole niedermähte, wird die Absicht, unter-
schiedslos Protestanten zu töten, offenbar. Auch als 1984 protestantische Gläubige in der Pentecostal-Kirche beim Gottesdienst
überfallen und blind in die Gemeinde geschossen wurde, war der
Tod von Protestanten das ausschließliche Ziel der Mörder. Solche
Anschläge, die nicht in das Konzept der politischen Motivation
passen, die nicht mit der Position des Opfers oder seiner politischen
Überzeugung «gerechtfertigt» werden können, sind heute die Ausnahme – sie schaden der politischen Glaubwürdigkeit der «Freiheitskämpfer».

Was dem Konflikt in Nordirland die religiöse Dimension
verleiht, ist die Kombination von Heilsbotschaft und Machtpoli-
tik, die personale Union von Prediger und Politiker. Beide Bevöl-

kerungsgruppen, die katholische und die verschiedenen protestantischen Gemeinschaften, mit ihrer Zahl kleiner Sekten um die drei protestantischen Hauptkirchen, sind tief religiös, nicht vergleichbar mit der konfessionellen Großzügigkeit auf dem Kontinent. Vor allem aber sind die Kirchenmänner beider Gemeinschaften politisch aktiv. Reverend Paisley versteht sich selbst als religiös-politischer Führer und Kardinal O'Fiaich findet es selbstverständlich, sich für die katholische Gemeinschaft Nordirlands in größten Kontroversen zu engagieren.

Dennoch ist die Religion nicht das bestimmende Motiv in Nordirland. Die Konfessionszugehörigkeit ist im politischen Alltag vor allem ein Etikett, das in Nordirland die meisten Menschen füreinander erkennbar macht. Der Akzent, der Sprachschatz, das Auftreten, die Wohngegend, soziale Zugehörigkeit und Interessen verraten den Katholiken wie den Protestanten schon vor dem Sonntagvormittag. Auch wenn Gläubige beider Konfessionen auf den Stufen ihrer Kirche oder beim Gottesdienst ermordet werden, so sterben sie doch nicht in einem Religionskrieg. Es ist von keiner der beiden Seiten ein Kampf mit dem Ziel, die anderen bekehren zu wollen. Es ist nicht religiöser Wahn, der zum Töten führt. Der Begriff Religionskrieg kommt vor allem in die Diskussion, weil die Religionszugehörigkeit der beiden größten Gemeinschaften in Irland immer noch das einfachste Mittel der Identifikation ist: Briten, Unionisten und Loyalisten sind Protestanten während Nationalisten, Republikaner, I.R.A.-Angehörige Katholiken sind.

Daß es sich nicht um einen Religionskrieg handelt, beweist unter anderem die Tatsache, daß zu den Opfern der I.R.A. sogar Katholiken zählen, die eine öffentliche Position innehaben, zum Beispiel im Polizeidienst oder in der Justiz. Dazu betont die I.R.A. selbst, daß sie nicht «Protestanten» sondern «Unionisten und deren Helfer» in ihrem «Freiheitskampf» tötet. Zu diesen «Helfern» zählen sie dann auch katholische Polizisten, Richter oder Gefängniswärter, die innerhalb ihrer Position eher Möglichkeiten hätten, der Minderheit zu nutzen.

Es gilt allgemein in den westlichen Demokratien die Auffassung, daß Bürger gerechtfertigt und geradezu aufgerufen sind, auch mit gewaltsamen Mitteln, Freiheit und Demokratie zu erhalten. Mit diesem Argument können weder Loyalisten ihre Gewalt zur Verteidigung noch können Republikaner ihre Mordkampagne zur Aufhebung der Bindung an Großbritannien rechtfertigen. Ein «gerechter Krieg» würde im übrigen voraussetzen, daß alle friedlichen Mittel erschöpft sind – was in Nordirland ebenso wenig der Fall ist, wie die Freiheit oder die Demokratie in diesem Land bedroht sind.

Wie zweifelhaft auch der Begriff vom Freiheitskrieg ist, zeigt sich bei der Frage, wer befreit werden soll. Die Mehrheit der Bevölkerung Nordirlands, einschließlich eines Teils der katholischen Bevölkerung, wünscht nicht, von «britischer Unterdrückung» befreit zu werden. Für die protestantischen Iren sind die Engländer ohnehin nicht Kolonialisten, sondern sie verstehen sich selbst als Teil Großbritanniens, sind Briten im Vereinigten Königreich von Großbritannien und Nordirland, wie es korrekt heißt. Sie haben Irland nie als englische Kolonie betrachtet, schon gar nicht ihre Heimat, das protestantische Ulster. Die Vorstellung vom Kolonialkrieg ist ein Versuch der Irreführung der internationalen Medien durch die I.R.A. und anderer Republikaner.

Die Kampfmethode der Paramilitärs in Nordirland ist mit einem Untergrundkrieg vergleichbar, einem Guerillakrieg gegen Staat und Bevölkerung. Die Skrupellosigkeit der I.R.A. entspringt ihrem kaltblütigen Gewaltkalkül und ist ebenso zielorientiert wie die Hinterhältigkeit, Mitleidlosigkeit und Brutalität ihrer Mitglieder. Wenn die I.R.A. beschließt, ihre stete Präsenz und ungebrochene Aktivität beweisen zu müssen, meist nachdem Waffenladungen oder Sprengstoffverstecke von den Sicherheitskräften gefunden wurden oder mehrere ihrer Mitglieder festgenommen worden waren, dann müssen Soldaten, Polizisten oder Unionisten sterben. Die Opfer werden so ausgewählt, daß sie mit dem geringsten Risiko für die eigenen Leute und dem kleinsten Aufwand «erledigt» werden können. Der publizistische Effekt, durch die Medien millionenfach «live» in die Wohnzimmer projiziert, ist am größten, je grausamer die Umstände des Mordes sind. Deshalb wird vor den Augen der Familie, auf dem Weg zur Hochzeit, im Beisein von Kindern oder in der Kirche beim Gottesdienst getötet: Die Opfer sind schutz- und arglos, die Täter sicher und die Empörung der Öffentlichkeit groß. Die Provokation von Staat und Loyalisten ist das Ziel und eine entsprechend harte Vergeltung von Briten oder Loyalisten als Reaktion darauf wäre der von der I.R.A. erhoffte Erfolg.

Terror in Nordirland ist selten einseitig. Die Londoner Regierung legt einen Schwerpunkt auf die Bekämpfung des Terrorismus und wendet dabei selbst Methoden an, die zwar gesetzlich legal sind, aber ihm Rahmen der Rechtsstaatlichkeit als Sondergesetze angesehen werden und im übrigen Großbritannien undenkbar sind. Die Provos behaupten heute noch, daß in Verhören gefoltert würde, Gefangene unnötigen Schikanen ausgesetzt seien, Gefängnisbesucher sich unter entwürdigenden Umständen durchsuchen lassen müßten. Tatsächlich ist England vor dem Europäischen Gerichtshof für Menschenrechte indirekt der Foltermethoden beschuldigt worden. Das Verfahren dauerte von 1971 bis 1978. Seit Beginn dieser Untersuchungen wurden Fernsehüberwachung und strenge Regeln für Verhöre eingeführt. Man nimmt an, daß die Gefängnisverwaltung und die britische Armee sich um eine gleiche Behandlung aller Bürger, auch der Katholiken, bemühen, obwohl die I.R.A. durch Drohung und Mord dafür sorgt, daß im Sicherheits- und Rechtswesen fast ausschließlich Protestanten arbeiten und Katholiken gar nicht erst wagen, sich um solche Positionen zu bewerben. Die Anti-Terror-Bekämpfung wurde erst in größerem Stil erfolgreich, als die Diplock-Gerichte, die ohne Jury tagen, eingeführt wurden und Terroristen, sogar Mörder, als Kronzeugen gegen ihre früheren Kameraden aussagten, im Tausch gegen eine neue Identität in Freiheit. Nicht nur die I.R.A., auch die Loyalisten sind durch das Supergrass-System erheblich geschwächt worden.

Die UDA und andere Loyalisten sind in den vergangenen Jahren mehr in die Defensive gegangen. Ihre Anschläge sind selten geworden und gezielt gegen I.R.A.- und INLA-Angehörige gerichtet. In Brutalität stehen sie der I.R.A. nicht nach, das haben sie in den früheren Jahren des Konfliktes bewiesen. Der hohe Organisationsgrad der Unionisten und Loyalisten in ihren politischen Parteien, den Orange Orders, Loyalist Orders, Sportverbänden, paramilitärischen Vereinigungen und lokalen Selbstverteidigungsgruppen würde ihnen eine rasche Mobilmachung motivierter Mitglieder in einer großen Privat-Armee ermöglichen. Es läßt sich leicht vorstellen, was geschehen würde, käme es zu einem kurzfristigen Rückzug der Briten. Ein realistisches Szenario für diesen Fall könnte so aussehen:

Die Regierung in London entscheidet sich für einen Rückzug aus Nordirland, aufgrund starken innenpolitischen Drucks – ohne eine Lösung für den Nordirland-Konflikt gefunden zu haben. Sie wählt den Termin und die Umstände ohne Rücksicht auf irische Interessen. Die Sicherheitsmaßnahmen überläßt sie der einheimischen und irischen Polizei. Die loyalistischen Paramilitärs sind nicht entwaffnet, ebenso wenig die republikanischen.

Die Unionisten werden versuchen, ein unabhängiges Ulster zu schaffen. Ihre bewaffneten Verbände würden dann zu protestantischen Sicherheitskräften. Die I.R.A. wird den Abzug der Briten als ihren «Sieg» beanspruchen und ihre historische Chance wahrnehmen, das «unvollendete Geschäft der Befreiung und Vereinigung» zu vollenden.

Die protestantischen Iren erkennen die Absicht der I.R.A. und versuchen, ihr zuvorzukommen. Sie besetzen die ihnen bekannten republikanischen Hochburgen und versuchen, soviele Feinde wie möglich zu töten und ihre Zufluchtstätten zu zerstören. Das wäre der Beginn eines Bürgerkrieges in Nordirland, in den auch die Republik verwickelt würde.

«Brits Out» ist die einfachste, aber gefährlichste Formel: Gewalt und Chaos würden bei einem kurzfristigen Abzug die ganze Insel beherrschen – eine Situation, von der nur die profitieren würden, die schon heute Terror als Mittel zur Verwirklichung ihrer politischen Ziele gewählt haben. Gibt es keinen Weg, der in den Frieden führen könnte?

X
Ein Neues Irland

Am 2. Mai 1984 wurde in Dublin Castle, dem ehemaligen englischen Verwaltungssitz bis 1921, der «New Ireland Forum»-Report der Öffentlichkeit und der internationalen Presse präsentiert. Nur zum Besuch des Papst waren so viele Reporter auf der Grünen Insel versammelt. Konnte das Forum die Erwartungen erfüllen und ein Konzept für ein «Neues Irland» präsentieren?

In fast einjähriger Arbeit hatte das New Ireland Forum unter dem Vorsitz des Galway University-Professors Colm O h'Eocha 97mal getagt und 317 Beiträge von den verschiedensten Gruppen angehört, die etwas zu dem Konflikt in Irland zu sagen wußten. Das Forum hatte jedoch einen entscheidenden Mangel: Es konstituierte sich lediglich aus den nationalistischen Parteien der Fine Gael, Fianna Fail und der Labour Party aus Dublin sowie der SDLP, der nationalistischen Partei der Katholiken Nordirlands. Sinn Fein, die I.R.A.-Partei, war von der Teilnahme ausgeschlossen. Die beiden Unionsparteien der Protestanten und die Allianz-Partei aus Nordirland nahmen ebenfalls an den Beratungen nicht teil und hatten auch keine Beiträge eingereicht.

Dennoch war das Forum eine nützliche Anstrengung: Erstmals traten, aufgrund der Initiative des irischen Regierungschefs Dr. FitzGerald, die nationalistischen Parteien zusammen und widmeten sich, über die sonst üblichen «Four Green Fields»-Phrasen hinaus, einer Bestandsaufnahme der vier irischen Provinzen.

Erstmals auch wurde in einem Dokument, das alle Partei-Vorsitzenden, einschließlich des als harten Nationalist geltenden Oppositionsführers Charles Haughey, unterzeichneten, festgestellt, daß es eine zweite Volksgemeinschaft gibt, selbst wenn dies umschrieben wurde mit «die beiden Traditionen» oder «die andere Identität».

Nach ausführlicher Analyse der wirtschaftlichen, sozialen und politischen Verhältnisse in beiden Teilen Irlands bestätigten die

Verfasser des Reports, daß es nur eine einvernehmliche Lösung, mit Zustimmung der protestantischen Gemeinschaft geben könne.

Die Lösungsvorschläge waren, nicht verwunderlich, alle nationalistisch. Drei Optionen wurden angeboten: die Vereinigung, eine Föderation und eine gemeinsame Souveränität von London und Dublin über Nordirland. Alle diese Optionen sind für die Unionisten nicht akzeptabel. Ian Paisley protestierte auf seine Art dagegen: Er klebte am Tag der Präsentation des Forum-Reports eigenhändig Poster mit dem britischen Union Jack und dem Schriftzug «Ulster is British» an das General Post Office in Dublins O'Connell Street, dort wo 1916 die Republik ausgerufen wurde.

Ein Treffen zwischen Premier FitzGerald und Margaret Thatcher, bei dem der Forum-Report diskutiert werden sollte, wurde für den Herbst 1984 angesetzt. Währenddessen wurde in Dublin aus offiziellen Quellen eine Euphorie genährt, die manchem Nationalisten eine baldige Vereinigung greifbar nahe erscheinen ließ, die Unionisten alarmierte und London irritierte. Die Engländer warnten jedoch vor zu hohen Erwartungen.

Nach der zweitätigen Konferenz in Chequers präsentierten beide Seiten ein eher allgemeines Communique. Dr. FitzGerald stellte sich in der irischen Botschaft der Presse. Der irische Beobachter verließ Mrs. Thatchers Pressekonferenz vorzeitig und so kam es, daß der irische Premier während seines Pressegesprächs nicht darüber informiert war, daß Margaret Thatcher kurz zuvor auf die Frage der Journalisten, ob sie die drei Optionen des Forum-Reports ausschließe, in der ihr eigenen schonungslos offenen Weise geantwortet hatte: Vereinigung – «Out», Föderation – «Out», Gemeinsame Souveränität – «Out». Sie betonte die Rechte der Mehrheit in Nordirland, die, solange sie Teil Großbritanniens bleiben wolle, es bleiben werde. Auf diese Äußerungen konnte Dr. FitzGerald in seiner Pressekonferenz nicht eingehen. Er verteidigte stattdessen vor kritischen Presseleuten die Gemeinsamkeiten zwischen London und Dublin. Auf irischen Bildschirmen wirkten anschließend die «Out, Out, Out»-Antworten der englischen Regierungschefin wie drei Dolchstöße in jedes irische Herz – während der eigene Premier freundlich-verbindliche Kommentare zum gemeinsamen Treffen abgab. Die Enttäuschung und Verbitterung in Irland war maßlos. Die Unionisten im Norden dagegen triumphierten und I.R.A./Sinn Fein sah sich bestätigt, daß England das «loyalistische Veto» über alles stellen würde und: «England hört nur auf das Argument der Gewalt» – ein Satz, der in dieser Situation auch im südlichen Teil Irlands plötzlich wesentlich überzeugender klang.

Gewalt und Reaktion

Die Grüne Insel ist politisch zweifach geteilt. Während das katholische Irland ein homogener Staat ist, besteht das konfessionell gemischte Nordirland aus zwei nationalen Gemeinschaften. Die einzige Gemeinsamkeit zwischen diesen beiden Volksgruppen liegt im gegenseitigen Haß und im Leid und Schmerz der Witwen und Waisen.

Die zweifache Teilung dieser Insel hat aber auch einen ethnischen Hintergrund. Der größere Teil der Bevölkerung versteht sich als Abkömmlinge gälischer Einwanderer, die vor etwa zwei Jahrtausenden auf die Insel kamen, und der später folgenden Einwanderer und Invasoren, die mit den Gälen verschmolzen. Der andere Teil dagegen besteht im wesentlichen aus den Nachkommen der protestantischen Siedler des 17. Jahrhunderts, die zur gleichen Zeit nach Nordirland kamen, als zum Beispiel Nordamerika von den Europäern besiedelt wurde. Aufgrund der geografischen Nähe zu Schottland – die wenigen Meilen haben schon früher den Eindruck entstehen lassen, als sei das Land nur durch das Wasser unterbrochen – gab es schon in früheren Zeiten ein ständiges Hin- und Herwandern von Siedlern. Diese Gruppe versteht sich ethnisch, aber auch geistig als von anderer Herkunft. Die Reformation hatte auf der großen britischen Hauptinsel einen anderen Zeitgeist entstehen lassen, der in Irland nur durch die Siedler repräsentiert war – die einheimischen Gälen blieben römisch-katholisch. Auch entwickelten die Siedler einen Pioniergeist, der den Gälen fremd blieb. Die Ulster-Protestanten wurden über Jahrhunderte zu Iren, zu Iren jedoch, die sich, wie die Schotten, zur Britischen Nation rechneten. So blieben die Unterschiede zwischen den beiden Volksgruppen bis heute lebendig. Es gab keine Verschmelzung, wie ehemals zwischen gälischen Einwanderern und späteren Siedlern.

Iren, in Nord und Süd, Protestanten und Katholiken, Loyalisten und Republikaner sind sich aber seit langem in zwei Punkten einig: Erstens, die Engländer, die Großbritannien regieren, verstehen die Iren nicht. Und zweitens: Irland ist für Großbritannien immer nur von peripherer Bedeutung. Die Konsequenzen aus dieser Analyse lauten jedoch für Loyalisten anders als für Republikaner. Während für die «Königstreuen» das Vereinte Königreich über allem steht, sie aber britischen Regierungen mißtrauen, sehen die meisten Nationalisten in einer Vereinigten Republik ihr Ideal, befreit von allem «englischen Übel».

Die politische Teilung Irlands 1920 war ein Versuch der Engländer, den beiden verschiedenen Gemeinschaften gerecht zu werden. Nordirland ist im Vereinigten Königreich geblieben, nicht weil die Engländer dies wollten, vielmehr weil die Unionisten sich weigerten, das Königreich zu verlassen. Die irische Verhandlungsdelegation hatte 1921 Verträge und Vereinbarungen unterzeichnet, mit denen sie die Teilung akzeptierte. In den folgenden Jahrzehnten schlossen irische Regierungen weitere internationale Verträge, die die Teilung anerkannten. Der Anspruch auf Nordirland wurde dennoch in der irischen Verfassung verankert und ist Ausdruck des politischen Wunschdenkens, das in der Republik seit über sechs Jahrzehnten vorherrscht. Erst die Fine Gael/Labour-Koalition unter Dr. FitzGerald nahm dazu eine realistische Haltung ein.

Die unionistische Mehrheit hat ihre Dominanz im Norden vor allem dazu benutzt, die Verbindung mit Großbritannien zu erhalten und zu stärken. Alle Beziehungen zur Republik Irland wurden vermieden. Die nationalistische Minderheit, die Katholiken Nordirlands, die eine stärkere Annäherung zur Republik suchten, waren ihnen suspekt. Es war jedoch nicht schwer, sie von politischer Macht fernzuhalten, auch wirtschaftlich und kulturell nahmen sie am Leben in Nordirland kaum teil. Innerhalb der sechs Ulster-Grafschaften wurde die Teilung ebenso vertieft wie die zwischen den beiden Staaten Irlands.

In Nordirland ist der alte Gegensatz zwischen den beiden Gemeinschaften in Gewalt umgeschlagen. Nationalisten forderten mehr Bürgerrechte, Unionisten fühlten sich bedroht in ihrer Vormachtstellung. Die Radikalen beider Seiten, Loyalisten und Republikaner, stehen sich seither in einem blutigen Konflikt gegenüber. Seit über 15 Jahren ist Nordirland von Gewalt und Gegengewalt erschüttert. Die politische Polarisierung gibt ausgleichenden Parteien und Initiativen wie den Peace People kaum eine Chance. Die beherrschende Rolle spielt die I.R.A. Ihre Wahlerfolge haben die Provo-Strategie von «Kandidatur und Kugel» bestätigt.

Die I.R.A. kann psychologisch in keinem Fall verlieren: Was immer die englische Regierung der katholischen Minderheit an Konzessionen gewährt – und gegen die Unionisten-Mehrheit durchsetzt – die Provo-Partei Sinn Fein würde diese Nachgiebigkeit als ihren Erfolg beanspruchen. Ebenso würde eine Absichtserklärung für einen britischen Rückzug oder der Abzug britischer Truppen als Sieg der I.R.A. und deren Mordaktionen interpretiert werden. Eine vereinbarte irisch-britische Souveränität über Nordirland würde die I.R.A. nur anspornen, das «unvollendete Geschäft» zu vollenden. Es scheint, daß die Stimmengewinne der I.R.A.-Partei zunehmen, solange die Regierungen sich darauf beschränken zu reagieren. Aber jede Art der Reaktion auf I.R.A.-Anschläge bestätigt nur wieder das Provo-Argument: «Gewalt ist die einzige Sprache, die die Briten verstehen!»

Der «Zermürbungskrieg» der I.R.A. ist eine ständige Provokation der Bevölkerungsmehrheit in Nordirland und der britischen Regierung. Aber dies ist unter anderem die Absicht der I.R.A.: Die Loyalisten zur Reaktion herauszufordern. Wie lange noch können die Unionsführer den Ruf nach Vergeltung überhören? Wird sich wieder eine bürgerkriegsähnliche Situation, wie in der ersten Hälfte der siebziger Jahre entwickeln? Die Unionisten, obwohl in der Mehrheit, sind in die Defensive geraten. Ihre Fehler in den fünf Jahrzehnten ungeteilter Herrschaft und Willkür mußten sie in den vergangenen 15 Jahren teuer bezahlen. Junge irische Polizisten und britische Soldaten müssen sterben, weil die Regierungen Ihrer Majestät von Großbritannien und Nordirland es in der Vergangenheit versäumt hatten, die Rechte der Minderheit in ihrer irischen Provinz zu sichern.

Es gibt keine «Lösung»

Die Lösung des Nordirland-Problems ist bisher nicht an einem Mangel an Vorschlägen gescheitert. Gerade der Versuch, immer wieder neue «Lösungen» zu produzieren, hat in eine Sackgasse geführt. Die Diskrepanz zwischen den engagierten Wahlreden irischer Politiker und der Praxis des vergangenen halben Jahrhunderts in der Republik sprach bisher nicht dafür, daß sie eher bereit wären zu einer großzügigen Machtbeteiligung der fast eine Million Protestanten in einem gesamtirischen Staat – ebensowenig wie die Protestanten bisher bereit waren, die katholische Minderheit an der Macht in Belfast teilhaben zu lassen. Die Regierungen in beiden Teilen Irlands wollen ihre Macht nicht eingeschränkt oder gar geteilt sehen, wie immer geschickt dies auch umschrieben wird. Südirische Politiker wären ebensowenig bereit, britische Farben in ihre Fahne aufzunehmen wie nordirische Unionisten die Tricolore über Stormont Castle aufziehen wollten. Aus unionistischer Sicht haben es jedoch die republikanischen Politiker besser verstanden, ihr Veto und ihre Verhandlungsstarre zu erklären und international überzeugender zu kommunizieren.

Mit einer «Vereinigung durch Übereinstimmung», wie im Forum Report unterzeichnet, war schon früher von den nationalistischen Parteien in der Republik und im Norden eher eine Übereinstimmung ausschließlich nach ihrer eigenen Interpretation gemeint. Fianna Fail fügte der Formel hinzu: kein Teil der Nation habe das Recht, sich auszuschalten. Mit anderen Worten, Vereinigung könne nur durch Übereinstimmung erreicht werden, aber die Unionisten hätten kein Recht, ihre Einwilligung zu verweigern. Fine Gael definiert die Übereinstimmung als eine Zustimmung, die frei von militärischem, wirtschaftlichem oder psychologischem Druck gegeben werden müsse. Jedoch fragte Außenminister Barry, Fine Gael: «Wie lange noch wird es einer Million Menschen erlaubt sein, die Aussöhnung von fünf Millionen Menschen auf dieser Insel zu verhindern?» Und der SDLP-Vorsitzende John Hume drohte gar unverhohlen mit der Möglichkeit, den Unionisten eine Lösung aufzuzwingen unter für sie weniger günstigen Umständen, wenn sie sich nicht jetzt an einer «New Ireland»-Lösung beteiligen würden.

So rutschen nationalistische Parteien immer wieder in die alten Vereinigungsphrasen ab, die jede andere Möglichkeit als eine nationalistische in Wirklichkeit ausschließt. Psychologischer Druck wurde durch die Implikation ausgeübt, daß es Frieden und ein Ende des I.R.A.-Terrors erst dann gäbe, wenn die Unionisten eine Vereinigung in irgendeiner Form akzeptierten.

Für fanatische Nationalisten wäre ein vereintes Irland ganz

ohne Protestanten die bevorzugte Lösung. Eine Republik Irland von Mizen Head bis Malin Head mit einer Million Protestanten wäre nur die zweitbeste Lösung. Wie wenig könnte für solche Fanatiker eine Struktur akzeptabel sein, in der es einen protestantischen Mehrheitsstaat im Norden innerhalb eines irischen Staatenbundes gäbe? Für die Unionisten ist jedoch jede Lösung mit irischer Dimension nur der erste Schritt zu einem Staat, den ihre Feinde für sich «allein» wollten. Die Ulster Protestanten interpretieren Sinn Fein wörtlich: «ourselves alone».

Man kann alle Bedingungen gedanklich variieren, nur an der einen Tatsache läßt sich nicht rühren: an der geografischen Realität. Irland ist geografisch eine Einheit und dazu von jedem anderen Land durch das Meer getrennt. Ebenso wenig veränderbar erscheint die Psyche irischer Politiker. Für Nationalisten muß es das Vereinte Irland sein. Für Unionisten kann es nur ein britisches oder allenfalls ein unabhängiges protestantisches Ulster sein. Beide Gemeinschaften sind für sich genommen groß genug, um sich gegenseitig wirksam zu blockieren: Die katholische Minderheit in Nordirland ist groß genug und der Teil, der die I.R.A. unterstützt, entsprechend fanatisch, um jede politische Lösung innerhalb Nordirlands zu blockieren. Eine protestantische Minderheit in einem vereinigten Irland wäre ebenfalls groß genug und der Teil, der die loyalistischen Paramilitärs unterstützen würde, entsprechend fanatisch, um jede politische Lösung in einem Vereinten Irland zu blockieren.

Beide Minderheiten sind so groß, daß sie jede politische Lösung verhindern können, innerhalb Nordirlands wie auch in einem Vereinten Irland. Es müßte daher eine umfassende Übereinstimmung aller beteiligten Gruppen geben, als Voraussetzung für eine dauerhafte Lösung. Eine solche Übereinstimmung ist jedoch für die vorhersehbare Zukunft nicht zu erreichen – es gibt keine «Lösung» für diesen Konflikt.

Die Entstaatlichung der Nation

Das Ideal von Wolfe Tone, der im 18. Jahrhundert den Begriff des «Irishman» anstelle von «Katholik, Protestant und Nonkonformist» in einer geeinten, unabhängigen Nation setzen wollte, ist heute erst recht zum Scheitern verurteilt: Es gibt sie nicht, die eine irische Nation, die darauf wartet, vereint zu sein.

Die protestantische Bevölkerung Nordirlands unterscheidet sich ethnisch und kulturell von der übrigen Bevölkerung Irlands, ist staatlich getrennt von ihr und möchte es auch bleiben. Ein Teil der Minderheit in Nordirland dagegen würde lieber in einem vereinigten Irland leben und die Mehrheit der Bevölkerung in der Republik schließlich würde den Norden gern ihrem Staat anschließen.

Zu allererst jedoch möchten die Menschen auf dieser Insel miteinander auskommen. Sie wollen nicht sterben, sondern eine Form des friedlichen Zusammenlebens finden: Ob in zwei irischen Staaten, in einer Föderation, unter irisch-britischer Souveränität, in einem all-irischen Staat oder in der bisherigen britisch-irischen Teilung – dieser Frage kommt man erst dann näher, wenn es gelingt, die beiden Gemeinschaften in Nordirland und die beiden Teile Irlands zu Gemeinsamkeiten zu führen, auch wenn sie zunächst unbedeutend scheinen.

Eine Voraussetzung für eine friedliche Lösung des Nordirland-Problems könnte im Verzicht darauf liegen, die irische Lösung anzustreben: Wenn die Republik ihren Anspruch auf Nordirland aufgibt, entzieht sie der I.R.A. eine in der irischen Verfassung niedergelegte Rechtfertigung ihrer Gewaltkampagne. Die Nationalisten müßten sich mit der Realität von zwei irischen Staaten abfinden. Dann könnten sie ihre Position als Minderheit in Nordirland glaubhaft beanspruchen, ohne als Bedrohung von den Unionisten angesehen zu werden. Die Unionisten könnten eher einer großzügigen Regierungsbeteiligung der Minderheit zustimmen, vor allem, wenn eines Tages die Sicherheitspolitik von einer gemischt protestantisch-katholischen Regierung in Belfast mit Unterstützung von Dublin verantwortet würde. So wäre eine wirkungsvolle Bekämpfung der Terroristen, ihre Isolierung in der Bevölkerung, möglich. Erst dann könnten sich vertrauensvolle Beziehungen zwischen den beiden Teilen Irlands und Großbritannien entwickeln, die in einer «Europäischen Union» etwas enger zusammenrücken würden.

Nach der in Irland erfolglosen Reformation sind Katholizismus und Nationalismus eine bis heute bestehende enge Verbindung eingegangen: Der katholische Primas von ganz Irland fordert immer wieder «Brits out» und erklärt «90% der Bigotterie ist unter Protestanten» zu finden.

KILLED SINCE AUGUST 1969							
YEAR	RUC	RUC'R	ARMY	UDR	CIVIL'S	TOTAL	DEAD IN EXPLOSION
5/10/68	-	-	-	-	-	-	-
1969	1	-	-	-	12	13	-
1970	2	-	-	-	23	25	3
1971	11	-	43	5	115	174	54
1972	14	3	103	26	321	467	138
1973	10	3	58	8	171	250	66
1974	12	3	28	7	166	216	60
1975	7	4	14	6	216	247	75
1976	13	10	14	15	245	297	68
1977	8	6	15	14	69	112	13
1978	4	6	14	7	50	81	23
1979	9	5	38	10	51	113	43
1980	3	6	8	9	50	76	17
1981	13	8	10	13	57	101	15
1982	8	4	21	7	57	97	35
1983	9	9	5	10	44	77	17
1984	7	2	9	10	36	64	21
1985	10	7	1	2	15	35	17
TOTAL	141	76	381	149	1698	2445	665

LATEST DEAD 1/6/85
ROY MC ALPINE

Gewalt in Nordirland wird längst statistisch erfaßt: Die Todesopfer werden im Computerprogramm gespeichert und der Name des letzten Opfers dient zur Aktualitätskontrolle.

▼ Ein RUC-Polizist feuert bei Unruhen eine Plastikkugel und tötet den 22jährigen Republikaner Sean Downes. Auch die Republik verlangt, daß Plastikgeschosse nicht mehr eingesetzt werden sollen.

Sondergerichte ohne Jury, Prozesse mit umgedrehten Kronzeugen als einzigen Beweis und Gerichte mit großer Polizei- und Armee-Präsenz beeinträchtigen das Vertrauen der katholischen Minderheit in die Justiz. Dublin verlangt Reformen.

Die Aufgaben der Sicherheitskräfte sollen neu geordnet werden – in der RUC-Polizei sollen mehr Katholiken Dienst tun, die UDR soll abgeschafft oder gründlich reformiert werden – fordert Dublin.

▼ Der loyalistische Abgeordnete Seawright holt mit einer Pistole bewaffnet die irische Tricolore vom Dach des Freizeitzentrums in einem katholischen Wohngebiet. Das Zeigen der irischen Fahne soll künftig in Nordirland nicht mehr verboten sein.

Orangemen bei ihrem jährlichen Umzug, der in manchen Orten seit Jahrhunderten eine traditionelle Route nimmt und dabei teilweise durch katholische Wohngebiete führt, die es früher nicht gab. Die Umzüge sind für die katholischen Anwohner provozierend und sollen deshalb umgeleitet werden.

Der republikanische Oppositionsführer in Dublin, Charles Haughey, (links) warnte vor einem «Ausverkauf» der irischen Interessen. Paisley (rechts) warnte vor einem «Ausverkauf» Ulsters durch Großbritannien.

▼ Unionistenführer James Molyneaux (links) befürchtet eine Einschränkung der Souveränität Nordirlands, wenn Dublin eine Rolle in Nordirland zugestanden wird, wie es der SDLP-Vorsitzende John Hume (rechts) fordert.

Irlands Taoiseach Dr. Fitzgerald fand in Premierminister Margaret Thatcher eine aufgeschlossene, jedoch prinzipienfeste Verhandlungspartnerin für eine neue und langfristig angelegte Initiative in Nordirland.

Gemeinsamkeit konnten in Nordirland bisher nur die Witwen in ihrem Leid und Schmerz finden.

In der gelegentlich begrenzten insularen Sicht der Verhältnisse, ist auf allen Seiten irischer Politik mehr Realität und mehr Großzügigkeit vonnöten: Realitätssinn, um die existierenden Verhältnisse zu akzeptieren und Großzügigkeit, um die «andere Nation» anzuerkennen. Garret FitzGeralds Regierung in Dublin hat einen ersten großen Schritt in diese Richtung getan. Die Analyse der politischen, wirtschaftlichen und sozialen Situation in Nordirland und in der Republik Irland im Forum-Report, akzeptiert die andere «Identität» der Ulster-Iren. Es wird darin betont, daß es nur zu einer Veränderung der Verhältnisse durch «Übereinstimmung» kommen kann. Damit erkennt Dublin praktisch die bisherige britische Mehrheits-Garantie für Nordirland an: Nur mit Zustimmung der Unionisten kann es zu einer irischen Lösung kommen. Die Umkehrung bedeutet: Ohne ihre Zustimmung kommt es nicht zur Vereinigung und dies wird jetzt von der Republik akzeptiert.

Der Begriff der Nation beinhaltet vor allem zwei Aspekte, den kulturellen und den staatlichen. Die durch gemeinsame Kulturgeschichte und Sprache definierte Kultur-Nation ist unabhängig von staatlichen Grenzen. Die Staats-Nation dagegen ist gerade durch die gemeinsame staatlich-politische Entwicklung geformt. Seit dem 19. Jahrhundert hat sich die französische Auffassung von der Nation als Willensgemeinschaft, gerichtet auf ein einheitliches Staatswesen, durchgesetzt: Zu ihr gehört, wer sich zu ihr bekennt.

Eine der beiden irischen Nationen, die protestantischen Ulster-Iren, kann sich nicht zu einem irischen Staat bekennen, sieht gar ihre Existenz als Kultur-Nation nur in einem britischen Staat gewahrt. Die katholische Minderheit Nordirlands, kann sich nicht zu einem britischen Staat bekennen, sie sieht zwar nicht ihre Existenz als Kultur-Nation bedroht, identifiziert sich aber überwiegend mit einem irischen Einheitsstaat.

«Freilich müssen wir . . . umlernen und unseren Begriff von der Nation entstaatlichen, also loslösen von der Vorstellung, ihre Existenz sei an einen Einheitsstaat gebunden. Nur so können wir im Laufe der Zeit vielleicht einen Schritt vorankommen und politische Formen der . . . Zusammenarbeit entwickeln» schrieb 1983 Günter Gaus – er bezog sich damit auf die Situation des geteilten Deutschland. Eine Parallele? Die Probleme der deutsch-deutschen Nation sind nicht vergleichbar mit denen der zwei irischen Nationen, aber der Gedanke der «Entstaatlichung» des Begriffes von der Nation könnte in Irland weiterhelfen. Nahe dem 21. Jahrhundert ist die Vorstellung, daß eine Insel auch eine Nation und einen Staat bedeuten müsse, überholt.

Friede in Nordirland?
Der neue anglo-irische Vertrag

Den Schwenk in der irischen Position, Kernstück von FitzGeralds «Nordpolitik», verkündete sein Außenminister nachdem die geheimen Verhandlungen zwischen London und Dublin über eine gemeinsame Initiative in Nordirland kurz vor dem Abschluß standen: «Unionisten haben sowohl ein Recht zu sein, wo sie sind und was sie sind.» Vor den Vereinten Nationen erklärte er im Herbst 1985, an die nordirischen Protestanten gewandt: «Wir akzeptieren und erkennen ihr Britischsein an. Wir respektieren und werden ihre Gründe für ihre Opposition zu einer Irischen Vereinigung respektieren.»

Nach über einjährigen Geheimverhandlungen zwischen London und Dublin über Nordirlands Zukunft soll der anglo-irische Vertrag «Frieden und dauerhafte Stabilität» bringen, wie der irische Premier Dr. FitzGerald versichert, ohne jedoch die Souveränität Nordirlands als Teil Großbritanniens in Frage zu stellen, wie der englische Premier Frau Thatcher beruhigt. Wird dieses historische Abkommen Frieden bringen oder wird Irland erneut durch Terrorismus und Gegengewalt erschüttert?

Am 15. November 1985 unterzeichneten die britische Premierministerin Margaret Thatcher und der irische Taoiseach Dr. Garret FitzGerald den anglo-irischen Vertrag in Hillsborough Castle nahe Belfast. Der Vertrag und das gemeinsame Communiqué ist das vielleicht bedeutendste Abkommen zwischen England und Irland seit der Teilung der Insel.

Die wesentlichen Punkte des «Hillsborough-Abkommens»:

Der Status Nordirlands wird formell anerkannt, auch daß die Mehrheit dort gegenwärtig keine Veränderung wünscht.

234

Sollte eine Mehrheit der Bevölkerung Nordirlands in Zukunft ein Vereintes Irland wünschen, wäre die Regierung Großbritanniens verpflichtet, die entsprechende Gesetzgebung im Parlament einzubringen und zu unterstützen.

Es wird ein anglo-irischer Ministerrat für Nordirland geschaffen (etwa nach dem Vorbild des EG-Ministerrats), unter gemeinsamem Vorsitz des britischen Nordirland-Ministers und eines Dubliner Ministers.

Dieser Ministerrat («Intergovernmental Conference») behandelt nahezu alle Bereiche nordirischer Politik, insbesondere das Sicherheits- und Rechtswesen. Hinzugezogen werden können, je nach Bedarf, andere Minister und Regierungsbeamte, die Generalanwälte der Regierungen und die Polizeichefs der Republik und Nordirlands.

Die Entscheidungsgewalt bleibt in Händen des Nordirland-Ministers, jedoch streben beide Regierungen Übereinstimmung in allen Fragen, die im Ministerrat behandelt werden, an.

Ein ständiges Sekretariat des Ministerrats wird in Belfast eingerichtet, wo der Ministerrat häufig und regelmäßig tagen wird.

Der Ministerrat bemüht sich um die Schaffung einer nordirischen Regierung, an der die konstitutionellen Parteien beider Gemeinschaften teilnehmen. Bereiche, die von einer solchen nordirischen Regierung in Zukunft selbst entschieden werden, behandelt der Ministerrat nicht mehr.

Die Irische Regierung verpflichtet sich, der Europäischen Konvention über die Unterdrückung von Terrorismus beizutreten und damit die Auslieferung von «politischen» Straftätern zu ermöglichen.

Priorität erhalten der Sicherheitsbereich, insbesondere die Beziehungen zwischen Sicherheitskräften und der katholischen Minderheit, die Gefängnispolitik und die Justiz. Der Ministerrat hat keine Einsatzbefugnis gegenüber den Sicherheitskräften, diese bleibt getrennt bei den Polizeichefs und den übergeordneten Ministern beider Länder.

Die Regierungen bemühen sich um internationale Unterstützung für ein Wirtschaftsaufbau-Programm in Nordirland.

Das Abkommen wird nach der Ratifizierung durch beide Parlamente bei den Vereinten Nationen als internationaler Vertrag registriert. Nach drei Jahren oder auch vorher, wenn eine der beiden Seiten es verlangt, wird das Abkommen überprüft.

Am Tage des Gipfeltreffens protestierten Loyalisten vor den Toren von Hillsborough Castle. James Molyneaux und Ian Paisley hielten geheime Beratungen über die künftige Strategie der Unionsparteien. Sie sind sich einig in der Beurteilung des Abkommens: Es ist «Verrat und Betrug». Ian Paisley bezeichnete Margaret Thatcher verbittert als «Quisling». Offenbar wurden die Unionsparteien, die immerhin die Mehrheit der Bevölkerung in Nordirland repräsentieren, bei den Verhandlungen über den Vertrag von der Londoner Regierung nicht mit einbezogen, während Dublin seine Verhandlungspositionen mit der SDLP abstimmte.

Die Versicherung der Republik, daß der Status Nordirlands unverändert bleibe und die angekündigte Zusammenarbeit im Sicherheitsbereich sind für die Unionisten kein Ausgleich zu der Tatsache, daß ab jetzt Dublin in Nordirland mitregiert. Die als Anreiz zur Machtteilung in Nordirland gedachte Formel, daß der Ministerrat jene Bereiche nicht mehr behandelt, über die eine gemeinsame von Unionisten und SDLP gestellte Regierung in Nordirland entscheidet, empfinden sie als Erpressung, die sie von ihrem demokratischen Mehrheits-Standpunkt abbringen soll. Sie planen deshalb einen abgestuften Boykott, der mit dem Rückzug aller gewählten Vertreter ihrer Parteien beginnt. Die 15 Abgeordneten des Londoner Unterhauses wollen ihre Sitze aufgeben und Nachwahlen erzwingen. Auf die Drohung, das urirische Mittel des Boykotts anzuwenden, antwortete der Nordirland-Minister Tom King jedoch: Sie «kennen die Lady schlecht».

Tatsächlich hat Mrs. Thatcher die Unterstützung des ganzen englischen Parlaments, auch der Opposition. Die englische Presse hieß das Abkommen vorsichtig willkommen und bezeichnete es als ein «Monument eher für irischen Realismus denn für irische Mythologie».

Von Nationalisten wurde das Abkommen zum Teil begeistert aufgenommen, so auch von der durch die SDLP repräsentierten katholischen Minderheit Nordirlands, von deren Zustimmung die Verhandlungen abhängig gemacht wurden. John Hume sieht es nicht als eine endgültige Regelung, sondern vielmehr als Ausgangspunkt einer Entwicklung, die Frieden und Versöhnung bringen soll.

In der Republik mußten die Parteileitungen von Fine Gael und Labour gar ihre Abgeordneten ermahnen, den Erfolg nicht «triumphal» zu feiern. Im Gegensatz dazu erklärte Oppositionsführer Charles Haughey, Fianna Fail würde, wenn sie an die Regierung zurückkehrte, das Abkommen für «unverbindlich erklären». Er sprach von einem «traurigen Tag für den irischen Nationalismus» und bemängelte, daß erstmalig eine irische Regierung die Legitimität der unionistischen Position anerkannt und das Konzept der Vereinigung aufgegeben habe. Zu Großbritannien sage er: «Thanks for nothing.»

Die Terroristen reagierten auf ihre Weise: Die der UDA verbundenen Ulster Freedom Fighters drohten, die Einwohner der Republik würden als «feindlich» angesehen und müßten, wenn auf dem Boden Ulsters angetroffen, mit «Konsequenzen» rechnen. Als «legitimes Ziel für Mordanschläge» bezeichneten sie die künftigen Mitglieder des anglo-irischen Sekretariats und jeden, der mit diesen «kollaboriere». Für die Dubliner Mitglieder des Ministerrats bedeutet dies, mit dem Hubschrauber nach Belfast reisen zu müssen.

Gerry Adams erklärte, das Abkommen erkenne die britische Herrschaft über Nordirland an und festige die Teilung. Die I.R.A. werden keinen Waffenstillstand verkünden. Den Beweis dafür lieferten die Provos unverzüglich: Am Tag der Unterzeichnung explodierte eine I.R.A.-Landmine in Armagh und tötete einen nordirischen Polizisten, den 24jährigen David Hanson, und verletzte einen weiteren Beamten schwer.

Die Koalition unter Dr. FitzGerald ist die erste irische Regierung, die eine realpolitische Haltung zum Nordirland-Konflikt und zur Vereinigungsfrage einnimmt. Wenn es ihr gelänge, die Nationalisten auf beiden Seiten der irischen Grenze von dem Vereinigungs-Mythos der einen irischen Nation zu befreien, und das psychologische und reale Sicherheitsbedürfnis von Unionisten als britische Staatsbürger zu befriedigen, dann endlich könnte in vielen kleinen Schritten eine Versöhnung der beiden Volksgemeinschaften beginnen. Es wäre eine historica Leistung, von einer Bedeutung für Irland, ähnlich der Bedeutung von Willy Brandts Ostpolitik für Deutschland. Sie würde den Friedensnobelpreis verdienen.

Garret FitzGerald hat sicher die politische Glaubwürdigkeit und Vision, ob er die notwendige politische Fortune hat, bleibt abzuwarten. Erst recht, ob er eine «Nordpolitik» durchsetzen kann, die für viele ein schmerzhafter Abschied von 65 Jahren eingeübter Nationalrhetorik und dem irischen Vereinigungstraum, der so vieles ersetzt, bedeuten würde. Es liegt gewiß nicht nur an ihm, ob seine Bemühungen Erfolg haben werden, in einem Land, dessen Menschen in Vergangenheit und Gegenwart zugleich leben.

Eine Chronologie der Geschichte Irlands seit der Teilung

Irland ist seit 1800 Teil der «Union», des Vereinigten Königsreichs von Großbritannien und Irland. Irische Politiker fordern immer wieder die Aufhebung der Union, eine Selbstverwaltung Irlands im Rahmen des Empire. Der mehrheitlich protestantische Nordosten, die Provinz Ulster, ist gegen «Home Rule». Sie will, notfalls mit Gewalt, die Union erhalten, wenn schon nicht für ganz Irland, dann wenigstens für Ulster. England befindet sich im Konflikt, den beiden Volksgemeinschaften gerecht zu werden und entschließt sich, den 26 mehrheitlich katholischen Grafschaften Irlands die Selbstverwaltung anzubieten und in den 6 mehrheitlich protestantischen Grafschaften die Union zu erhalten.

1914   Gesetz über Selbstverwaltung Irlands wird bis Kriegsende in Europa ausgesetzt.

1916   Osteraufstand in Dublin scheitert, Anführer werden hingerichtet.

1918   Ende des Ersten Weltkrieges. Sinn Fein wird zur dominierenden irischen Partei.

1919   Sinn Fein-Abgeordnete ziehen nicht in das Londoner Parlament ein sondern treten in Dublin als «Dail Eireann» zusammen und bilden eine «Regierung» unter Eamon de Valera.
Michael Collins baut die I.R.A. auf.

1920–   I.R.A.-Untergrundkrieg gegen Polizei und Armee, die durch die «Black
1921   and Tans» verstärkt wird.

1921   Im Juni eröffnet König Georg V das Parlament in Nordirland.

1921   Verhandlungen der Rebellen mit der Regierung in London führen zum anglo-irischen Vertrag, der den 26 Grafschaften Irlands die Selbständigkeit eines Britischen Dominions gewährt, wie Kanada, mit dem englischen König als Staatsoberhaupt, Eidpflicht der irischen Parlamentarier auf den König und britische Hoheit über irische Häfen. Die 6 Grafschaften Nordirlands sollten später entscheiden, ob sie sich einem gesamtirischen Staat anschließen wollten.

1922   Allgemeine Wahlen im neuen «Freistaat» bringen eine Mehrheit für den Vertrag.

1922   Bürgerkrieg in Irland.

1923   Die Vertragsbefürworter setzen sich durch, exekutieren 77 I.R.A.-
        Männer, 13 000 Republikaner werden inhaftiert.

1923–   De Valera ruft die I.R.A. zur Waffeniederlegung auf, gründet die
1927   oppositionelle Fianna Fail-Partei und zieht in das Dail ein. Die Regie-
        rung des Freistaats akzeptiert die Grenze zu Nordirland.

1932   Der Prince of Wales eröffnet das neue Parlamentsgebäude Stormont
        Castle. Es wird zum Symbol protestantischer Mehrheitsregierung bis zur
        Auflösung durch London im Jahr 1972.
        Die I.R.A. wird im Freistaat für illegal erklärt.
        De Valeras Fianna Fail gewinnt die Parlamentswahlen und bildet die
        Regierung im Freistaat.

1937   De Valera's Verfassung für «Eire» erhebt Anspruch auf Nordirland. Sie
        wird von Protestanten als konfessionell angesehen.
        De Valeras Regierung provoziert einen «Wirtschaftskrieg» mit Großbri-
        tannien.

1939   Eire bleibt im zweiten Weltkrieg (militärisch) neutral. Nordirland hat
        wichtige strategische Bedeutung für die Alliierten.

1941   Deutsche Bombenangriffe auf Belfast mit 949 Toten.

1943   Sir Basil Brooke Regierungschef in Nordirland bis 1963.

1949   Die «Republik Irland» wird ausgerufen. London garantiert Nordirland
        gesetzlich, daß es Teil des Vereinigten Königreichs bleibe, solange die
        Mehrheit des nordirischen Parlaments es wünsche.

1963   Terence O'Neill, reformwilliger Premierminister in Nordirland.

1965   Der nordirische Premier und sein Kollege aus der Republik treffen sich
        – der erste Regierungskontakt dieser Art seit vier Jahrzehnten.

1966   50-Jahrfeier des Osteraufstands.

1968   Die nordirische Bürgerrechtsbewegung veranstaltet friedliche Protest-
        märsche, der zweite ist verboten und wird brutal von der Polizei aufge-
        löst.
        O'Neills Regierung kündigt Reformen an.

1969   Der Bürgerrechtsmarsch von Belfast nach Londonderry wird von prote-
        stantischem Mob angegriffen. Polizei verhaftet nur Teilnehmer des Pro-
        testzugs, keine Angreifer.

O'Neill tritt zurück, James Chichester Clark wird sein Nachfolger.

Jack Lynch, Premier der Republik erklärt über Rundfunk zu den Unruhen in Nordirland: «Wir können nicht länger untätig zusehen . . .»

Die Bürgerrechtsführerin Bernadette Devlin wird in das Londoner Parlament gewählt.

Weitere Reformen in Nordirland auf Druck Londons.

13 Menschen durch Gewalttaten in Nordirland gestorben.

1970   Dubliner Minister sind in eine I.R.A.-Waffenschmuggelaffäre verwickelt.

In Nordirland gründen Bürgerrechtler die SDLP, fortan die konstitutionelle Partei der Nationalisten.

I.R.A. entwickelt sich zur «Schutztruppe» der Katholiken gegen Übergriffe von Loyalisten.

25 Menschen durch Gewalt in Nordirland gestorben.

1971   Im Februar wird der erste britische Soldat von der I.R.A. ermordet.

Chichester-Clark tritt zurück, Nachfolger wird Brian Faulkner. Mit Zustimmung Londons führt er Internierung (ohne Gerichtsverfahren) ein und läßt 342 I.R.A.-Verdächtige festnehmen, ein halbes Jahr später waren über 15 000 Menschen zeitweise interniert.

173 Menschen durch Gewalt in Nordirland gestorben.

1972   30. Januar, «Bloody Sunday»: 13 Menschen werden von der Armee bei Unruhen in Londonderry erschossen.
Drei Tage später wird die Britische Botschaft in Dublin niedergebrannt.

Im März suspendiert London das Stormont-Parlament und erklärt «Direct Rule».

Gespräche der britischen Regierung mit I.R.A.-Führern werden von einem «Waffenstillstand» begleitet, enden aber kurz darauf erfolglos.

31. Juli, «Bloody Friday»: 9 Menschen sterben bei 22 Bombenanschlägen der I.R.A.

467 Menschen durch Gewalt in Nordirland gestorben.

1973 Großbritanniens und Irlands Beitritt zur EWG nährt Hoffnungen auf eine europäisch-irische Einigung.

«Power Sharing» im Sunningdale Abkommen zwischen London, Belfast und Dublin vereinbart. Erstmals sollen Katholiken an einer nordirischen Regierung und die Republik an einem Irland-Rat beteiligt sein.

250 Menschen durch Gewalt in Nordirland gestorben.

1974 Der Widerstand der Unionisten und eine loyalistische Streikbewegung lähmen Nordirland und bringt die unionistisch-nationalistische Regierung zu Fall. Direktregierung durch London wird wieder eingeführt.

In der Republik sterben durch zwei Bombenanschläge 30 Menschen.

Die «Birmingham Pub Bombings», zwei I.R.A.-Anschläge, bei denen 19 Menschen starben und 182 verletzt wurden, führen zur Anti-Terroristen-Gesetzgebung.

216 Menschen durch Gewalt in Nordirland gestorben.

1975 I.R.A. erklärt den Waffenstillstand, Sinn Fein stellt Überwachungsposten in katholischen Wohngegenden.

I.R.A. reorganisiert sich und wird in der Folge zur schlagkräftigsten Guerilla in Europa.

247 Menschen durch Gewalt in Nordirland gestorben.

1976 Die interkonfessionelle Friedensbewegung der Frauen, später Peace People, entsteht und wird zur Massenbewegung in Nordirland mit weltweiter Unterstützung. Die beiden Gründerinnen erhalten den Friedensnobelpreis.

Die I.R.A. ermordet den britischen Botschafter in Dublin, Christopher Ewart-Biggs.

297 Menschen durch Gewalt in Nordirland gestorben.

1977 112 Menschen durch Gewalt in Nordirland gestorben.

1978 Großbritannien wird vom Europäischen Gerichtshof für Menschenrechte indirekt der Foltermethoden im Jahr 1971 beschuldigt.

81 Menschen durch Gewalt in Nordirland gestorben.

1979 Airey Neave, politischer Berater von Margaret Thatcher durch INLA-Bombe vor dem britischen Unterhaus ermordet.

Der Earl Mountbatten und drei Begleiter starben in der Republik durch eine I.R.A.-Bombe, fast gleichzeitig ermordet die I.R.A. 18 britische Soldaten bei Warrenpoint in Nordirland.

Der Papst fordert bei seinem Irland-Besuch die I.R.A. zur Aufgabe der Gewalt auf.

Charles Haughey, der 1970 in eine Waffenschmuggel-Affäre verwickelt war, wird Premier in Dublin.

113 Menschen durch Gewalt in Nordirland gestorben.

1980   Gespräche zwischen Haughey und Thatcher sollen zu besserer anglo-irischer Zusammenarbeit führen.

H-Block-Protest von I.R.A.-Gefangenen.

76 Menschen durch Gewalt in Nordirland gestorben.

1981   In den H-Blocks des Maze-Gefängnis hungern sich 10 I.R.A.- und INLA-Mitglieder zu Tode, ohne das Ziel erreicht zu haben, als politische Gefangene anerkannt zu werden.

101 Menschen (ohne die Hungerstreiker) durch Gewalt in Nordirland gestorben.

1982   RUC verwendet Terroristen als Kronzeugen und bringt auf diese Weise eine große Zahl loyalistischer und republikanischer Terroristen vor Gericht und ins Gefängnis.

Irlands Verteidigungsminister bezeichnet Goßbritannien als den «Agressor» im Falklands-Krieg. Die irische Fianna Fail Regierung unter Charles Haughey unterstützt nicht die EG-Sanktionen gegen Argentinien.

Die anglo-irischen Beziehungen verschlechtern sich weiter.

Provisional Sinn Fein verabschiedet «Kugel und Kandidatur»-Strategie auf ihrem Jahreskongreß in Dublin.

Fine Gael und Labour Party bilden in Dublin eine Koalition unter Dr. FitzGerald.

97 Menschen durch Gewalt in Nordirland gestorben.

1983   Unionsparteien Nordirlands nehmen nicht am Dubliner «New Ireland Forum» teil.

Gerry Adams wird zum Präsidenten von Provisional Sinn Fein gewählt.

Bei Wahlen zum Unterhaus in London gewinnen Unionisten 15 der 17 nordirischen Sitze. Gerry Adams, PSF und John Hume, SDLP, die anderen zwei. Für Provisional Sinn Fein wurden 103 000 Stimmen abgegeben, für die SDLP 137 000.

77 Menschen durch Gewalt in Nordirland gestorben.

1984   Im Forum Report erkennen die nationalistischen Parteien Irlands die «andere Identität» der Protestanten Nordirlands und die Notwendigkeit ihrer Zustimmung zu einer irischen Lösung des Konflikts an.

Margaret Thatcher und weitere Regierungsmitglieder entgehen nur knapp dem Bombenanschlag der I.R.A. in Brighton. Vier Menschen werden getötet, zahlreiche verletzt.

Premierminister Thatcher lehnt nach dem Gipfeltreffen mit Dr. Fitz-Gerald die drei Forumsoptionen (Vereinigung, Föderation, Gemeinsame Souveränität) ab.

Geheimverhandlungen zwischen London und Dublin über Nordirland beginnen.

64 Menschen durch Gewalt in Nordirland gestorben.

1985   Der I.R.A.-Granatwerfer-Anschlag auf die RUC-Polizeistation Newry fügt der nordirischen Polizei den bisher größten Verlust seit Beginn der Unruhen zu: 9 Menschen starben, 37 wurden verletzt.

Bei Kommunalwahlen im Mai erhält Provisional Sinn Fein genügend Sitze, um in zahlreichen Kommunalparlamenten mit der SDLP Mehrheiten bilden zu können. Ihr Stimmenanteil in der katholischen Wählerschaft von etwa 40:60 gegenüber der SDLP wird bestätigt. Nach dem Sinn Fein-Wahlerfolg tötet eine I.R.A.-Bombe 4 junge nordirische Polizisten in Newry.

Tom King löst Douglas Hurd als Nordirland-Minister ab.

Abschluß des anglo-irischen Vertrags über Nordirland, der «Frieden und Stabilität» bringen soll.

36 Menschen starben durch Gewalt im ersten Halbjahr in Nordirland.

Abkürzungen

AP	Alliance Party
DUP	Democratie Unionist Party
IIP	Irish Independence Party
INLA	Irish National Liberation Army
I.R.A.	Irish Republican Army
IRSP	Irish Republican Socialist Party
MEP	Member of European Parliament
MP	Member of Parliament (London)
NI	Northern Ireland
NICRA	Northern Ireland Civil Rights Association
NIO	Northern Ireland Office (Ministerium)
OO	Orange Order
OUP	Official Unionist Party (= Ulster Unionist Party)
PD	Peoples Democracy
PIRA	Provisional Irish Republican Army
PP	Peace People
PSF	Provisional Sinn Fein
RHC	Red Hand Commandos
RUC	Royal Ulster Constabulary (Polizei)
SDLP	Social Democratic and Labour Party
SF	Sinn Fein
UDA	Ulster Defence Association
UDF	Ulster Defence Force
UDR	Ulster Defence Regiment (nordirisches Armee-Regiment)
UFF	Ulster Freedom Fighters
UK	United Kingdom (of Great Britain and Northern Ireland)
ULDP	Ulster Loyalist Democratic Party
UPUP	Ulster Popular Unionist Party
UVF	Ulster Volunteer Force

Bildnachweis

Archiv des Autors: S. 30, 35, 39, 40/41, 50 links, 225
Belfast Telegraph: S. 178 oben, 230 links unten, 232
Bord Failte: S. 49, 50 oben, 98 unten
British Library, London: S. 23, 28, 54 oben
aus: Broad, The Troubles: S. 148
Daily Mail, Belfast: S. 226 unten, 230 rechts unten
aus: Edwards, Atlas of Irish History: S. 32
Fianna Fail, Dublin: S. 230 links oben
aus: Flackes, Northern Ireland: Karte hinten
Irish Times, Dublin: S. 98 oben
Justin Messmer, Basel: Karte vorne und S. 123
National Library, Dublin: S. 18, 25, 50 rechts, 51, 52, 53, 54 unten, 55, 56, 97
Norther Ireland Tourist Board: S. 99
Pacemaker Press International, Belfast: S. 100, 101, 102, 103, 104, 177, 179, 182, 183, 184 oben, 227, 228, 229, 230 rechts oben
RUC, Belfast: S. 226 oben
Süddeutscher Verlag, München: S. 178 unten, 184 unten
Times, London: S. 231

Bibliographie

J. C. Beckett: Geschichte Irlands, Stuttgart 1969
R. Broad u. a.: The Troubles, London 1980
T. P. Coogan: The I.R.A., London 1980
R. D. Edwards: An Atlas of Irish History, London 1981
W. D. Flackes: Northern Ireland – A Political Directory, London 1983
R. Kee: The Green Flag (3 Bd), London 1976
R. Kee: Ireland – A History, London 1980
F. S. L. Lyons: Ireland since the Famine, London 1973
M. u. C. O'Brien: A Concise History of Ireland, London 1972
P. O'Malley: The Uncivil Wars, Belfast 1984
The Gill History of Ireland, Dublin 1975
M. P. Tieger: Irland, München 1984
Ulster Year Book, Belfast 1985